AI에게 아파트 단지 개발 프로세스를 묻다

원제무

pnc publishing and culture
피앤씨미디어

머리말

장면1. 2035년 AI 기반 최적 입지 추천: 미래 주민 아바타와 함께하는 '입지 드림 내비게이터(Dream Navigator)'

'입지 드림 내비게이터' AI는 가상의 미래 주민 페르소나(예: 육아에 집중하는 젊은 부부, 은퇴 후 여유를 즐기는 노부부)를 수백 명 생성합니다. 이 AI는 각 페르소나의 라이프스타일, 직장, 취미를 시뮬레이션하여 여러 후보 부지에서의 '가상 일주일 살아보기' 체험 리포트를 생성형 영상과 일기로 제공합니다. 개발자는 이 생생한 체험기를 통해 각기 다른 꿈을 가진 주민들에게 가장 행복한 삶을 선물할 수 있는 '꿈의 입지'를 선택합니다.

장면2. 2035년 AI 기반 부지분석: 땅의 속삭임을 듣는 AI, '지오-소울(Geo-Soul)'

2035년, 개발자는 '지오-소울' AI에게 "살아 숨 쉬는 커뮤니티를 위한 땅을 찾아줘"라고 말합니다. 지오-소울은 과거, 현재, 미래의 도시 데이터를 분석하고, 해당 부지가 품을 수 있는 다양한 미래 시나리오(예: 10년 후 주변 생태공원 조성, 스마트 교통망 연결)를 수천 개의 이야기와 이미지로 생성해 보여줍니다. 단순한 데이터 분석을 넘어, 땅이 가진 잠재적 '스토리'와 '감성'까지 발굴하여 최적의 부지 컨셉을 제안합니다.

장면3. 2035년 아파트 단지 설계 단계 (기본 및 실시설계): 주민의 꿈을 그리는 AI, '아키텍트-뮤즈(Architect-Muse)'

"모든 세대가 창밖으로 개인 정원을 갖고, 햇살을 즐기며, 이웃과 자연스럽게 소통하는 아파트를 원해요." 개발자의 이 한마디에 '아키텍트-뮤즈' AI는 수백 가지 독창적인 아파트 디자인 컨셉을 3D 모델, 조감도, 감성적인 설명과 함께 즉시 생성합니다. 단순한 도면이 아닌, 각 공간에 담길 이야기와 삶의 모습을 그려내며, 주민 개개인의 생활 패턴과 취향을 반영한 맞춤형 유닛 디자인까지 제안합니다. 에너지 효율성, 친환경 자재 사용은 기본, 심지어 각 세대 창문으로 보이는 풍경까지 시뮬레이션하여 최적의 배치안을 도출합니다.

장면4. 2035년 인허가 단계: 규제의 미로를 통과하는 빛, 'AI 리갈 어드바이저(Legal Advisor)'

복잡한 건축 법규와 인허가 절차 는 'AI 리갈 어드바이저'에게 맡기세요! 이 AI는 최신 법규와 판례를 실시간으로 학습하고, 프로젝트의 특성에 맞춰 필요한 모든 서류를 완벽하게 자동 생성합니다. 더 나아가, 예상되는 규제 장벽을 미리 예측하고, 이를 창의적으로 해결할 수 있는 대안적 설계나 사업 계획 변경안을 생성하여 제시합니다. 인허가 담당 공무원 AI와의 가상 협상을 통해 최적의 해결책을 찾아내기도 합니다.

장면5. 2035년 아파트 시공 단계 (스마트 건설): 건설 현장의 오케스트라 지휘자, '빌드-하모니(Build-Harmony)'

'빌드-하모니' AI는 건설 현장의 모든 로봇(자재 운반 로봇, 3D 프린팅 건설 로봇, 드론 감리 로봇 등)과 작업자들을 실시간으로 지휘하는 마에스트로입니다. 날씨 변화, 자재 공급 상황 등을 예측하여 최적의 공정 스케줄을 동적으로 생성하고, 각 로봇에게 가장 효율적인 작업 방식을 실시간으로 지시합니다. 건설 과정을 아름다운 빛과 소리의 예술처럼 시각화하여 보여주며, 한 치의 오차도 없는 완벽한 하모니로 건물을 완성시킵니다.

장면 6. 2035년 아파트 설계 (주민 참여 디자인):
모두의 꿈을 담는 설계 플랫폼, '코-크리에이트 스페이스(Co-Create Space)'

입주 예정자들이 AI 플랫폼 '코-크리에이트 스페이스'에 접속해 자신들이 원하는 단지 내 공용 공간(놀이터, 커뮤니티 카페, 옥상 정원 등)의 아이디어를 제시하면, AI는 이를 즉각적으로 3D 모델과 예상 비용, 구현 가능성 리포트로 생성해 보여줍니다. 주민들은 AI가 생성한 다양한 디자인 옵션에 투표하고 의견을 더하며, 함께 꿈꾸던 공간을 현실로 만들어가는 환상적인 경험을 합니다.

2035년, 생성형 AI는 단순한 도구를 넘어 아파트 개발의 창조적인 파트너로서, 우리의 삶을 더욱 풍요롭고 아름답게 만드는 마법을 부리고 있을 것입니다. 상상하는 모든 것이 현실이 되는 미래, AI가 함께 만들어갈 아파트의 모습이 더욱 기대됩니다.

챗봇부터 공장의 로봇 자동화, 디자인, 금융, 도시, 의료, 법률 분야의 전문 서비스에 이르기까지 AI는 인간을 대신하거나 지원을 해 주고 있다. 이제 AI는 마치 거대한 파도처럼 우리 사회 전반을 혁신하고 있으며, 아파트 단지 개발 분야 역시 이 거대한 변화의 중심에 서 있다. 과거 전문가의 직관과 한정된 데이터에 의존했던 개발 방식은 이제 AI가 제공하는 방대한 데이터 분석과 예측 모델을 통해 새로운 국면을 맞이하고 있다. AI의 도입은 단순히 기술적 효율성을 높이는 차원을 넘어, 아파트 단지 개발의 패러다임 자체를 근본적으로 변화시키는 동력이 된다.

이 책, 『AI에게 아파트 단지 개발 프로세스를 묻다』는 바로 이러한 시대적 변화의 흐름 속에서 탄생하였다. 본서는 전통적인 아파트 단지 개발 프로세스의 각 단계를 면밀히 고찰하고, 여기에 AI 기술이 어떻게 접목되어 혁신적인 변화를 이끌어낼 수 있는지 구체적인 방법론과 미래 전망을 제시하는 데 그 목적을 둔다.

아파트 단지 개발은 복잡하고 다층적인 과정의 연속이다. 최적의 부지를 발굴하는 것에서부터 시작하여 사업의 가능성을 철저히 검토하고, 창의적이면서도 실용적인 설계를 구현하며, 복잡한 인허가 절차를 거쳐, 안전하고 효율적인 시공을 완료해야 한다. 이후에는 시장의 니즈를 정확히 파악한 분양 및 마케팅 전략을 통해 성공적인 사업 결실을 보아야 하며, 입주 후에는 지속가능한 단지 관리를 통해 그 가치를 유지하고 향상시켜야 한다.

본서는 이 모든 과정, 즉 부지 선정, 사업타당성 검토, 설계, 인허가, 시공, 분양 및 마케팅, 그리고 사후 관리에 이르기까지 AI가 어떻게 스며들어 각 단계를 혁신하고 있는지 그 생생한 현장을 독자들과 함께 탐험하고자 한다. AI는 방대한 데이터를 기반으로 객관적인 의사결정을 지원하고, 반복적인 업무를 자동화하며, 복잡한 문제를 최적화하여 개발 효율성과 생산성을 극대화한다. 또한, 시장 동향과 수요 예측의 정확도를 높여 사업의 불확실성을 줄이고, 잠재적 리스크를 사전에 관리하여 사업의 성공 가능성을 한층 끌어올린다.

나아가 AI는 과거에는 상상하기 어려웠던 새로운 형태의 공간 가치를 창출하고, 사용자 중심의 맞춤형 주거 서비스를 제공하며, 아파트 단지의 지속가능성을 향상시키는 데에도 핵심적인 역할을 수행한다. 이는 단순히 개발 주체의 이익을 넘어, 소비자에게는 더 나은 주거 경험을, 도시 전체에는 더욱 스마트하고 지속가능한 환경을 제공하는 광범위하고 심층적인 변화를 의미한다.

이 책에서 제시하는 AI 기반 아파트 단지 개발 프로세스는 관련 분야의 전문가와 실무자, 그리고 미래의 주거 환경 변화에 관심 있는 모든 이들에게 새로운 통찰과 가능성을 제시하는 충실한 안내자가 될 것을 확신한다. AI와 함께 그려나갈 미래 아파트 단지의 청사진을 독자 여러분과 함께 펼쳐보고자 한다.

저자 원제무

차 례

2035년, 생성형 AI가 펼치는 아파트 개발 사업의 환상적인 12가지 이야기

2035년, 아파트 개발 사업은 생성형 AI와 함께 이전과는 완전히 다른 차원의 예술이자 과학으로 진화했습니다. 마치 마법처럼, AI는 개발의 모든 과정에 창의성과 효율성을 불어넣으며 우리 삶의 터전을 꿈과 현실이 만나는 공간으로 만들어 가고 있습니다. 다음은 생성형 AI가 빚어내는 12가지 환상적이고 긍정적인 아파트 개발 사업의 미래 모습입니다.

How AI is Transforming Town Planning for Housing, https://www.linkedin.com

장면1. AI 기반 부지분석: 땅의 속삭임을 듣는 AI, '지오-소울(Geo-Soul)'

2035년, 개발자는 '지오-소울' AI에게 "살아 숨 쉬는 커뮤니티를 위한 땅을 찾아줘"라고 말합니다. 지오-소울은 과거, 현재, 미래의 도시 데이터를 분석하고, 해당 부지가 품을 수 있는 다양한 미래 시나리오(예: 10년 후 주변 생태공원 조성, 스마트 교통망 연결)를 수천 개의 이야기와 이미지로 생성해 보여줍니다. 단순한 데이터 분석을 넘어, 땅이 가진 잠재적 '스토리'와 '감성'까지 발굴하여 최적의 부지 컨셉을 제안합니다.

EcoFriendly Apartment Buildings with Sustainable Urban Design, https://www.freepik.com

장면2. AI 기반 최적 입지 추천: 미래 주민 아바타와 함께하는 '입지 드림 내비게이터(Dream Navigator)'

'입지 드림 내비게이터' AI는 가상의 미래 주민 페르소나(예: 육아에 집중하는 젊은 부부, 은퇴 후 여유를 즐기는 노부부)를 수백 명 생성합니다. 이 AI는 각 페르소나의 라이프스타일, 직장, 취미를 시뮬레이션하여 여러 후보 부지에서의 '가상 일주일 살아보기' 체험 리포트를 생성형 영상과 일기로 제공합니다. 개발자는 이 생생한 체험기를 통해 각기 다른 꿈을 가진 주민들에게 가장 행복한 삶을 선물할 수 있는 '꿈의 입지'를 선택합니다.

"Designed" A Home Using AI, https://stackedhomes.com

장면3. AI 기반 사업 타당성 검토:
미래를 짓는 게임, '프로핏 퀘스트(Profit Quest)' 시뮬레이터

지루한 숫자 나열은 이제 그만! '프로핏 퀘스트' AI는 사업 타당성 검토를 흥미진진한 전략 시뮬레이션 게임으로 만들어줍니다. 개발자가 다양한 변수(분양가, 공사 기간, 마케팅 전략)를 입력하면, AI는 수만 가지 미래 시장 상황을 시뮬레이션하며 각 선택이 가져올 결과를 다채로운 스토리와 함께 보여줍니다. 마치 미래를 내다보는 예언가처럼, AI는 성공 확률이 가장 높은 '황금빛 미래 시나리오'를 찾아내도록 돕습니다.

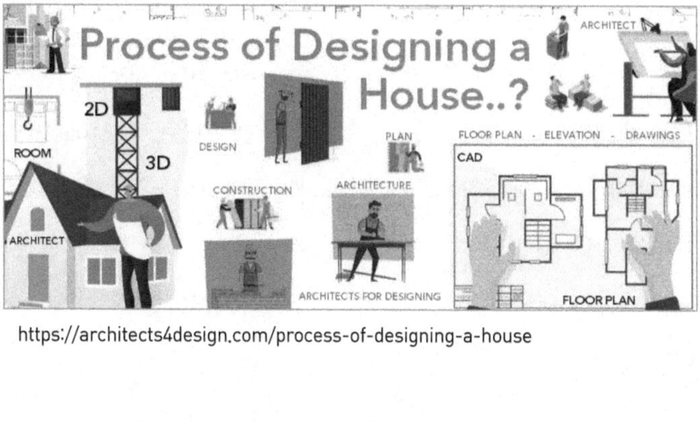

https://architects4design.com/process-of-designing-a-house

장면4. 설계 단계 (기본 및 실시설계):
주민의 꿈을 그리는 AI, '아키텍트-뮤즈(Architect-Muse)'

"모든 세대가 창밖으로 개인 정원을 갖고, 햇살을 즐기며, 이웃과 자연스럽게 소통하는 아파트를 원해요." 개발자의 이 한마디에 '아키텍트-뮤즈' AI는 수백 가지 독창적인 아파트 디자인 컨셉을 3D 모델, 조감도, 감성적인 설명과 함께 즉시 생성합니다. 단순한 도면이 아닌, 각 공간에 담길 이야기와 삶의 모습을 그려내며, 주민 개개인의 생활 패턴과 취향을 반영한 맞춤형 유닛 디자인까지 제안합니다. 에너지 효율성, 친환경 자재 사용은 기본, 심지어 각 세대 창문으로 보이는 풍경까지 시뮬레이션하여 최적의 배치안을 도출합니다.

https://www.linkedin.com/uas/login-submit

장면5. 인허가 단계:
규제의 미로를 통과하는 빛, 'AI 리갈 어드바이저(Legal Advisor)'

복잡한 건축 법규와 인허가 절차는 'AI 리갈 어드바이저'에게 맡기세요! 이 AI는 최신 법규와 판례를 실시간으로 학습하고, 프로젝트의 특성에 맞춰 필요한 모든 서류를 완벽하게 자동 생성합니다. 더 나아가, 예상되는 규제 장벽을 미리 예측하고, 이를 창의적으로 해결할 수 있는 대안적 설계나 사업 계획 변경안을 생성하여 제시합니다. 인허가 담당 공무원 AI와의 가상 협상을 통해 최적의 해결책을 찾아내기도 합니다.

https://jolt.law.harvard.edu/digest/law-firms-leveraging-ai-maximizing-benefits-and-addressing-challenges

장면6. 시공 단계 (스마트 건설): 건설 현장의 오케스트라 지휘자, '빌드-하모니(Build-Harmony)'

'빌드-하모니' AI는 건설 현장의 모든 로봇(자재 운반 로봇, 3D 프린팅 건설 로봇, 드론 감리 로봇 등)과 작업자들을 실시간으로 지휘하는 마에스트로입니다. 날씨 변화, 자재 공급 상황 등을 예측하여 최적의 공정 스케줄을 동적으로 생성하고, 각 로봇에게 가장 효율적 인 작업 방식을 실시간으로 지시합니다. 건설 과정을 아름다운 빛과 소리의 예술처럼 시각화하여 보여주며, 한 치의 오차도 없는 완벽한 하모니로 건물을 완성시킵니다.

https://media.licdn.com

장면7. 분양 (사전 체험):
미리 살아보는 미래의 집, '홈-다이브(Home-Dive)' 시스템

'홈-다이브' AI는 잠재 구매자들이 VR/AR 기기를 통해 아직 지어지지도 않은 아파트에서 가상으로 살아보는 초현실적인 경험을 제공합니다. 구매자는 AI가 생성한 다양한 인테리어 스타일, 가구 배치를 직접 선택하고 변경하며 자신만의 공간을 꾸며볼 수 있습니다. 아침 햇살이 드는 모습, 저녁노을이 창가를 물들이는 풍경, 이웃과의 가상 파티까지 생생하게 체험하며, 단순한 '집'이 아닌 '나만의 이야기'가 담길 공간을 선택하게 됩니다.

Augmented Reality Home Stock Videos https://www.istockphoto.com

장면8. 마케팅 (초개인화 스토리텔링):
당신 만을 위한 아파트 이야기, '마케팅-페이블러(Marketing-Fabler)'

'마케팅-페이블러' AI는 잠재 고객의 소셜 미디어 활동, 관심사, 가치관 등을 분석하여, 각 개인에게 마치 맞춤 동화책처럼 아파트 단지의 매력을 전달하는 독특한 광고 콘텐츠(영상, 웹툰, 인터랙티브 스토리)를 실시간으로 생성합니다. "자연을 사랑하는 당신에게, 아침마다 새소리가 들리는 발코니를 선물합니다." 와 같은 감성적인 메시지로 고객의 마음을 사로잡습니다.

장면9. 관리 (유지 보수 및 최적화):
아파트의 수호천사, '케어-지니(Care-Genie)'

'케어-지니' AI는 아파트의 모든 시설물(엘리베이터, 배관, 전기 시스템 등)에 설치된 센서 데이터를 24시간 분석하여, 고장이 발생하기 전에 미리 예측하고 유지보수 로봇에게 자동 수리 명령을 내립니다. 또한, 주민들의 생활 패턴을 학습하여 에너지 사용량을 최적으로 관리하고, 공용 시설 예약 시스템을 가장 효율적으로 운영하는 방안을 실시간으로 생성하여 쾌적하고 경제적인 아파트 생활을 지원합니다.

장면10. 관리 (커뮤니티 활성화):
이웃과 함께 만드는 이야기, '커뮤니티-스파크(Community-Spark)'

'커뮤니티-스파크' AI는 주민들의 관심사와 재능을 분석하여, 맞춤형 동호회나 이벤트를 기획하고 참여를 유도하는 콘텐츠를 생성합니다. 예를 들어, "정원 가꾸기를 좋아하는 503호 주민과 베이킹 천재 701호 주민을 위한 주말 가든 파티!"와 같은 재미있는 제안으로 이웃 간의 소통을 촉진하고, AI가 생성한 아름다운 초대장과 행사 후기를 통해 따뜻하고 활기찬 커뮤니티 문화를 만들어갑니다.

Community Garden: A vibrant garden space, https://pl.123rf.com/ai-image-generator

장면 11. 설계 (주민 참여 디자인):
모두의 꿈을 담는 설계 플랫폼, '코-크리에이트 스페이스(Co-Create Space)'

입주 예정자들이 AI 플랫폼 '코-크리에이트 스페이스'에 접속해 자신들이 원하는 단지 내 공용 공간(놀이터, 커뮤니티 카페, 옥상 정원 등)의 아이디어를 제시하면, AI는 이를 즉각적으로 3D 모델과 예상 비용, 구현 가능성 리포트로 생성해 보여줍니다. 주민들은 AI가 생성한 다양한 디자인 옵션에 투표하고 의견을 더하며, 함께 꿈꾸던 공간을 현실로 만들어가는 환상적인 경험을 합니다.

https://easy-peasy.ai/ai-image-generator/images/diverse-coworking-space

장면 12. AI 도입 효과 및 미래 전망 (지속가능한 도시): 스스로 진화하는 도시, '에버그린 시티-OS(Evergreen City-OS)'

궁극적으로, 2035년의 아파트 단지들은 생성형 AI '에버그린 시티-OS'를 통해 서로 연결되고 데이터를 공유하며 하나의 거대한 유기체처럼 작동합니다. 이 AI는 도시 전체의 에너지 효율, 교통 흐름, 환경 정화 능력을 최적화하는 새로운 도시 계획안과 인프라 개선 아이디어를 끊임없이 생성하고 시뮬레이션합니다. 인간과 자연, 기술이 완벽한 조화를 이루며 스스로 발전하고 치유하는 지속가능한 미래 도시의 꿈이 AI를 통해 현실이 됩니다.

https://www.dreamstime.com/vision-sustainable-future-eco-friendly-city

2035년, 생성형 AI는 단순한 도구를 넘어 아파트 개발의 창조적인 파트너로서, 우리의 삶을 더욱 풍요롭고 아름답게 만드는 마법을 부리고 있을 것입니다. 상상하는 모든 것이 현실이 되는 미래, AI가 함께 만들어갈 아파트의 모습이 더욱 기대됩니다.

제 1 장

전통적인 아파트 단지 개발 프로세스

1 전통적인 아파트 단지 개발 프로세스 개요

Competition rate for apartment subscription in Seoul is still hot
2024.05.14 https://www.khan.co.kr/article

(1) 아파트 단지 개발 과정은 사업 구상, 사업 계획안 수립, 부지 확보 및 분석, 사업 타당성 검토, 설계(기본설계 및 실시설계), 인허가, 금융조달, 시공, 마케팅, 분양, 입주, 정산 단계로 이어진다.

아파트 단지 개발은 일반적으로 여러 단계를 거쳐 진행된다. 크게 사업 구상, 사업 계획안 수립, 부지 확보 및 분석, 사업 타당성 검토, 설계(기본설계 및 실시설계), 인허가, 금융조달, 시공, 마케팅, 분양, 입주, 정산 단계로 이어진다.

각 단계에는 시행사, 설계사, 시공사, 금융기관, 감리사, 분양대행사, 인허가청 등 다양한 주체들이 참여하며, 이들 간의 유기적인 협력이 사업 성공의 중요한 요소가 된다.

우리나라의 아파트 개발은 주로 민간 시행사가 주도하거나, 재개발 및 재건축의 경우 조합이 사업 주체가 되는 방식으로 진행된다. 사업의 성격과 규모에 따라 세부 절차나 소요 기간에는 차이가 있지만, 기본적인 흐름은 유사하다. 예를 들어 재개발 사업의 경우, 정비구역 지정부터 조합 설립, 사업시행인가, 관리처분인가를 거쳐 착공 및 준공까지 통상 7년에서 11년 이상이 소요될 수 있으며, 각 단계별로도 상당한 시간이 필요하다.

Multi-level Apartment Building https://www.shutterstock.com

1.1 신도시에서 아파트 개발 프로세스

신도시 아파트 단지 개발은 계획 수립, 토지 수용 및 개발, 건축 및 인테리어, 입주 및 관리 등 다양한 단계로 이루어진다. 신도시 개발은 정부 주도 또는 민간 사업자 주도 방식으로 이루어진다.

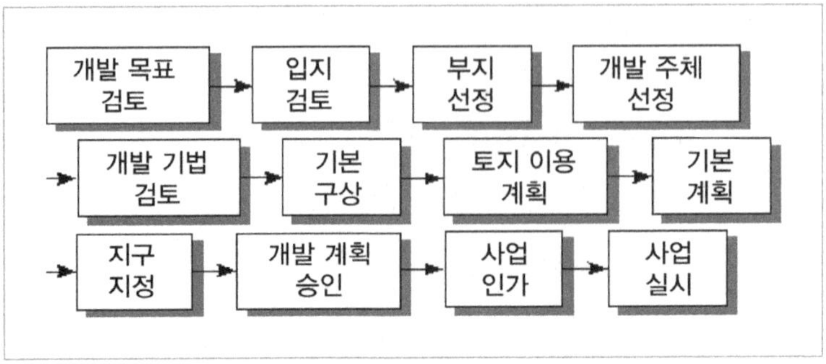

1.1.1 계획 수립

(1) **기본계획 수립**: 신도시의 규모, 위치, 기능, 교통망 등 기본 틀을 구축한다.

(2) **도시설계**: 아파트 단지의 배치, 녹지율, 도로망, 편의시설 등 구체적인 도시 설계를 한다.

(3) **세부계획**: 건축 디자인, 단지 내 시설, 주민 편의시설 등을 구체적으로 계획 한다.

1.1.2 토지 수용 및 개발:

(1) **토지 수용**: 신도시 건설을 위해 필요한 토지를 수용한다.

(2) **토지 조성**: 토지 평탄화, 도로 건설, 상수도 및 하수도 설치 등 토지 개발을 한다.

(3) **환경 보호**: 개발 과정에서 환경 오염을 최소화하고 녹지를 확보한다.

1.1.3 건축 및 인테리어

(1) **건축 설계**: 아파트 건축 디자인, 구조, 재료 등을 설계한다.

(2) **건축 시공**: 아파트 건축 시공을 진행한다.

(3) **인테리어**: 아파트 내부 인테리어, 공용 시설 인테리어 등을 계획하고 시공 한다.

1.1.4 입주 및 관리

(1) 입주: 아파트에 입주자들이 입주한다.

(2) 관리: 아파트 관리 사무소에서 시설 관리, 보안, 환경 유지 등을 한다.

(3) 주민 서비스: 주민 편의를 위한 다양한 서비스를 제공한다.

1.1.5 신도시 개발 유형

- 1기 신도시: 분당, 일산, 평촌, 산본, 중동 등 서울 근교에 건설된 신도시로, 대규모 아파트 단지 건설이 특징이다.
- 2기 신도시: 동탄, 판교, 광교 등 2000년대 이후 건설된 신도시로, 1기 신도시 대비 녹지율이 높아졌다.
- 3기 신도시: 공공주택특별법에 따라 개발되는 신도시로, 공공임대주택 비율이 높다.

1.2 재개발에서 아파트 개발 프로세스

(1) **도시 및 주거환경정비 기본계획 수립**: 인구 50만 이상의 도시에서는 의무적으로 수립해야 하며, 서울시장이 수립·결정합니다.

(2) **정비계획 수립 및 정비구역 지정**: 주민공람, 주민설명회, 구의회 의견청취, 서울시 도시계획위원회 심의 등을 거쳐 정비구역을 지정합니다.

(3) **조합설립추진위원회 구성**: 정비구역 지정 후 토지등소유자 60% 이상 및 토지면적 1/2 이상의 동의를 받아 조합설립추진위원회를 구성합니다.

(4) **조합설립인가**: 토지등소유자 과반수의 동의를 받아 조합설립을 위한 인가를 받습니다.

(5) **사업시행계획인가**: 재개발은 토지등소유자 3/4 이상 및 토지면적 1/2 이상의 동의를 받아 사업시행계획인가를 받습니다.

(6) **분양**: 사업시행계획인가 후 분양공고 및 분양신청을 진행합니다.

(7) **관리처분계획인가**: 분양절차를 거쳐 관리처분계획을 수립하고, 인가를 받습니다.

(8) **철거 및 착공**: 관리처분계획인가 후 철거 및 착공에 들어갑니다

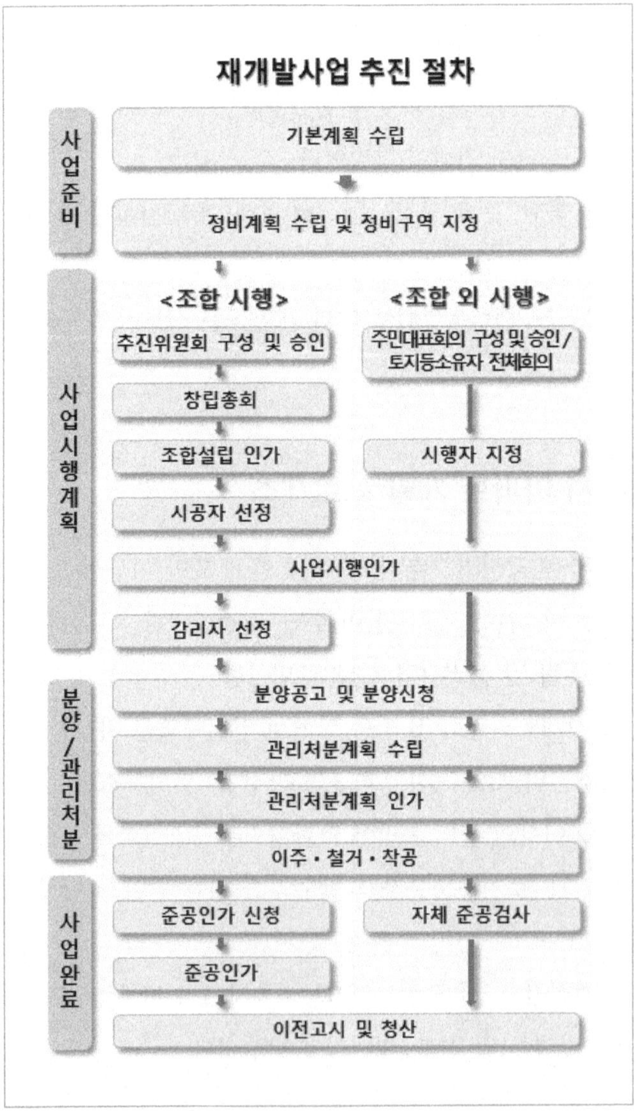

1.3 재건축에서 아파트 개발 프로세스

(1) **안전진단**: 건축물의 안전도 검사를 통해 재건축 사업의 타당성을 확인한다.

(2) **정비계획 수립 및 정비구역 지정**: 재개발과 동일하게 정비계획을 수립하고 정비구역을 지정한다.

(3) **조합설립추진위원회 구성 및 승인**: 재개발과 동일하게 추진위원회를 구성하고 승인을 받는다.

(4) **조합설립인가**: 조합설립 동의를 얻어 조합설립인가를 받는다.

(5) **사업시행인가**: 재개발과 동일하게 사업시행계획을 수립하여 사업시행인가를 받는다.

(6) **관리처분계획인가**: 재개발과 동일하게 관리처분계획을 수립하고 인가를 받는다.

(7) **착공·분양**: 재개발과 동일하게 철거 및 착공에 들어가고, 분양을 진행한다.

(8) **준공인가**: 재개발과 동일하게 준공인가를 받는다.

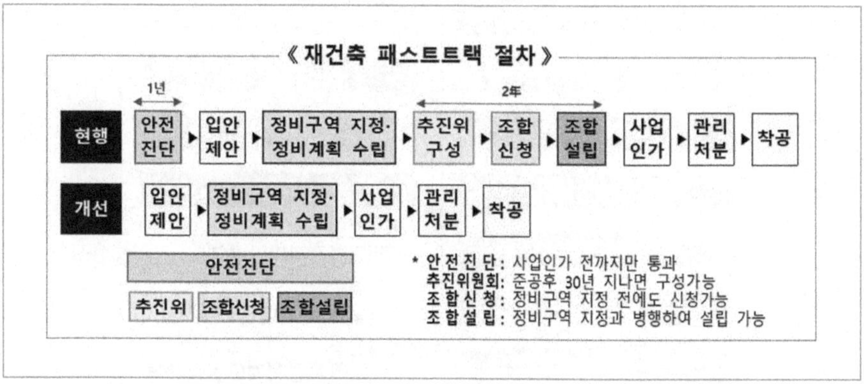

재건축 사업기간 5~6년 줄어드나? | 세계일보 https://www.segye.com/newsView/20240110

[부동산 인사이트] 1기 신도시 재건축 '2030년 입주' 실현 가능성은?
비즈한국 https://www.bizhankook.com/

재건축 패스트트랙 절차 그래픽 이미지. [자료제공=국토부] [출처: 중앙일보]
https://www.joongang.co.kr/article/25228117

2 전통적인 아파트 단지 개발 프로세스의 단계와 단계 별 문제 및 한계

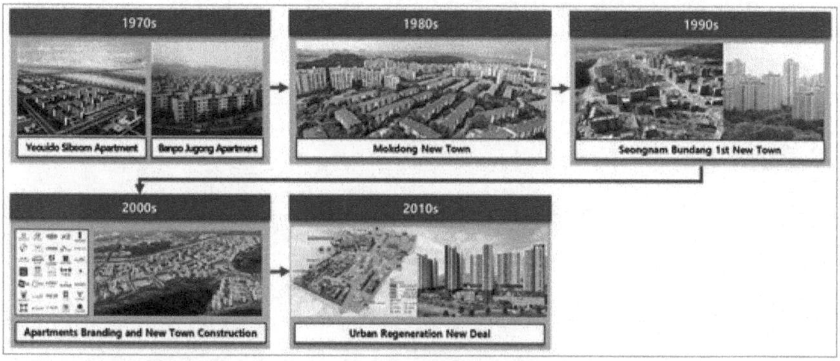

An Analysis of South Korean Apartment Complex Types by Period Using Deep Learning, https://www.mdpi.com/

2.1 전통적인 아파트 단지 개발 프로세스의 단계

(1) **사업 구상 단계:** 사업의 아이디어가 최초로 시작되는 단계이다. 시장 상황 분석, 잠재적 부지 물색, 개발 규모 및 형태에 대한 대략적인 계획 수립, 목표 수요층 설정 등 사업의 기본적인 방향과 개념을 정립한다. 사업의 성공 가능성을 개략적으로 탐색하는 과정이 이루어진다.

(2) **사업 계획안 수립 단계:** 사업 구상 단계에서 설정된 기본 방향을 구체화하는 단계이다. 사업의 목표, 사업 범위, 예상 사업비, 자금 조달 계획, 예상 수익성 분석, 추진 일정 등을 상세하게 계획한다. 사업의 전체적인 틀과 전략을 명확히 하는 중요한 단계이다.

(3) **부지 확보 및 분석 단계:** 수립된 사업 계획에 가장 적합한 부지를 물색하고 확보하는 단계이다. 해당 부지의 지리적 특성, 법적 제약 (용도지역, 건축규제 등), 지형 및 지반 상태, 주변 환경, 접근성 등을 면밀히 분석한다. 부지의 소유권 확보 또는 사용 권한을 확보하는 것이 핵심이다.

(4) **사업 타당성 검토 단계:** 확보된 부지와 수립된 사업 계획을 기반으로 사업의 경제적, 기술적, 법규적 타당성을 종합적으로 분석하는 단계이다. 시장 수요 분석, 예상 비용 및 수익성 분석, 기술적 실현 가능성, 관련 법규 준수 여부 등을 면밀히 검토한다. 사업 추진 여부를 최종적으로 결정하는 매우 중요한 과정이 이루어진다.

(5) **설계(기본설계 및 실시설계) 단계:** 사업 계획 및 타당성 검토 결과를 바탕으로 건축물의 형태, 배치, 규모, 구조, 설비 등을 구체적으로 디자인하는 단계이다. 기본설계에서는 건축물의 큰 틀과 개념, 동선 계획 등이 이루어지며, 실시설계에서는 실제 시공을 위한 상세한 도면, 시방서, 물량 산출 등이 작성된다.

(6) **인허가 단계:** 작성된 설계 도면과 사업 계획에 대해 관련 법규에 따라 필요한 각종 인허가를 관할 관청으로부터 획득하는 단계이다. 건축 허가, 사업계획 승인 등 복잡하고 다양한 행정 절차를 거치게 된다. 이 단계에서 법규 준수 여부 및 공공성이 검토된다.

(7) **금융 조달 단계:** 사업 추진에 필요한 막대한 규모의 자금을 확보하는 단계이다. 자기자본 외에 프로젝트 파이낸싱(PF), 은행 대출, 분양 수입 등을 통해 사업비를 조달한다. 안정적인 자금 확보는 사업 성공의 필수적인 요소이다.

(8) **시공 단계:** 모든 인허가 및 자금 조달이 완료된 후, 설계 도면과 시방서에 따라 실제 건축물을 건설하는 단계이다. 부지 조성, 기초 공사, 골조 공사, 마감 공사, 조경 공사 등 다양한 공정이 포함된다. 공정 관리, 품질 관리, 안전 관리가 철저하게 이루어져야 한다.

(9) **마케팅 단계**: 건설될 아파트 단지의 가치를 홍보하고 잠재적 구매자에게 알리는 단계이다. 브랜드 구축, 광고, 홍보 활동, 견본주택(모델하우스) 운영 등을 통해 아파트의 장점을 부각시키고 구매 의사를 높이는 활동이 이루어진다.

(10) **분양 단계**: 건설된 또는 건설 중인 아파트를 구매자에게 판매하는 단계이다. 마케팅 활동을 통해 확보된 잠재 구매자를 대상으로 청약 접수를 받고, 당첨자 발표 후 계약을 체결한다. 사업의 수익을 실현하는 핵심적인 단계이다.

(11) **입주 단계**: 아파트 건설이 최종적으로 완료되고, 분양 계약자가 실제로 해당 세대로 이사하여 거주를 시작하는 단계이다. 사전 점검, 입주 관련 안내, 잔금 납부, 소유권 이전 등 입주 절차가 진행된다.

(12) **정산 단계**: 사업의 모든 과정이 종료된 후, 사업 추진 과정에서 발생한 총 비용과 총수익을 최종적으로 계산하고 정리하는 단계이다. 사업 참여 주체들 간의 수익 배분, 사업 결산 및 평가 등이 이루어진다.

RESIDENTIAL/HOUSING — AI ARCHITECTS
https://www.aiarchitects.com/development

2.2 전통적인 아파트 단지 개발 프로세스별 주요 활동과 결과물

■ **전통적인 아파트 단지 개발 프로세스의 단계별 주요활동과 결과물**

단계	주요 활동	결과물
1. 사업 구상	시장 조사, 부지 물색, 규모/형태 개략 계획, 목표 수요층 설정	사업 아이디어 정립, 기본적인 방향성 설정
2. 사업 계획안 수립	사업 목표, 범위, 비용, 자금 계획, 수익성, 일정 상세 계획	사업의 청사진 마련, 구체적인 추진 전략 수립
3. 부지 확보 및 분석	부지 물색, 확보, 법적/지리적 특성 분석, 가치 평가	사업 부지 확보, 부지 적합성 확인
4. 사업 타당성 검토	시장, 기술, 재무, 법규적 타당성 종합 분석	사업 추진 여부 최종 결정
5. 설계	건축물 형태, 배치, 규모, 구조, 설비 등 디자인 (기본/실시)	시공 가능한 상세 설계 도면 및 시방서 작성
6. 인허가	건축 허가, 사업 계획 승인 등 관련 관청 인허가 획득	합법적인 건설 및 분양 자격 확보
7. 금융 조달	자기자본, PF, 대출, 분양 수입 등 사업 자금 확보	사업 추진을 위한 충분한 자금 마련
8. 시공	설계 도면/시방서에 따른 실제 건축물 건설 (토목, 건축, 설비, 조경 등)	계획된 품질과 일정에 따른 건축물 완성
9. 마케팅	아파트 가치 홍보, 광고, PR, 견본주택 운영	잠재 구매자 관심 유도, 분양 분위기 조성
10. 분양	청약 접수, 계약 체결 등 아파트 판매 활동	사업 수익 실현, 분양 목표 달성
11. 입주	사전 점검, 잔금 납부, 소유권 이전, 실제 입주	구매자의 아파트 사용 시작
12. 정산	사업 총비용/총 수익 계산 및 정리, 참여자 간 수익 배분, 사업 결산	사업 결과 최종 확정, 이해관계자 간 관계 정리

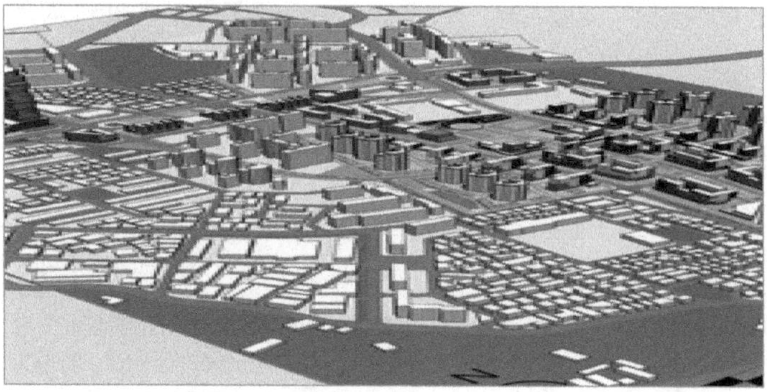

Siheung Master Plan, Siheung https://www.aiarchitects.com/development#/siheung-master-plan

2.3 전통적인 아파트 단지 개발 프로세스의 단계 별 문제와 한계

전통적인 아파트 단지 개발 프로세스는 각 단계별로 내재된 문제점과 명확한 한계를 지니고 있다. 이러한 문제와 한계는 사업의 효율성 저하, 비용 증가, 시장 변화에 대한 더딘 대응, 그리고 최종적으로는 사업의 성공 가능성을 낮추는 요인으로 작용할 수 있다. 각 단계별 주요 문제와 한계는 다음과 같다.

2.3.1 전통적인 아파트 단지 개발 프로세스의 사업 구상 단계의 문제와 한계

전통적인 사업 구상 단계에서는 시장 상황 분석이나 잠재 부지 물색 시 주로 담당자의 직관이나 과거의 제한된 성공 경험에 의존하는 경향이 나타난다. 이는 객관적인 데이터에 기반한 심층적인 시장 분석의 부재로 이어져, 변화하는 시장 트렌드나 잠재 수요층의 미묘한 니즈를 정확히 포착하지 못할 가능성을 높인다.

예를 들어, 특정 지역의 과거 분양 성공 사례만을 참고하여 유사한 컨셉의 사업을 구상하였으나, 그 사이 변화된 인구 구성이나 경쟁 환경을 간과하여 초기 아이디어부터 시장과의 괴리가 발생할 수 있다. 또한, 대략적인 개발 규모나 형태를 설정함에 있어 데이터 기반의 시뮬레이션 부재는 최적의 사업 볼륨을 결정하는 데 한계를 보인다.

■ 전통적인 아파트 단지 개발 프로세스의 "사업 구상 단계"의 문제 및 한계

구분	주요 문제점	한계
정보 수집 및 분석 방법론	- 시장 상황 분석 및 잠재 부지 물색 시 담당자의 직관이나 과거의 제한된 성공 경험에 주로 의존한다. - 객관적 데이터에 기반한 심층적인 시장 분석이 부재하다.	- 의사결정 과정에서 주관적 편향(bias)이 개입될 가능성이 높아지며, 합리적인 대안 탐색을 저해한다. - 정량적 데이터 분석보다는 정성적 판단에 치우쳐 사업의 초기 리스크 예측 정확도가 저하된다.
시장 및 수요 예측	- 변화하는 시장 트렌드나 잠재 수요층의 미묘한 니즈를 정확히 포착하지 못할 가능성이 높다. - 과거 분양 성공 사례만을 참고하여 변화된 인구 구성이나 경쟁 환경을 간과한다.	- 미래 시장의 불확실성에 대한 대응 능력이 취약해지며, 신규 시장 창출 기회를 놓칠 수 있다. - 공급자 중심의 사업 구상으로 이어져 실제 수요와 괴리된 상품 기획의 위험을 내포한다.
사업 아이디어 및 컨셉 도출	- 특정 지역의 과거 성공 사례만을 참고하여 유사 컨셉을 반복 구상함에 따라, 초기 아이디어부터 시장과의 괴리가 발생할 수 있다.	- 사업 아이디어의 혁신성 및 차별성이 부족해져 경쟁 우위를 확보하기 어렵게 된다. - 지역적 특성이나 시대적 변화를 반영한 창의적이고 독자적인 개발 컨셉 발굴에 한계를 보인다.
개발 규모 및 형태 설정	- 대략적인 개발 규모나 형태 설정 시 데이터 기반의 시뮬레이션이 부재하여 최적의 사업 볼륨 결정에 한계를 보인다.	- 사업의 수익성 및 효율성을 극대화할 수 있는 최적의 개발 밀도, 세대 구성, 평형 등을 결정하는 데 어려움을 겪는다. - 과잉 투자 또는 과소 투자로 인한 기회비용 발생 가능성이 증대되며, 이는 사업의 재무적 안정성을 저해할 수 있다.
결과 및 영향	- 초기 아이디어부터 시장과의 괴리가 발생할 수 있다. - 최적의 사업 볼륨을 결정하는 데 한계를 보인다.	- 사업 초기 단계의 방향 설정 오류는 이후 사업 계획, 설계, 마케팅 등 전 과정에 부정적 영향을 연쇄적으로 미치게 된다. - 시장 적합성이 낮은 사업 구상은 미분양 발생 가능성을 높이고, 이는 사업의 성패를 좌우하는 주요 요인이 된다.

2.3.2 전통적인 아파트 단지 개발 프로세스의 사업 계획안 수립 단계의 문제 및 한계

사업 계획안 수립 단계에서는 사업 구상 단계의 주관적 판단이 구체적인 수치로 이어지면서 문제점이 심화될 수 있다. 예상 사업비 산정 시 과거 유사 프로젝트의 데이터를 단순 적용하거나, 물가 상승률, 잠재적 리스크 비용 등을 과소평가하여 정확도가 떨어지는 경우가 발생한다.

자금 조달 계획 역시 시장의 유동성 변화나 금리 변동 가능성을 충분히 반영하지 못하여 계획의 실현 가능성이 낮아질 수 있다. 예상 수익성 분석은 낙관적인 시장 전망에 치우치거나, 다양한 시나리오에 대한 고려 없이 단일 시나리오에 의존하여 사업의 실제 수익성을 과대평가하는 오류를 범할 수 있다. 이는 결국 사업 추진 일정의 잦은 변경이나 계획의 전면 수정으로 이어질 수 있다.

■ **전통적인 아파트 단지 개발 프로세스에서 "사업 계획안 수립단계"의 문제 및 한계**

구분	주요 문제점(본문 기반)	추가 추론 및 한계
정보 수집 및 분석 방법론	- 사업 구상 단계의 주관적 판단이 구체적인 수치로 전환되면서 문제점이 심화될 수 있다.	- 초기 단계의 불확실성 및 가정의 오류가 사업 전반의 리스크로 확산될 가능성이 존재한다. - 계획의 객관성 및 현실성 확보에 어려움이 발생한다.
시장 및 수요 예측	- 과거 유사 프로젝트 데이터의 단순 적용으로 정확도가 저하된다. - 물가 상승률 및 잠재적 리스크 비용을 과소평가하는 경향이 있다.	- 개별 프로젝트의 특수성 및 현시점의 시장 상황을 충분히 반영하지 못하여 실제 사업비와 큰 괴리가 발생할 수 있다. - 정교한 리스크 분석 및 관리 체계가 미흡하여 예기치 못한 비용 증가에 취약하다.
사업 아이디어 및 컨셉 도출	- 시장의 유동성 변화나 금리 변동 가능성을 충분히 반영하지 못하여 계획의 실현 가능성이 낮아질 수 있다.	- 거시경제 지표 변동에 대한 예측 및 대응 전략이 부족하여 안정적인 자금 확보에 실패할 위험이 있다. - 다양한 자금 조달 방안에 대한 검토 및 유연한 대처 능력이 부족할 수 있다.

개발 규모 및 형태 설정	- 낙관적인 시장 전망에 치우치는 경향이 있다. - 다양한 시나리오 고려 없이 단일 시나리오에 의존하여 실제 수익성을 과대평가한다.	- 시장 변화에 따른 민감도 분석 및 최악의 상황(Worst-case scenario)에 대한 고려가 미흡하여 사업 타당성 판단에 오류를 범할 수 있다. - 분양가, 분양률 등 핵심 변수에 대한 객관적 근거가 부족할 수 있다.
결과 및 영향	- 사업 추진 일정의 잦은 변경이나 계획의 전면 수정으로 이어질 수 있다.	- 사업의 예측 가능성을 저해하고, 의사결정의 일관성을 해쳐 사업 추진 동력이 약화될 수 있다. - 시간 및 비용의 추가 투입을 야기하며, 최종적으로 사업 실패의 원인이 되기도 한다.

2.3.3 전통적인 아파트 단지 개발 프로세스의 부지 확보 및 분석 단계의 문제 및 한계

전통적인 부지 분석은 주로 현장 답사, 지적도 등 가시적인 정보와 일부 공공 데이터에 의존하여 진행된다. 이로 인해 해당 부지가 지닌 복합적인 법적 제약(예: 미공개 도시계획 변경 가능성, 숨겨진 환경 규제 등)이나 지형 및 지반의 잠재적 문제점(예: 연약 지반, 암반층의 예상치 못한 깊이)을 사전에 완벽히 파악하기 어렵다.

이는 부지 매입 후 예상치 못한 추가 비용 발생이나 개발 계획 변경의 원인이 된다. 또한, 주변 환경 분석 시 교통량, 소음, 일조권 등 생활환경에 미치는 요소를 정량적으로 분석하기보다는 정성적 판단에 그치는 경우가 많아, 실제 거주 환경의 질을 정확히 예측하는 데 한계가 있다.

■ 전통적인 아파트 단지 개발 프로세스의 "부지 확보 및 분석단계"의 문제 및 한계

구분	주요 문제점	한계
부지 정보 분석의 피상성	- 전통적인 부지 분석은 주로 현장 답사, 지적도 등 가시적인 정보와 일부 공공 데이터에 의존하여 진행된다.	- 수집되는 정보의 범위와 깊이가 제한적이어서, 부지의 다각적 가치 및 잠재력을 정확히 평가하는 데 어려움이 따른다. - 최신 기술(예: 빅데이터, AI 기반 분석)의 활용이 미흡하여 분석의 효율성과 정확성이 저하될 수 있다.

잠재적 리스크 식별의 한계	- 해당 부지가 지닌 복합적인 법적 제약(미공개 도시계획 변경 가능성, 숨겨진 환경 규제 등)을 사전에 완벽히 파악하기 어렵다. - 지형 및 지반의 잠재적 문제점(연약 지반, 암반층의 예상치 못한 깊이 등)을 사전에 완벽히 파악하기 어렵다.	- 초기 단계에서의 리스크 예측 실패는 사업 추진 과정에서 예측 불가능한 변수로 작용하여 사업의 안정성을 저해한다. - 충분한 기술적·법률적 사전 검토(Due Diligence)가 이루어지지 않아 매입 결정의 불확실성이 증대된다.
주변 환경 및 생활 여건 분석 미흡	- 주변 환경 분석 시 교통량, 소음, 일조권 등 생활환경에 미치는 요소를 정량적으로 분석하기보다는 정성적 판단에 그치는 경우가 많아, 실제 거주 환경의 질을 정확히 예측하는 데 한계가 있다.	- 객관적인 데이터를 기반으로 한 시뮬레이션이나 정량적 평가 기준이 부재하여, 주관적 판단에 따른 분석 오류 가능성이 존재한다. - 입주민의 실제 생활 만족도에 큰 영향을 미치는 요소들에 대한 심층 분석이 부족하여, 단지 계획 시 생활 편의성 및 쾌적성 향상에 한계를 드러낼 수 있다.
결과 및 사업 영향	- 부지 매입 후 예상치 못한 추가 비용 발생이나 개발 계획 변경의 원인이 된다.	- 사업비 증가, 공사 기간 지연 등 프로젝트의 경제성과 효율성을 심각하게 저해할 수 있다. - 초기 분석의 부정확성은 사업 전반의 신뢰도를 떨어뜨리며, 이는 자금 조달 및 분양 성과에도 부정적인 영향을 미칠 수 있다. - 최악의 경우, 사업 중단 또는 포기로 이어질 수 있는 근본적인 원인을 제공한다.

2.3.4 전통적인 아파트 단지 개발 프로세스의 사업 타당성 검토 단계

사업 타당성 검토는 전통적으로 수작업 기반의 시장 조사와 개략적인 사업 수지 분석에 의존하는 경우가 많다. 이는 방대한 시장 데이터와 복잡한 변수들을 종합적으로 고려하는 데 물리적인 시간과 자원의 제약을 야기한다. 기술적 타당성 검토 시에도 최신 공법이나 자재의 적용 가능성보다는 기존의 검증된 방식만을 선호하여 혁신성이 저해될 수 있다.

또한 복잡하고 빈번하게 변경되는 건축 관련 법규를 사람이 직접 해석하고 적용해야 하므로, 누락이나 오해석의 가능성이 상존한다. 결과적으로, 사업 추진 여부를 결정하는 중요한 단계임에도 불구하고, 분석의 깊이나 정확성이 부족하여 최적의 의사결정을 내리기 어려운 상황에 직면할 수 있다.

■ 전통적인 아파트 단지 개발 프로세스에서 "사업 타당성 검토 단계"의 문제 및 한계

구분	주요 문제점	한계
시장 및 경제성 분석 방법론	- 수작업 기반의 시장 조사와 개략적인 사업 수지 분석에 의존하는 경우가 많다. - 방대한 시장 데이터와 복잡한 변수들을 종합적으로 고려하는 데 물리적인 시간과 자원의 제약을 야기한다.	- 분석 결과의 객관성과 신뢰도가 저하될 수 있으며, 다양한 시장 시나리오에 따른 민감도 분석이 미흡하여 예측의 정확성이 떨어진다. - 잠재적 수요, 경쟁 환경, 거시 경제 지표 변화 등 다차원적 변수를 통합적으로 반영한 정교한 수익성 예측 모델 구축이 곤란하다.
기술적 타당성 검토	- 최신 공법이나 자재의 적용 가능성보다는 기존의 검증된 방식만을 선호하여 혁신성이 저해될 수 있다.	- 건설 기술의 발전 속도를 따라가지 못하여 건축물의 품질, 공사 기간 단축, 비용 절감 등의 기회를 상실할 수 있다. - 친환경 건축, 스마트홈 기술 등 미래 지향적인 기술 도입에 소극적이 되어 단지의 장기적인 경쟁력 확보에 한계를 드러낼 수 있다.
법규 검토 및 적용	- 복잡하고 빈번하게 변경되는 건축 관련 법규를 사람이 직접 해석하고 적용해야 하므로, 누락이나 오해석의 가능성이 상존한다.	- 법규 위반으로 인한 사업 지연, 설계 변경, 추가 비용 발생 등의 리스크에 노출될 가능성이 크다. - 최신 법규 및 규제 변화에 대한 실시간 추적 및 선제적 대응 시스템의 부재로 사업 안정성이 저해된다.
종합적 의사결정의 질	- 사업 추진 여부를 결정하는 중요한 단계임에도 불구하고, 분석의 깊이나 정확성이 부족하여 최적의 의사결정을 내리기 어려운 상황에 직면할 수 있다.	- 제한된 정보와 분석의 한계로 인해 고위험 사업을 추진하거나, 반대로 잠재력 있는 사업 기회를 놓치는 오판을 할 가능성이 있다. - 사업의 성공 가능성을 높이기 위한 다각적이고 심층적인 검토보다는 과거 경험이나 직관에 의존한 결정이 이루어질 위험이 있다.
결과 및 사업 영향	- 분석의 깊이 및 정확성 부족으로 최적 의사결정이 어렵다.	- 사업 초기 단계의 타당성 검토 부실은 이후 단계에서 예기치 못한 문제 발생 시 대처 능력을 저하시키며, 프로젝트 전체의 실패 위험을 증대 높인다. - 투자 대비 효율성이 낮은 사업으로 귀결되거나, 시장 경쟁에서 뒤처지는 결과를 초래할 수 있다.

2.3.5 전통적인 아파트 단지 개발 프로세스의 설계 (기본설계 및 실시설계) 단계

설계 단계는 건축가의 창의성과 경험에 크게 의존하나, 이는 동시에 주관성의 개입 가능성을 의미한다. 제한된 시간과 예산 내에서는 소수의 대안만을 검토하게 되어, 잠재적으로 더 우수한 설계안이 존재함에도 불구하고 이를 발견하지 못할 수 있다. 기본설계에서 실시설계로 넘어가는 과정에서의 정보 손실이나 불일치 발생 가능성도 존재하며, 수작업 기반의 도면 작성 및 수정은 시간 소모가 많고 오류 발생 확률도 높다.

특히, 다양한 분야(구조, 설비, 전기 등) 간의 협업 과정에서 효율적인 의사소통과 데이터 통합의 부재는 설계 변경을 빈번하게 야기하고 공사비 상승의 원인이 되기도 한다. 예를 들어, 초기 건축 디자인이 구조적으로 비효율적이거나 설비 시스템과 충돌하여 실시설계 단계에서 대폭 수정되는 경우가 발생할 수 있다.

■ **전통적인 아파트 단지 개발 프로세스에서 "설계(기본설계 및 실시설계)단계"의 문제 및 한계**

구분	주요 문제점	한계
설계 주체의 역할 및 한계	- 설계 단계는 건축가의 창의성과 경험에 크게 의존하나, 이는 동시에 주관성의 개입 가능성을 의미한다.	- 설계자의 개인적 선호나 과거 유사 프로젝트의 경험이 과도하게 반영되어, 객관적인 성능 기반 설계나 사용자 중심의 다양한 요구를 충족시키는 데 한계를 보일 수 있다. - 표준화된 검증 절차나 객관적 평가 기준이 미흡할 경우, 설계 품질의 편차가 발생할 수 있다.
설계 대안 탐색의 제약	- 제한된 시간과 예산 내에서는 소수의 대안만을 검토하게 되어, 잠재적으로 더 우수한 설계안이 존재함에도 불구하고 이를 발견하지 못할 수 있다.	- 최적의 설계안을 도출하기 위한 충분한 시간과 자원 투자가 이루어지기 어려워, 초기 설정된 몇 가지 안 중에서 선택하는 수동적 검토에 그칠 가능성이 높다. - 다양한 시뮬레이션 도구나 데이터 기반 분석을 활용한 광범위한 대안 생성 및 평가 과정이 생략될 수 있다.

설계 정보 관리 및 도구의 한계	- 기본설계에서 실시설계로 넘어가는 과정에서의 정보 손실이나 불일치 발생 가능성이 존재한다. - 수작업 기반의 도면 작성 및 수정은 시간 소모가 많고 오류 발생 확률도 높다.	- 설계 변경 이력 관리가 체계적이지 못하여 정보의 누락이나 혼선이 발생하며, 이는 후속 공정에서의 재작업 및 공기 지연의 원인이 된다. - BIM(Building Information Modeling)과 같은 첨단 디지털 설계 도구의 활용이 미흡하여 데이터의 통합적 관리 및 실시간 공유가 어렵고, 설계 오류 검출 능력이 저하된다.
분야 간 협업 및 통합의 부재	- 다양한 분야(구조, 설비, 전기 등) 간의 협업 과정에서 효율적인 의사소통과 데이터 통합의 부재는 설계 변경을 빈번하게 야기하고 공사비 상승의 원인이 되기도 한다. - 예로서 초기 건축 디자인이 구조적으로 비효율적이거나 설비 시스템과 충돌하여 실시설계 단계에서 대폭 수정되는 경우가 발생하기도 한다.	- 각 전문 분야별로 설계가 분절적으로 진행되어, 초기 단계부터 통합적인 관점에서 최적화를 이루기 어렵다. - 분야 간 간섭(Clash) 검토가 실시설계 후반부에 이루어지거나 미흡할 경우, 시공 단계에서 예상치 못한 문제 발생 및 추가 비용, 공기 지연을 야기한다. - 통합설계(Integrated Design) 프로세스의 부재로 인해 초기 의사결정이 후속 설계에 미치는 영향을 충분히 예측하고 조정하기 어렵다.
결과 및 사업 영향	- 빈번한 설계 변경 - 공사비 상승	- 전체 사업 기간의 예측 불가능성 증대 및 사업 수익성 악화로 이어진다. - 잦은 변경과 오류는 최종 건축물의 품질 저하를 야기할 수 있으며, 안전 문제와도 직결될 수 있다. - 설계 단계의 비효율성은 시공 및 유지관리 단계의 어려움으로 전이되어 프로젝트 생애주기 전반의 비용 증가를 초래할 수 있다.

2.3.6 전통적인 아파트 단지 개발 프로세스의 인허가 단계

인허가 단계는 복잡하고 다양한 행정 절차와 관련 법규 해석의 모호성으로 인해 상당한 시간이 소요되고 예측 불가능성이 높은 구간이다. 관할 관청의 담당자별로 법규 해석이나 요구 서류에 차이가 있을 수 있으며, 이는 사업자에게 혼란을 야기하고 대응을 어렵게 만든다.

또한, 인허가 과정 중에 관련 법규가 개정되거나 새로운 규제가 신설될 경우, 사업 계획의 전면적인 수정이 불가피해지며 이는 사업 지연의 주요 원인이 된다. 제출된 서류의 미비나 오류로 인한 반복적인 보완 요구 역시 시간과 비용을 증가시키는 요인이다.

■ 전통적인 아파트 단지 개발 프로세스에서 "인허가 단계"의 문제 및 한계

구분	주요 문제점	한계
행정 절차의 복잡성 및 비효율성	- 복잡하고 다양한 행정 절차로 인해 상당한 시간이 소요된다. - 예측 불가능성이 높은 구간이다.	- 표준화되지 않은 절차와 과도한 서류 요구는 행정력 낭비를 초래하며, 사업자의 행정 비용 부담을 가중시킨다. - 인허가 지연으로 인한 금융 비용 증가 등 간접적인 사업비 상승 요인으로 작용한다.
법규 해석 및 적용의 자의성	- 관련 법규 해석의 모호성이 존재한다. - 관할 관청의 담당자별로 법규 해석이나 요구 서류에 차이가 있을 수 있어 사업자에게 혼란을 야기하고 대응을 어렵게 만든다.	- 법규 적용의 일관성 및 투명성 부족은 공정성 시비를 야기할 수 있으며, 담당자의 주관적 판단에 따라 인허가 결과가 달라질 수 있는 위험을 내포한다. - 예측 불가능한 요구사항 변화는 사업자의 안정적인 사업 추진을 저해하며, 불필요한 시간 소모와 갈등을 유발한다.
외부 환경(법규) 변화의 취약성	- 인허가 과정 중에 관련 법규가 개정되거나 새로운 규제가 신설될 경우, 사업 계획의 전면적인 수정이 불가피해지며 이는 사업 지연의 주요 원인이 된다.	- 정책 변화에 대한 사업자의 예측 및 대응 능력이 부족할 경우, 이미 투입된 자원의 손실 가능성이 존재하며 사업의 지속 가능성을 위협한다. - 빈번한 법규 변경은 장기적인 투자 계획 수립을 어렵게 만들고, 시장의 불확실성을 증폭시키는 요인이 된다.
문서화 및 대응 과정의 부담	- 제출된 서류의 미비나 오류로 인한 반복적인 보완 요구 역시 시간과 비용을 증가시키는 요인이다.	- 인허가 서류 작성 기준 및 절차에 대한 명확한 가이드라인 부재 또는 사업자의 전문성 부족은 반복적인 반려 및 보완을 야기한다. - 형식적인 요건 충족에 과도한 시간과 노력이 투입되어, 실질적인 사업 내용 검토 및 개선 기회가 저해될 수 있다.
결과 및 사업 영향	- 상당한 시간 소요 및 예측 불가능성 증대 - 사업 계획의 전면 수정 및 사업 지연 - 시간 및 비용 증가	- 전체 사업 기간의 불확실성이 증가하여 사업의 수익성을 악화시키고, 최악의 경우 사업 추진 동력을 상실하게 만들 수 있다. - 반복적인 계획 변경과 지연은 주택 공급 시기를 늦춰 시장의 수요-공급 불균형을 심화하는 원인이 되기도 한다. - 인허가 리스크는 건설 프로젝트의 대표적인 비효율 요소로 작용하여 국가 전체의 건설 산업 경쟁력 저하로 이어질 수 있다.

2.3.7 전통적인 아파트 단지 개발 프로세스의 금융조달 단계

전통적인 금융 조달 방식은 사업자의 신용도나 담보 능력에 크게 의존하며, 특히 프로젝트 파이낸싱(PF)의 경우 복잡한 계약 구조와 높은 금융 비용을 수반한다. 시장 상황 변동에 민감하여, 금융 경색기에는 자금 조달 자체가 어려워지거나 매우 불리한 조건으로 자금을 조달해야 하는 리스크가 존재한다.

또한, 사업 계획의 불확실성이나 사업 타당성 분석의 신뢰도 부족은 금융기관의 투자 결정을 어렵게 만들어 원활한 자금 확보에 걸림돌이 될 수 있다. 분양 수입에 의존하는 자금 계획은 시장 침체 시 분양률 저조로 이어져 심각한 유동성 위기를 초래할 수 있다.

■ **전통적인 아파트 단지 개발 프로세스에서 "금융조달 단계"의 문제 및 한계**

구분	주요 문제점	한계
금융 조달 구조의 경직성 및 고비용	- 사업자의 신용도나 담보 능력에 크게 의존한다. - 프로젝트 파이낸싱(PF)의 경우 복잡한 계약 구조와 높은 금융 비용을 수반한다.	- 신용도가 낮거나 담보 여력이 부족한 중소 개발사 및 신규 사업자의 경우, 금융 시장 접근성이 현저히 낮아져 사업 기회가 제한된다. - 과도한 금융 비용은 사업의 전체 수익성을 저해하며, 이는 분양가 상승의 요인으로 작용하여 최종 수요자에게 부담이 전가될 수 있다.
시장 환경 변화에 대한 금융 취약성	- 시장 상황 변동에 민감하여, 금융 경색기에는 자금 조달 자체가 어려워지거나 매우 불리한 조건으로 자금을 조달해야 하는 리스크가 존재한다.	- 외부 경제 충격 발생 시, 건설 부문의 자금 흐름이 급격히 위축되어 사업의 연속성을 담보하기 어렵게 된다. - 금리 상승기에는 이자 부담이 가중되어 채무불이행 위험이 증가하며, 이는 연쇄적인 부실로 이어질 가능성을 내포한다. - 예측 불가능한 시장 변동은 안정적인 자금 조달 계획 수립을 어렵게 만든다.

사업 계획과의 연계성 미흡	- 사업 계획의 불확실성이나 사업 타당성 분석의 신뢰도 부족은 금융기관의 투자 결정을 어렵게 만들어 원활한 자금 확보에 걸림돌이 될 수 있다.	- 사업 초기 단계(사업 구상, 타당성 분석, 인허가 등)의 문제점이 금융 조달 단계에서 부각되어 자금 조달 실패의 직접적인 원인이 된다. - 금융기관은 리스크 최소화를 위해 객관적이고 신뢰도 높은 사업성 검증 자료를 요구하므로, 이에 대한 준비가 미흡할 경우 자금 조달에 난항을 겪는다. - 혁신적이거나 새로운 유형의 사업은 기존의 평가잣대로는 사업성을 인정받기 어려워 금융 지원을 받기 힘들 수 있다.
수익 의존적 자금 구조의 한계	- 분양 수입에 의존하는 자금 계획은 시장 침체 시 분양률 저조로 이어져 심각한 유동성 위기를 초래할 수 있다.	- 단일 자금 회수 경로(분양)에 대한 과도한 의존은 부동산 경기 변동에 매우 취약한 구조를 형성한다. - 미분양 발생 시, 공사비 지급 지연, 협력업체 부실 등 연쇄적인 문제가 발생하여 프로젝트 전체가 중단될 위험이 커진다. - 안정적인 현금 흐름 확보를 위한 다양한 재원 조달 방안(예: 선진적 금융 기법, 지분 투자 유치 등)의 모색 및 적용이 미흡하다.
결과 및 사업 영향	- 자금 조달의 어려움 또는 불리한 조건에서의 조달 - 원활한 자금 확보의 장애 - 심각한 유동성 위기 발생 가능	- 사업의 안정적인 추진을 저해하고, 프로젝트의 지연, 중단, 심지어는 실패 가능성을 현저히 높인다. - 높은 금융 비용 및 자금 조달 리스크는 사회 전체적으로 주택 공급의 불안정성을 야기하고, 건설 산업의 건전한 발전을 저해하는 요인이 된다. - 금융 시장의 불안정성이 실물 경제인 건설 산업에 직접적인 타격을 주는 주요 경로로 작용하여 경제 전반에 부정적 파급 효과를 미칠 수 있다.

2.3.8 전통적인 아파트 단지 개발 프로세스의 시공 단계

시공 단계에서는 설계 도면의 불완전성, 잦은 설계 변경, 자재 수급의 불안정, 공정 간 간섭 등으로 인해 공사 기간이 지연되고 공사비가 상승하는 문제가 빈번하게 발생한다. 작업자의 경험에 의존하는 전통적인 시공 방식은 품질 관리의 일관성을 확보하기 어렵게 만들며, 안전 관리 소홀로 인한 사고 발생 위험도 상존한다.

예를 들어, 특정 공정의 지연이 후속 공정에 연쇄적인 영향을 미치거나, 현장 상황 변화에 대한 유연한 대처 능력 부족으로 비효율적인 작업이 반복될 수 있다. 또한, 다수의 협력업체 간 정보 공유 및 협업 체계의 미흡은 공정 관리의 어려움을 가중시킨다.

■ 전통적인 아파트 단지 개발 프로세스에서 "시공 단계"의 문제 및 한계

구분	주요 문제점	한계
설계 연계성 및 자재 조달의 불안정성	- 설계 도면의 불완전성, 잦은 설계 변경으로 인해 공사 기간이 지연되고 공사비가 상승한다. - 자재 수급의 불안정으로 공사 기간 지연 및 공사비 상승 문제가 발생한다.	- 설계 단계의 미흡함이 시공 단계의 비효율로 직접 전이되며, 이는 잦은 재시공 및 작업 중단을 야기한다. - 예측 불가능한 자재 시장의 변동(가격, 공급량)에 대한 사전 대응 계획이 미흡하여, 공정 계획의 차질 및 원가 관리의 어려움을 초래한다.
시공 기술 및 품질·안전 관리의 한계	- 작업자의 경험에 의존하는 전통적인 시공 방식은 품질 관리의 일관성을 확보하기 어렵게 만든다. - 안전 관리 소홀로 인한 사고 발생 위험도 상존한다.	- 표준화된 시공 지침이나 객관적인 품질 검증 시스템의 부재는 시공 품질의 편차를 유발하고, 하자 발생 가능성을 높인다. - 체계적인 안전 교육 및 현장 관리 감독 시스템이 미흡할 경우, 중대 재해 발생 위험이 상존하며 이는 인명 피해뿐만 아니라 기업의 신뢰도 하락으로 이어진다.
현장 공정 관리의 비효율성	- 공정 간 간섭 등으로 인해 공사 기간 지연 및 공사비 상승 문제가 빈번하게 발생한다. - 특정 공정의 지연이 후속 공정에 연쇄적인 영향을 미친다. - 현장 상황 변화에 대한 유연한 대처 능력 부족으로 비효율적인 작업이 반복될 수 있다.	- 실시간 공정 현황 파악 및 데이터 기반의 의사결정 시스템이 부재하여, 문제 발생 시 신속하고 효과적인 대응이 어렵다. - 각 공정의 유기적인 연계 관리 및 통합적인 스케줄링 역량이 부족하여, 병목 현상 및 유휴 인력/장비 발생으로 인한 생산성 저하가 나타난다. - 예기치 않은 현장 변수(기상 조건, 민원 발생 등)에 대한 시나리오별 대응 계획(Contingency Plan) 수립이 미흡하다.

협력업체 간 협업 시스템 부재	- 다수의 협력업체 간 정보 공유 및 협업 체계의 미흡은 공정 관리의 어려움을 가중시킨다.	- 분절된 의사소통 채널은 정보 전달의 지연, 왜곡, 누락을 야기하여 협력사 간 작업 충돌 및 공정 비효율을 심화 시킨다. - 공동의 목표 달성을 위한 통합된 정보 플랫폼이나 표준화된 협업 프로세스가 없어, 각 협력업체의 개별적 이익 추구가 전체 프로젝트의 효율성을 저해할 수 있다. - 책임 소재의 불분명으로 인해 문제 발생 시 신속한 해결이 어렵고, 상호 불신을 초래할 수 있다.
결과 및 사업 영향	- 공사 기간 지연 및 공사비 상승 - 품질 관리 일관성 확보의 어려움 - 안전사고 발생 위험 - 공정 관리의 어려움 가중	- 프로젝트 전반의 예측 가능성을 저해하고 사업 수익성을 크게 악화시킨다. - 입주 지연으로 인한 계약자의 불만 증폭 및 기업 이미지 손상을 초래하며, 법적 분쟁으로 이어질 가능성이 있다. - 하자 보수 비용의 증가 및 건축물의 내구성과 장기적인 가치 하락을 야기할 수 있다. - 안전사고 발생은 직접적인 인명 및 재산 피해는 물론, 공사 중단, 법적 제재, 사회적 비난 등 막대한 유·무형의 손실을 야기한다.

CENTUM CITY, Busan https://www.aiarchitects.com/development#/busan-telecommunication-master-plan

2.3.9 전통적인 아파트 단지 개발 프로세스의 마케팅 단계

전통적인 마케팅은 주로 신문 광고, TV 광고, 견본주택(모델하우스) 운영 등 공급자 중심의 일방향적인 정보 전달에 치우치는 경향이 있다. 이는 변화하는 소비자의 다양한 니즈와 선호도를 세밀하게 반영하지 못하고, 불특정 다 수에게 메시지를 전달함으로써 마케팅 비용 대비 효율성이 낮을 수 있다.

또한, 분양 실적에 대한 단기적 압박으로 인해 과장 광고나 허위 정보 제공의 유혹에 빠질 가능성도 배제할 수 없다. 시장 반응에 대한 실시간 데이터 분석 및 즉각적인 전략 수정이 어려워, 한번 수립된 마케팅 계획을 경직되게 유지하는 경우가 많다.

■ **전통적인 아파트 단지 개발 프로세스에서 "마케팅 단계"의 문제 및 한계**

구분	주요 문제점	한계
정보 전달 방식의 일방성 및 채널 한계	- 전통적인 마케팅은 주로 신문 광고, TV 광고, 견본주택(모델하우스) 운영 등 공급자 중심의 일방향적인 정보 전달에 치우치는 경향이 있다.	- 고객과의 쌍방향 소통이 부족하여 잠재 고객의 의견 수렴 및 즉각적인 피드백 반영이 어렵다. - 디지털 플랫폼 및 소셜 미디어 등 새로운 마케팅 채널 활용에 소극적이어서, 특정 고객층에 대한 도달률이 낮고 정보 확산 속도가 더딜 수 있다.
고객 이해 및 타겟팅 전략의 부재	- 변화하는 소비자의 다양한 니즈와 선호도를 세밀하게 반영하지 못한다. - 불특정 다수에게 메시지를 전달함으로써 마케팅 비용 대비 효율성이 낮을 수 있다.	- 정교한 시장 세분화(Segmentation) 및 표적 고객(Targeting) 설정이 미흡하여, 모든 고객에게 동일한 메시지를 전달하는 비효율적인 접근 방식을 취한다. - 빅데이터 분석 등 고객 데이터 기반의 맞춤형 마케팅 전략 수립 능력이 부족하여, 실제 구매 전환율 제고에 한계를 보인다. - 잠재 고객의 라이프스타일 변화나 가치관을 심층적으로 파악하지 못해 공감대를 형성하는 데 어려움을 겪는다.

단기 성과주의로 인한 윤리적 문제 발생 가능성	- 분양 실적에 대한 단기적 압박으로 인해 과장 광고나 허위 정보 제공의 유혹에 빠질 가능성도 배제할 수 없다.	- 계약률을 높이기 위해 상품의 장점만을 부각하거나 단점을 은폐하려는 시도는 소비자 기만 행위로 이어져 법적 분쟁 및 기업 신뢰도 추락을 야기할 수 있다. - 장기적인 브랜드 가치 구축보다는 단기 판매 성과에만 집중하여, 지속 가능한 고객 관계 형성에 부정적인 영향을 미친다. - 사회적 책임(CSR)을 다하는 마케팅 활동보다는 판매 촉진에만 매몰될 가능성이 있다.
시장 대응 및 전략 수정의 경직성	- 시장 반응에 대한 실시간 데이터 분석 및 즉각적인 전략 수정이 어려워, 한번 수립된 마케팅 계획을 경직되게 유지하는 경우가 많다.	- 시장 상황이나 경쟁 환경 변화에 대한 민첩한 대응이 부족하여, 효과가 검증되지 않은 마케팅 활동을 지속하거나 새로운 기회를 포착하지 못할 수 있다. - 마케팅 성과에 대한 체계적인 측정 및 평가 시스템이 미흡하여, 데이터 기반의 전략 개선 및 최적화가 이루어지기 어렵다. - 실패한 마케팅 전략에 대한 원인 분석 없이 관성적으로 기존 방식을 답습할 위험이 있다.
결과 및 사업 영향	- 마케팅 비용 대비 효율성 저하 - 과장 광고 또는 허위 정보 제공 가능성 - 마케팅 계획의 경직된 유지	- 높은 마케팅 비용 지출에도 불구하고 낮은 분양률을 기록하여 사업의 수익성을 악화시킬 수 있다. - 부정확한 정보 제공으로 인한 소비자 불만 및 불신은 브랜드 이미지에 치명적인 손상을 입히며, 장기적으로 기업 가치를 훼손한다. - 변화하는 시장 트렌드에 효과적으로 대응하지 못하여 경쟁력을 상실하고, 미분양 리스크를 증대 시켜 프로젝트의 안정적인 마무리를 어렵게 한다.

Korea New Town, https://www.google.com/search?q=AI+based+apartment++design+in+Korea+newtown

2.3.10 전통적인 아파트 단지 개발 프로세스의 분양 단계

분양 단계에서는 청약 시스템의 복잡성, 불투명한 당첨자 선정 과정(과거의 문제), 과도한 경쟁으로 인한 실수요자의 기회 박탈 등의 문제가 발생할 수 있다. 시장 상황에 따라 분양가 책정의 어려움이 있으며, 고분양가 논란은 사회적 갈등을 야기하기도 한다.

또한, 분양 계약 과정에서의 법률적 이해 부족으로 인한 계약자 피해 발생 가능성도 존재한다. 미분양 발생 시에는 할인 분양 등으로 기존 계약자와의 형평성 문제가 불거지거나, 사업 전체의 수익성을 악화시키는 요인이 된다.

■ **전통적인 아파트 단지 개발 프로세스에서 "분양 단계"의 문제 및 한계**

구분	주요 문제점(본문 기반)	추가 추론 및 한계
청약 시스템의 접근성 및 공정성 문제	- 청약 시스템의 복잡성이 존재한다. - 불투명한 당첨자 선정 과정(과거의 문제)이 발생할 수 있다. - 과도한 경쟁으로 인한 실수요자의 기회 박탈 문제가 발생할 수 있다.	- 정보 취약 계층이나 청약 경험이 부족한 실수요자에게는 청약 제도가 높은 진입 장벽으로 작용할 수 있다. - 과거의 불투명성 문제는 현재에도 시스템에 대한 잠재적 불신으로 이어져, 공정성 확보를 위한 지속적인 제도 개선 및 감시의 필요성을 야기한다. - 인기 단지의 경우, 투기적 수요가 가세하여 실수요자의 내 집 마련 기회를 축소시키고 시장 과열을 부추길 수 있다.
분양가 책정의 어려움과 사회적 갈등	- 시장 상황에 따라 분양가 책정의 어려움이 있다. - 고분양가 논란은 사회적 갈등을 야기하기도 한다.	- 개발 사업의 수익성과 주거 안정이라는 공익적 가치 사이에서 적정 분양가를 결정하는 것이 쉽지 않으며, 이는 사업 주체와 소비자, 정부 간의 입장 차이를 심화 시킨다. - 주변 시세, 토지비, 건축비 등 다양한 변수를 고려해야 하나, 객관적이고 투명한 분양가 산정 기준이 미흡하여 논란의 소지가 된다. - 분양가 통제 정책은 시장 왜곡 및 공급 위축을, 자율화는 가격 급등을 초래할 수 있는 양면성을 지닌다.

계약 과정의 투명성 및 계약자 보호 미흡	- 분양 계약 과정에서의 법률적 이해 부족으로 인한 계약자 피해 발생 가능성이 존재한다.	- 공급자 위주의 불공정한 계약 조항이 포함될 가능성이 있으며, 복잡하고 어려운 법률 용어는 계약자의 정확한 이해를 방해하여 정보 비대칭 문제를 심화 시킨다. - 계약 내용에 대한 충분한 설명 부족, 허위·과장 광고로 인한 오인 등은 향후 분쟁 발생의 원인이 될 수 있으며, 이에 대한 소비자 보호 장치가 충분하지 않을 수 있다.
미분양 발생 시 리스크 및 형평성 문제	- 미분양 발생 시에는 할인 분양 등으로 기존 계약자와의 형평성 문제가 불거질 수 있다. - 미분양은 사업 전체의 수익성을 악화시키는 요인이 된다.	- 할인 분양은 기존 계약자들의 자산 가치 하락에 대한 우려와 반발을 초래하며, 건설사와의 신뢰 관계를 훼손한다. - 장기 미분양은 사업자의 자금 회수를 어렵게 만들어 유동성 위기를 야기하고, 이는 협력업체 대금 지급 지연 등 연쇄적인 문제로 확산될 수 있다. - 미분양 물량 해소를 위한 추가적인 마케팅 비용 발생 및 관리 부담 증가는 사업의 재무 건전성을 더욱 악화시킨다.
결과 및 사업 영향	- 실수요자의 기회 박탈 - 사회적 갈등 야기 - 계약자 피해 발생 가능성 - 기존 계약자와의 형평성 문제 발생 - 사업 전체 수익성 악화	- 주택 시장의 안정성을 저해하고, 투기적 수요를 자극하거나 실수요자의 불안감을 증폭시킬 수 있다. - 사업자와 소비자 간의 신뢰가 저하되어 지속적인 갈등을 유발하며, 이는 사회적 비용 증가로 이어진다. - 미분양 리스크는 건설사의 경영 불안을 가중시키고, 이는 주택 공급 위축으로 이어져 장기적으로 주택 시장에 부정적 영향을 미칠 수 있다.

2.3.11 전통적인 아파트 단지 개발 프로세스의 입주 단계

입주 단계에서는 시공 하자로 인한 입주민과의 갈등이 가장 큰 문제점으로 지적된다. 사전 점검 과정에서 다수의 하자가 발견되거나, 약속된 마감재와 다른 자재가 사용되는 경우 등이 이에 해당한다.

입주 지정 기간의 촉박함, 입주 절차의 복잡성, 잔금 납부와 소유권 이전 과정에서의 미흡한 안내 등도 입주민의 불편을 초래할 수 있다. 또한, 입주 초기 단지 내 공동시설 운영 미비나 관리 시스템의 불안정으로 인해 생활에 불편을 겪는 사례도 발생한다.

■ 전통적인 아파트 단지 개발 프로세스에서 "입주 단계"의 문제 및 한계

구분	주요 문제점(본문 기반)	추가 추론 및 한계
시공 품질 및 하자 처리 문제	- 시공 하자로 인한 입주민과의 갈등이 가장 큰 문제점으로 지적된다. - 사전 점검 과정에서 다수의 하자가 발견된다. - 약속된 마감재와 다른 자재가 사용되는 경우가 있다.	- 이는 시공 단계에서의 품질 관리 소홀 및 검수 체계의 미흡함을 나타내며, 건설사의 책임의식 부족으로 이어질 수 있다. - 하자에 대한 보수 절차가 지연되거나 미흡할 경우, 입주민의 정신적·물질적 피해가 가중되며, 법적 분쟁으로 비화될 가능성이 있다. - 반복적인 하자 발생은 건설사 브랜드 이미지 및 신뢰도에 심각한 타격을 준다.
입주 행정 절차의 편의성 부족	- 입주 지정 기간의 촉박함이 문제될 수 있다. - 입주 절차의 복잡성이 지적된다. - 잔금 납부와 소유권 이전 과정에서의 미흡한 안내 등으로 입주민의 불편을 초래할 수 있다.	- 촉박한 입주 일정은 이사, 기존 주택 처분 등 입주민의 개인 일정에 부담을 주며, 이는 연쇄적인 불편을 야기한다. - 복잡하고 표준화되지 않은 입주 절차는 입주민에게 혼란을 가중시키며, 특히 고령층이나 정보 취약 계층에게 더욱 큰 어려움으로 작용할 수 있다. - 잔금 대출, 등기 이전 등 전문적인 지식이 필요한 부분에 대한 충분하고 명확한 안내 부족은 입주민의 불안감을 증폭시키고, 예상치 못한 문제를 발생시킬 수 있다.
단지 초기 운영 및 관리 시스템의 미비	- 입주 초기 단지 내 공동시설 운영 미비로 인해 생활에 불편을 겪는 사례가 발생한다. - 입주 초기 관리 시스템의 불안정으로 생활에 불편을 겪는 사례가 발생한다.	- 엘리베이터, 주차 시스템, 커뮤니티 시설 등 주요 공동시설의 가동 지연이나 잦은 고장은 입주민의 일상생활에 직접적인 불편을 초래하여 초기 만족도를 크게 저하시킨다. - 관리사무소의 업무 처리 미숙, 관리 규약의 부재 또는 혼선, 보안 시스템의 불안정 등은 입주 초기 단지 내 질서 확립을 어렵게 만들고 입주민 간 갈등의 원인이 되기도 한다. - 신규 단지의 특성을 고려한 체계적인 초기 관리 운영 계획 및 인수인계 시스템이 부족함을 시사한다.
결과 및 사업 영향	- 입주민과의 갈등 발생 - 입주민의 불편 초래 - 생활 불편 발생	- 입주민의 만족도 저하는 해당 아파트 단지의 평판 하락으로 이어지며, 이는 향후 건설사의 다른 프로젝트 분양에도 부정적인 영향을 미칠 수 있다. - 하자 보수 비용의 증가는 사업의 최종 수익성을 악화시키는 요인이 되며, 지속적인 민원과 분쟁은 추가적인 행정 비용 및 시간 소모를 야기한다. - 입주 단계에서의 부정적인 경험은 장기적으로 주택 시장 전반에 대한 불신으로 확산될 가능성도 내포한다.

New Town Project in Seoul, https://www.google.com/search?q=AI+based+apartment++design+in+Kore+newtown

2.3.12 전통적인 아파트 단지 개발 프로세스의 정산 단계

사업 정산 단계에서는 투입된 총비용과 발생한 총수익을 최종적으로 확정하는 과정에서 참여 주체들 간의 이해관계 충돌이 발생할 수 있다. 특히, 공사비 증액, 설계 변경에 따른 추가 비용 부담 주체 등을 놓고 갈등이 빚어질 수 있다.

사업의 성과를 객관적으로 평가하고 향후 사업에 교훈을 얻기 위한 체계적인 데이터 관리 및 분석 시스템이 미흡하여, 경험이 자산 화되지 못하고 유사한 문제점이 반복될 가능성이 있다. 또한, 복잡한 회계 처리와 세무 문제로 인해 정산이 지연되거나 오류가 발생하기도 한다.

■ **전통적인 아파트 단지 개발 프로세스에서 "정산 단계"의 문제 및 한계**

구분	주요 문제점(본문 기반)	추가 추론 및 한계
참여 주체 간 비용 및 수익 정산 갈등	- 투입된 총비용과 발생한 총수익을 최종적으로 확정하는 과정에서 참여 주체들 간의 이해관계 충돌이 발생할 수 있다. - 특히, 공사비 증액, 설계 변경에 따른 추가 비용 부담 주체 등을 놓고 갈등이 빚어질 수 있다.	- 계약 초기 단계에서 비용 부담 및 변경 조건에 대한 명확한 규정 미비는 정산 단계에서 분쟁의 주요 원인이 된다. - 각 주체의 책임 범위와 기여도에 대한 객관적 평가 기준 부재 시, 상호 불신을 야기하고 합의 도출을 어렵게 만든다. - 정산 지연은 참여 주체들의 자금 유동성 악화 및 금융 비용 증가로 이어질 수 있다.

사업 성과 평가 및 지식 자산화 미흡	- 사업의 성과를 객관적으로 평가하고 향후 사업에 교훈을 얻기 위한 체계적인 데이터 관리 및 분석 시스템이 미흡하여, 경험이 자산 화되지 못하고 유사한 문제점이 반복될 가능성이 있다.	- 프로젝트 완료 후 성공 및 실패 요인에 대한 심층적인 분석과 기록 관리가 이루어지지 않아, 조직 내 지식 축적 및 공유가 미흡하다. - 과거 사업의 데이터가 체계적으로 관리되지 않아, 신규 사업 기획 시 과거의 오류를 답습하거나 비효율적인 의사결정을 내릴 위험이 있다. - 이는 건설사의 장기적인 학습 능력 저하 및 경쟁력 약화로 이어질 수 있다.
회계 및 세무 처리의 복잡성과 오류 가능성	- 복잡한 회계 처리와 세무 문제로 인해 정산이 지연되거나 오류가 발생하기도 한다.	- 건설 사업의 특수성을 반영한 회계 기준 적용의 어려움과 빈번한 세법 개정은 회계 처리의 정확성을 저해하는 요인이 된다. - 전문적인 회계 및 세무 인력의 부족 또는 외부 자원에 대한 과도한 의존은 내부 통제 시스템 약화를 초래할 수 있다. - 정산 오류는 추후 세무조사 시 가산세 부과 등 재무적 손실을 야기할 수 있으며, 기업의 투명성 및 신뢰도에 부정적인 영향을 미친다. - 최종 사업 손익 확정 지연은 이익 배당, 투자금 회수 등 후속 자금 운용 계획에 차질을 빚게 한다.
결과 및 사업 영향	- 참여 주체 간 이해관계 충돌 발생 - 경험의 비자산화 및 유사 문제점 반복 - 정산 지연 또는 오류 발생	- 프로젝트의 최종 마무리가 지연되고, 이로 인한 불필요한 행정 비용 및 기회비용이 발생한다. - 조직의 지속적인 성장과 발전을 위한 선순환적 학습 체계 구축이 어려워지며, 이는 산업 전체의 생산성 향상을 저해하는 요인이 될 수 있다. - 재무 정보의 신뢰성 저하는 투자자 및 금융기관 등 이해관계자의 의사결정에 부정적인 영향을 미치며, 장기적으로 기업 가치에 손상을 줄 수 있다.

2.4 전통적인 아파트 단지 개발 프로세스의 단계별 문제 및 한계 요약

■ 전통적인 아파트 단지 개발 프로세스의 단계별 문제 및 한계 요약

단계	문제 및 한계
1. 사업 구상	- 주관적 판단 및 제한된 정보 의존 - 시장 변화 및 잠재 수요 예측의 부정확성 - 데이터 기반 최적 사업 규모 설정의 한계
2. 사업 계획안 수립	- 부정확한 사업비 및 수익성 예측 - 경직된 계획으로 시장 변화 대응 미흡 - 자금 조달 계획의 현실성 부족
3. 부지 확보 및 분석	- 제한적 정보(가시적, 일부 공공 데이터) 의존 - 잠재적 법규/환경/지반 리스크 간과 가능성 - 정성적 주변 환경 분석으로 실제 거주 환경 예측 부정확
4. 사업 타당성 검토	- 수작업 기반 분석의 시간/자원 제약 - 분석 깊이 및 정확성 부족으로 최적 의사결정 곤란 - 법규 해석 오류 및 기술 혁신 성 저해 가능성
5. 설계	- 도시설계가나 건축가 개인 역량 의존 및 주관성 개입 - 제한된 대안 검토 및 최적 안 도출 한계 - 수작업 도면의 비효율성 및 오류 가능성 - 분야 간 협업 및 데이터 통합 미흡
6. 인허가	- 복잡하고 장기적인 행정 절차 - 법규 해석의 모호성 및 담당자별 상이한 기준 - 인허가 중 법규 변경 시 사업 지연 및 계획 수정 불가피 - 서류 미비/오류로 인한 반복적 보완 요구
7. 금융 조달	- 사업자 신용/담보 위주, PF의 복잡성 및 고비용 - 시장 변동성 노출 및 자금 확보 불확실성 - 사업 계획 신뢰도 부족 시 투자 유치 난항 - 분양 수입 의존 자금 계획의 리스크
8. 시공	- 설계 변경, 자재 수급 불안정 등으로 공기 지연 및 공사비 상승 - 경험 의존 시공으로 품질 관리 일관성 부족 및 안전사고 위험 - 현장 상황 변화 대응 미흡 및 비효율적 작업 반복 - 협력업체 간 정보 공유 및 협업 미흡

9. 마케팅	- 공급자 중심의 일방향적 정보 전달 - 소비자 니즈 미 반영 및 마케팅 효율성 저하 - 과장/허위 광고 가능성 - 시장 반응 실시간 분석 및 전략 수정의 어려움
10. 분양	- 청약 시스템의 복잡성 및 불투명성(과거) - 분양가 책정의 어려움 및 고분양가 논란 - 계약 과정의 법률적 이해 부족으로 인한 피해 가능성 - 미분양 발생 시 수익성 악화 및 형평성 문제
11. 입주	- 시공 하자로 인한 입주민과의 갈등 - 입주 절차 복잡성 및 미흡한 안내 - 입주 초기 단지 운영 미비 및 관리 시스템 불안정
12. 정산	- 참여 주체 간 이해관계 충돌 및 비용 부담 갈등 - 객관적 성과 평가 및 데이터 자산화 미흡 - 복잡한 회계/세무 처리로 인한 지연 및 오류 가능성

제 2 장

AI 기반 아파트 단지 개발 프로세스

AI 기술은 전통적인 아파트 단지 개발 프로세스의 각 단계에 통합되어 효율성을 높이고 새로운 가능성을 열어준다.

https://homedesigns.ai/go/the-ai-touch-ais-impact-on-apartment-design

1 AI 기반 부지 분석 및 선정 단계

1.1 데이터 통합 분석을 통한 정형, 데이터 및 비정형 데이터를 신속하게 수집하고 통합 분석

AI는 위성 및 항공 이미지, 드론 촬영 데이터를 비롯하여 토지 정보, 교통망, 인구 통계, 주변 상권 정보, 부동산 시세, 관련 법규 등 방대한 양의 정형, 데이터 및 비정형 데이터를 신속하게 수집하고 통합 분석한다. AI 기반 객체 감지 및 변화 탐지 기술은 이미지 데이터에서 유의미한 정보를 자동으로 추출하는 데 활용될 수 있다.

AI는 다양한 데이터들을 통합적으로 분석함으로써, 인간이 제한적인 정보와 경험에 의존하여 수행하던 전통적인 부지 분석 및 선정 과정의 비효율성과 한계를 극복하고, 보다 빠르고 객관적이며 심층적인 의사결정을 지원한다. 이는 최적의 부지를 선정하고 사업 성공 가능성을 높이는 데 중요한 역할을 한다. 이러한 데이터 통합 분석에 활용되는 주요 데이터별 목표, 적용 기술, 역할, 장단점 및 활용 예시는 다음과 같다.

■ 주요 데이터별 목표, 적용 기술, 역할, 장단점 및 활용 예시

데이터	목표	기술	역할	장점	단점	활용 예시
위성 및 항공/드론 이미지	- 부지의 물리적 특성, 주변 환경, 지형, 기존 구조물 등을 시각적으로 파악하고, 변화를 탐지한다.	- AI 기반 객체 감지, 변화 탐지 기술, 이미지 처리 기술	- 부지의 현황 및 주변 맥락에 대한 직접적인 시각 정보를 제공한다. - 접근이 어려운 지역의 분석을 가능하게 한다. - 특정 객체(건물, 도로 등)를 자동으로 식별하는 데 활용된다.	- 현장 답사의 한계를 보완하고 넓은 지역을 효율적으로 분석한다. - 객관적인 시각 자료를 제공한다. - AI를 통해 유의미한 정보를 자동 추출한다. 변화 추이를 파악하는 데 용이하다.	- 기상 조건 및 해상도에 따라 정보의 질이 달라질 수 있다. - 고해상도 데이터의 경우 사생활 문제가 발생할 수 있다. - 전문적인 해석이 필요할 수 있다(AI가 보조한다).	- 부지 경계 확인, - 지형 분석, - 기존 건축물 및 녹지 공간 식별, - 주변 개발 현황 파악, - 불법 건축물 탐지, - 공사 진행 상황 모니터링에 활용된다.

토지 정보	- 부지의 소유권, 경계, 지목, 용도지역, 지적 정보 등 법적, 행정적 정보를 확인한다.	- 데이터 수집 및 통합 기술, 공간 분석(GIS)	- 부지 개발의 법적 및 행정적 제약 사항을 파악하는 데 필수적인 기초 정보를 제공한다. - 개발 가능 여부 및 규모를 결정하는 데 핵심적인 역할을 수행한다.	- 부지의 법적 지위와 물리적 경계를 명확히 파악할 수 있다. - 공적 데이터로서 신뢰도가 높다.	- 데이터의 형식이나 관리 주체에 따라 통합에 어려움이 있을 수 있다. - 실시간 업데이트가 아닐 수 있다. - 물리적인 현장 상태를 직접적으로 보여주지는 않는다.	- 소유권 확인, - 용도지역 및 지구 확인, - 건폐율/용적률 제한 확인, - 건축선/대지 안의 공지 규정 확인, - 지적 경계와 현황 일치여부 분석에 활용된다.
교통체계 데이터	- 부지의 접근성, 연결성, 주변 도로 및 대중교통 이용 편의성을 평가한다.	- 공간 분석(GIS), -네트워크 분석, - 데이터 통합(대중교통 노선, 교통량 데이터)	- 미래 거주자 및 이용자의 이동 편의성을 예측하고, 교통 인프라와의 연계성을 평가한다. - 부지 가치 및 잠재적 교통 영향 분석에 중요한 요소이다.	- 거주자의 생활 편의성에 직접적인 영향을 미치는 중요한 요소를 정량적으로 분석한다. - 차량 및 대중교통 이용자의 관점에서 부지 적합성을 평가한다.	- 교통망 변화(신설, 폐쇄 등)에 따라 분석 결과가 달라질 수 있다. - 실제 체감 교통량이나 혼잡도를 완벽하게 반영하기 어려울 수 있다.	- 주요 도로 및 고속도로 접근성 분석, - 대중교통(지하철, 버스 정류장)과의 거리 및 소요 시간 분석, - 주변 도로의 교통량 분석, - 보행자 접근성 평가에 활용된다.

인구 통계	- 잠재적 수요층의 특성, 규모, 인구 구조 등을 파악하여 시장성을 분석한다.	- 통계 분석, - - 데이터 시각화, - 데이터 통합(인구조사, 주민등록 데이터 등)	- 개발될 아파트 단지의 주요 수요층(연령, 소득 수준, 가구 구성원 수 등)을 정의하고, 이들의 필요와 선호도를 파악하는 데 기반이 된다.	- 개발 계획(세대 구성, 평형, 부대시설 등)을 수요 특성에 맞게 최적화하는 데 기여한다. - 시장 규모와 잠재력을 예측할 수 있다.	- 데이터가 최신이 아닐 수 있다. 통계적 데이터만으로는 개인의 다양한 선호도를 파악하기 어렵다. - 데이터 해석 시 상관관계와 인과관계를 구분해야 한다.	- 연령별 인구 분포에 따른 커뮤니티 시설 계획(어린이집, 경로당 등), - 가구원 수에 따른 평형별 세대 구성 비율 결정, - 소득 수준에 따른 분양가/임대료 수준 예측에 활용된다.
주변 상권 정보	- 편의시설 접근성, 생활 편의 수준, 상업 시설 잠재력 등을 평가한다.	- 위치 기반 데이터 분석, - 데이터 통합(사업자 정보, 소비 데이터 등), 공간 분석(GIS)	- 미래 거주자의 생활 편의성과 만족도에 영향을 미치는 요소를 분석한다. - 단지 내 상가 등 상업 시설 도입 시의 잠재적 수요 및 경쟁 환경을 파악하는 데 활용된다.	- 부지의 매력도와 거주자의 삶의 질에 직접적으로 관련된 정보를 제공한다. - 주변 환경의 강점과 약점을 파악하는 데 용이하다.	- 상권 데이터는 변화가 잦다. 데이터의 정확성과 상세 수준이 다를 수 있다. - 온라인 상권 정보는 실제 소비 행동과 차이가 있을 수 있다.	- 주변 대형마트, 병원, 은행, 식당, 학원 등 편의 시설 밀집도 분석, - 도보권 내 상업 시설 종류 파악, 경쟁 상권 분석, 단지 내 상업 시설 도입 시 업종 선정에 활용된다.

부동산 시세	- 부지 및 주변 지역의 부동산 가치, 시장 동향, 투자 수익성 등을 평가한다.	- 회귀 분석, - 시계열 분석, - 기계 학습 (가격 예측 모델), - 데이터 통합 (실거래가, 호가 데이터)	- 개발 사업의 경제적 타당성을 분석한다. - 예상 분양가 또는 임대료 수준을 설정하는 데 핵심적인 기준을 제공한다. - 경쟁 단지와의 비교 분석을 통해 차별화 전략 수립에 기여한다.	- 사업의 재무적 성공 가능성을 판단하는 데 필수적인 정보를 제공한다. - 시장의 현재 상황과 과거 추이를 통해 미래 가치를 예측하는 데 도움을 준다.	- 과거 데이터가 미래 시장 상황을 완벽하게 반영하지 못할 수 있다. - 외부 경제 변수에 큰 영향을 받는다. 데이터 수집 및 정제의 어려움이 있을 수 있다.	- 주변 지역 아파트 실거래가 및 호가 분석, - 평당 시세 비교, 최근 가격 변동 추이 분석, - 경쟁 단지 분양가/임대료 수준 비교, - 예상 분양 수익 산정에 활용된다.
관련 법규	- 개발 행위의 합법성 및 제한 사항을 확인한다.	- 텍스트 분석 (법령 해석 보조), 규칙 기반 시스템, 데이터 통합 (법제처 등)	- 부지 개발 사업이 준수해야 할 최소한의 기준과 최대 가능한 범위를 규정한다. - 사업의 법적 리스크를 사전에 파악하고 대응하는 데 필수적이다.	- 개발 가능성 및 조건을 명확히 정의한다. - 사업 진행 중 발생할 수 있는 법적 문제를 예방하는 데 가장 중요하다.	- 법령 해석에 전문가의 도움이 필요할 수 있다. - 법규가 변경될 수 있으며, 해석의 여지가 있는 경우도 존재한다. - 모든 관련 법규를 빠짐없이 파악하기 어려울 수 있다.	- 건축법, 국토계획법, 환 경법 등 관련 법규 검토, - 건폐율/용적률 산정의 적법성 확인, - 높이 제한 및 일조권 규제 검토, - 주차장 설치 기준 확인, 재해영향평가 대상 여부 확인에 활용된다.

South Korean Baby Boomers Prefer Smaller Apartments, http://koreabizwire.com

1.2 데이터를 활용한 기상 예제

I ▶▶ AI 기반 부지분석 및 선정 단계: 개발 대상 아파트 주변 도로 교통량 분석 예제

AI 기반 아파트 단지 개발 프로세스에서 부지 분석 및 선정 단계는 데이터 기반의 객관적 의사결정을 가능하게 한다. 특히, 개발 대상 아파트 주변 도로의 현재 교통량 및 장래 교통 변화 예측은 사업 타당성 분석과 기반 시설 계획 수립에 있어 매우 중요한 요소가 된다. 다음은 가상 수치를 적용한 AI 기반 도로 교통량 분석 예제이다.

1. 분석 대상 및 목표 설정

- 개발 대상 부지: A 신도시 내 B 구역 (예상 1,000세대 아파트 단지)
- 주변 주요 도로:
  - □ 알파대로 (주간선도로): 현재 왕복 6차선, 설계용량 시간당 3,000대 (편도 기준)
  - □ 베타로 (보조간선도로): 현재 왕복 4차선, 설계용량 시간당 1,800대 (편도 기준)
  - □ 감마길 (이면도로): 현재 왕복 2차선, 설계용량 시간당 500대 (편도 기준), 주거지역 직접 연결

• **분석 목표:** AI를 활용하여 현재 도로별 시간대별 교통량을 분석하고, 아파트 단지 개발 후 유발될 교통량을 예측하여 도로 서비스 수준(LOS: Level of Service) 변화를 평가한다.

2. AI 기반 데이터 수집 및 분석 과정

• **1단계: 데이터 수집**

ㅁAI는 국토교통부 교통정보센터(T-map, 카카오내비 등 민간 데이터 포함), 지자체 교통관제시스템(CCTV, 루프검지기 등), 과거 유사 개발 사례 데이터, 통계청 인구 이동 데이터 등을 실시간 및 주기적으로 수집한다.

ㅁ본 예제에서는 CCTV 영상 분석 AI를 통해 특정 교차로 및 도로 구간의 차량 통과 대수를 자동으로 집계하고, 차량 종류(승용차, 버스, 화물차 등)를 분류한다.

• **2단계: 현재 교통량 패턴 분석**

ㅁ수집된 데이터를 바탕으로 AI는 각 도로의 시간대별(출퇴근 첨두시, 주간 비첨두시, 심야 등), 요일별 교통량 패턴을 분석한다.

ㅁ가상 분석 결과 (현재 상태):

- 알파대로(오전 첨두시 08:00-09:00, 개발지향 편도): 평균 2,200대/시간 (V/C 비율 0.73, LOS D)
- 베타로(오전 첨두시 08:00-09:00, 개발지향 편도): 평균 1,100대/시간 (V/C 비율 0.61, LOS C)
- 감마길(오전 첨두시 08:00-09:00, 개발지향 편도): 평균 150대/시간 (V/C 비율 0.30, LOS B)

• **3단계: 장래 유발 교통량 예측**

ㅁAI는 아파트 단지 세대수(1,000세대), 예상 입주 가구 특성(차량 보유율, 통행 목적 등), 주변 지역 개발 계획 등을 입력 변수로 활용한다.

□ 머신러닝 기반의 교통 수요 예측 모델(예: 다중 회귀 분석, 신경망 모델)을 사용하여 아파트 단지 개발로 인해 추가적으로 발생하는 차량 통행량(Trip Generation) 및 도로 배분량(Trip Assignment)을 예측한다.

□ AI 예측 추가 유발 교통량 (오전 첨두시, 개발지향 편도 기준):

- 알파대로 배분량: +400대/시간
- 베타로 배분량: +250대/시간
- 감마길 배분량: +150대/시간 (주 진출입로 가정)

- **4단계: 개발 후 도로 서비스 수준(LOS) 평가**

□ AI는 현재 교통량에 예측된 추가 유발 교통량을 합산하여 개발 후의 총 교통량을 산출하고, 이를 도로 용량과 비교하여 V/C 비율(Volume to Capacity ratio) 및 LOS 변화를 분석한다.

□ LOS는 A(자유로운 소통)부터 F(통행 불능)까지 구분되며, 일반적으로 LOS D 이하부터 서비스 수준이 급격히 저하되는 것으로 판단한다.

3. AI 기반 도로 교통량 분석 결과표

■ **AI 기반 도로 교통량 분석 결과표 (가상 수치 적용 예시)**

도로명	알파대로	베타로	감마길
시간대 (오전 첨두시, 편도)	08:00-09:00	08:00-09:00	08:00-09:00
① 현재 교통량 (대/시간)	2,200	1,100	150
② 도로용량 (대/시간)	3,000	1,800	500
③ 현재 V/C (①/②)	0.73	0.61	0.30
④ 현재 LOS	D	C	B
⑤ AI 예측 추가 유발 교통량 (대/시간)	+400	+250	+150
⑥ 개발 후 총 교통량 (①+⑤) (대/시간)	2,600	1,350	300

⑦ 개발 후 V/C (⑥/②)	0.87	0.75	0.60
⑧ 개발 후 LOS	E	D	C
LOS 변화	D → E	C → D	B → C
주요분석의견	서비스 수준 E로 악화 예상. 추가적인 교통 개선 대책(신호 최적화 등) 고려 필요.	서비스 수준 D로 악화. 알파대로 우회 수요 일부 흡수하나 한계 봉착 가능성 존재.	V/C 비율은 양호하나, 절대 교통량 2배 증가. 이면도로 특성상 보행자 안전 및 소음 문제 발생 가능성. 주 진출입구 위치 재검토 또는 도로 확장/일방통행화 검토 필요.

4. 해설

AI를 활용한 위와 같은 교통량 분석은 다음과 같은 장점을 제공한다.

- **객관성 확보**: 방대한 데이터를 기반으로 분석하므로 담당자의 주관적 판단을 최소화하고 객관적인 부지 평가가 가능하다.
- **예측 정확도 향상**: 머신러닝 모델을 통해 과거 패턴 학습 및 미래 예측의 정확도를 높일 수 있다.
- **다각적 분석**: 단순 교통량뿐만 아니라, LOS 변화, 병목 지점, 보행 환경 등 다양한 요소를 종합적으로 고려할 수 있다.
- **신속한 의사결정 지원**: 분석에 소요되는 시간을 단축하여 신속한 사업성 검토 및 의사결정을 지원한다.

분석 결과, 특히 '감마길'의 경우 V/C 비율은 양호하나 절대적인 교통량 증가와 이면도로의 특성상 부정적인 영향이 클 것으로 예측된다. 따라서 AI는 해당 부지 선정 시 '감마길'의 교통 처리 용량 증대 방안(예: 도로 확장, 신호 체계 도입, 주 진출입구 변경) 또는 교통 수요 관리 대책(예: 대중교통 접근성 강화)을 함께 제시하여 최적의 의사결정을 지원하게 된다. 이는 전통적인 방식보다 훨씬 정교하고 효율적인 부지 분석 및 선정 프로세스를 가능하게 한다.

http://koreabizwire.com/samsung-unveils-ai-powered-apartments-setting-new-standards-for-smart-livin

Ⅱ ▶▶ AI 기반 아파트 단지 보행자의 지하철역 접근성 평가 분석 예제

AI 기반 아파트 단지 개발 프로세스에서 부지 분석 및 선정 단계는 데이터에 근거한 정밀한 의사결정을 지원한다. 특히, 대중교통 접근성은 주거 만족도에 큰 영향을 미치는 요소로, AI를 활용하여 다양한 후보 단지들의 보행자 관점에서의 지하철역 접근성을 객관적으로 평가할 수 있다. 다음은 개발 분석 대상 후보인 3개의 가상 아파트 단지를 대상으로, AI가 보행 데이터를 활용하여 지하철역까지의 접근성을 분석하는 예제이다.

1. 분석 대상 및 목표 설정

- **분석 대상 후보 단지:**
  - ㅁ후보 단지 A (기존 도심 인접): 주변 상업 시설 발달, 보행로 일부 노후.
  - ㅁ후보 단지 B (신규 택지지구 중심): 계획된 넓은 보행로, 공원 연계.
  - ㅁ후보 단지 C (역세권 재개발): 지하철역과 최단 거리, 복잡한 주변 환경.
- **접근성 평가 대상:** 알파 지하철역 (가칭)
- **분석 목표:** AI를 활용하여 각 후보 단지에서 알파 지하철역까지의 ①실제 도보 시간, ②보행 환경의 안전성, ③보행 환경의 쾌적성(편의성)을 종합적으

로 평가하고, 정량화된 접근성 점수를 도출한다.

2. AI 기반 데이터 수집 및 분석 과정

- 1단계: 보행 관련 데이터 수집 및 통합

□ AI는 GIS(지리정보시스템) 데이터를 통해 각 단지 중심점에서 지하철역 출입구까지의 최단 경로, 대체 경로, 도로망(인도, 횡단보도, 육교, 지하도 등) 정보를 수집한다.

□ 공공 데이터 포털의 보행량 데이터, 유동인구 데이터, 범죄 발생 데이터, 교통사고 통계 등을 통합한다.

□ 필요시, AI는 위성 이미지 또는 드론 촬영 이미지를 분석하여 보행로의 폭, 포장 상태, 가로수 유무, 그늘 비율 등을 파악한다.

□ 가상현실(VR) 또는 디지털 트윈 환경에서 시뮬레이션 된 보행자 이동 패턴 데이터를 활용할 수도 있다.

- 2단계: 보행자 접근성 평가 지표 정의 및 AI 분석

① 실제 도보 시간 (분):

- AI는 단순 직선거리가 아닌, 실제 보행 경로(횡단보도 대기 시간, 경사도, 계단 등 장애물 요소 반영)를 시뮬레이션 하여 평균 성인 보행 속도(예: 약 1.2m/s)를 기준으로 도보 시간을 예측한다. 특정 시간대(예: 출근 시간)의 가상 보행자 혼잡도를 고려하여 시간 변동성을 추가할 수 있다.

② 보행 안전도 (10점 만점):

- AI는 경로상의 횡단보도 신호체계(잔여 시간 표시기 유무 등), CCTV 설치 밀도, 야간 조명 밝기(조도 데이터 활용), 보도와 차도의 분리 상태, 최근 1년간 경로 주변 범죄율 및 교통사고율 등을 종합 분석하여 안전도 점수를 산출한다. 위험 요소(예: 폭이 좁은 구간, 어두운 골목길) 포함 시 감점 요인이 된다.

③ 보행 쾌적성/편의성 (10점 만점):

- AI는 보행로의 포장 상태, 폭의 적절성, 그늘 제공 비율(가로수, 차양막 등), 휴게시설(벤치 등) 유무, 경사도의 완만함, 주변 소음 수준, 보행 중 시각적 개방감, 미세먼지 농도(실시간 데이터 연동 가능) 등을 분석하여 쾌적성 점수를 산출한다. 유모차/휠체어 접근성도 평가 요소에 포함될 수 있다.

- 3단계: AI 기반 종합 접근성 점수 도출

□ AI는 위에서 분석된 각 지표(실제 도보 시간, 안전도, 쾌적성)에 대해 사전에 설정된 가중치(예: 실수요자 설문조사 결과 또는 전문가 의견 반영)를 적용하여 각 후보 단지별 'AI 종합 지하철역 접근성 점수'를 산출한다. 예를 들어, 도보 시간을 50%, 안전도를 30%, 쾌적성을 20%의 가중치로 설정할 수 있다.

Ⅲ ▶▶ AI 기반 경쟁 상권 분석

AI 기반 아파트 단지 개발 프로세스에서 부지 분석 및 선정 단계는 데이터 기반의 정밀한 의사결정을 통해 사업의 성공 가능성을 높이는 핵심 과정이다. 이 단계에서 AI는 다양한 상권 데이터를 분석하여 각 후보 단지의 상업 시설 접근성 및 편의성을 객관적으로 평가한다. 본고에서는 허프(Huff)의 확률 모형과 라일리(Reilly)의 소매 중력 모형을 AI가 어떻게 활용하여 아파트 단지의 상권 매력도를 분석하는지 가상 수치를 적용하여 알기 쉽게 풀이한다.

1. 허프(Huff)의 확률 모형을 활용한 AI 기반 상권 분석

1.1 허프(Huff) 모형의 개념 및 AI의 역할

허프의 확률 모형은 특정 지점의 소비자가 여러 상업 중심지 중 특정 상업 중심

$$P_{ij} = \frac{\frac{S_j}{D_{ij}^2}}{\sum_{j=1}^{n} \frac{S_j}{D_{ij}^2}}$$

P_{ij} = i 지점의 소비자가 j상업 집적에 가는 확률
S_j = j 상업 집적의 매장면적
D_{ij} = i 지점에서 j까지의 거리

지를 선택할 확률을 예측하는 데 사용되는 고전적인 공간 분석 모델이다. 이 확률은 각 상업 중심지의 매력도(Sj)에 비례하고, 소비자로부터 상업 중심지까지의 거리 또는 도달 시간(Dij)의 특정 거듭제곱(거리 저항 계수, λ)에 반비례한다고 가정한다.

AI는 전통적인 허프 모형의 적용을 다음과 같이 혁신적으로 개선한다:

1) AI 기반 데이터 수집 및 '상권 매력도 지수(Sj)' 산출:

- 단순히 매장 면적만을 고려하는 것을 넘어, AI는 소셜 빅데이터(리뷰, 언급량, 감성분석), 유동인구 데이터(통신사 기지국 정보, 대중교통 이용량), 카드 매출 데이터, 점포 구성(Tenant Mix), 주차 편의성, 공실률, 주변 집객 시설 유무 등 다차원적인 데이터를 실시간으로 수집하고 분석한다.
- 머신러닝 알고리즘(예: 요인분석, 회귀분석)을 통해 각 요인의 중요도를 학습하고, 이를 종합하여 객관적이고 정량화된 'AI 산출 상권 매력도 지수'를 도출한다.

2) AI 예측 '실질 도달 시간(Dij)' 측정:

- AI는 GIS(지리정보시스템) 데이터를 기반으로 단순 직선거리가 아닌, 실제 도로망, 교통 상황(실시간 및 패턴 분석), 대중교통 노선 및 배차 간격, 도보 환경(경사도, 횡단보도 대기시간 등)까지 고려하여 각 후보 단지에서 주요 상권까지의 'AI 예측 실질 도달 시간'을 분 단위로 정밀하게 예측한다.

3) AI 기반 '거리 저항 계수(λ)' 추정 및 최적화:

- 거리 저항 계수(λ)는 상권의 종류(예: 편의점 vs. 대형마트)나 소비자의 특성

"Cat-tagonal House" (2020) by Park Ji-hyeon and Cho Seong-hak [MMCA], https://koreajoongangdaily.joins.com/news/2024-08-05

(예: 차량 소유 여부, 연령대)에 따라 달라질 수 있다. AI는 과거 소비자 행동 패턴 데이터, 설문조사 결과 등을 학습하여 각 상황에 맞는 최적의 λ 값을 추정하거나, 시뮬레이션을 통해 가장 현실적인 λ 값을 탐색한다. 본 예제에서는 이해를 돕기 위해 λ=2로 가정한다.

1.2 가상 시나리오 및 AI 분석 데이터

- 분석 대상 후보 아파트 단지: 단지 A, 단지 B, 단지 C
- 주변 주요 경쟁 상권:
  - ㅁ상권 X (대형 신규 복합쇼핑몰): AI 산출 상권 매력도 지수 (SX) = 25,000
  - ㅁ상권 Y (기존 중심 상업지구): AI 산출 상권 매력도 지수 (SY) = 12,000
- AI 추정 거리 저항 계수 (λ): 2 (가정)
- AI 예측 실질 도달 시간 (분) (Dij):

후보 단지	상권 X까지 도달 시간 (DiX)	상권 Y까지 도달 시간 (DiY)
단지 A	15분	10분
단지 B	10분	25분
단지 C	20분	20분

1.3 AI 기반 허프 모형 적용 및 확률 계산

특정 후보 단지 i의 거주자가 상권 j를 방문할 확률(Pij)은 다음의 공식을 통해 AI가 자동으로 계산한다:

$$P_{ij} = \frac{S_j / D_{ij}^{\lambda}}{\sum_{k=1}^{N} (S_k / D_{ik}^{\lambda})}$$

여기서 N은 고려되는 총 상권의 수이다 (본 예제에서는 N=2: 상권 X, 상권 Y).

1) 후보 단지 A의 상권 X, Y 방문 확률:

- 상권 X에 대한 유인력 (분자 항): UAX=SX/DAX2=25,000/(152)=25,000/225≈111.11
- 상권 Y에 대한 유인력 (분자 항): UAY=SY/DAY2=12,000/(102)=12,000/100 =120.00
- 유인력 총합 (분모 항): ΣUAk=UAX+UAY=111.11+120.00=231.11
- 단지 A → 상권 X 방문 확률 (PAX): 111.11/231.11≈0.481 (48.1%)
- 단지 A → 상권 Y 방문 확률 (PAY): 120.00/231.11≈0.519 (51.9%)

2) 후보 단지 B의 상권 X, Y 방문 확률:

- 상권 X에 대한 유인력: UBX=SX/DBX2=25,000/(102)=25,000/100=250.00
- 상권 Y에 대한 유인력: UBY=SY/DBY2=12,000/(252)=12,000/625=19.20
- 유인력 총합: ΣUBk=UBX+UBY=250.00+19.20=269.20
- 단지 B → 상권 X 방문 확률 (PBX): 250.00/269.20≈0.929 (92.9%)
- 단지 B → 상권 Y 방문 확률 (PBY): 19.20/269.20≈0.071 (7.1%)

3) 후보 단지 C의 상권 X, Y 방문 확률:

- 상권 X에 대한 유인력: UCX=SX/DCX2=25,000/(202)=25,000/400=62.50
- 상권 Y에 대한 유인력: UCY=SY/DCY2=12,000/(202)=12,000/400=30.00
- 유인력 총합: ΣUCk=UCX+UCY=62.50+30.00=92.50
- 단지 C → 상권 X 방문 확률 (PCX): 62.50/92.50≈0.676 (67.6%)
- 단지 C → 상권 Y 방문 확률 (PCY): 30.00/92.50≈0.324 (32.4%)

1.4 AI 분석 결과표 및 해석

후보 단지	상권 X 방문 확률	상권 Y 방문 확률	주요 이용 예상 상권	AI 분석 기반 주요 의견
단지 A	48.1%	51.9%	상권 Y	비록 상권 X의 매력도가 더 높지만, 실질 도달 시간이 짧은 상권 Y를 근소하게 더 많이 이용할 것으로 예측된다. 균형 잡힌 상권 접근성을 가진다.
단지 B	92.9%	7.1%	상권 X	대형 신규 복합쇼핑몰(상권 X)에 대한 접근성이 매우 뛰어나, 입주민들의 쇼핑 및 여가 생활 편의성이 매우 높을 것으로 기대된다. 상권 Y의 이용률은 매우 낮을 것으로 보인다.
단지 C	67.6%	32.4%	상권 X	두 상권까지의 도달 시간이 동일하나, 매력도가 훨씬 높은 상권 X를 주로 이용할 것으로 분석된다. 다만, 상권 Y도 보조적으로 이용하며 다양한 선택지를 가질 수 있다.

AI 기반의 허프 확률 모형 분석은 각 아파트 단지 후보지의 입주민들이 어떤 상권을 주로 이용하게 될지를 정량적 확률로 예측함으로써, 개발 부지의 상업적 환경을 객관적으로 평가하는 데 결정적인 도움을 준다. AI는 방대한 데이터를 실시간으로 처리하고, 변수 간의 복잡한 관계를 학습하여 전통적인 분석 방식보다 훨씬 정교하고 현실적인 상권 분석 결과를 도출한다.

2 AI 기반 최적 입지 추천 단계

2.1 AI기반 최적 입지 추천: 데이터 유형 및 분석 절차

아파트 단지 개발 프로세스에서 인공지능(AI)을 활용한 최적 입지 추천 단계는 방대한 후보지를 대상으로 정교한 비교 분석을 수행하여 최상의 입지를 선정한다. 이 과정의 핵심은 다양한 데이터의 수집, 전처리, 정제, 그리고 처리 과정을 거쳐 AI 알고리즘이 유의미한 패턴을 학습하고 정확한 예측을 하도록 하는 데 있다. 본고에서는 AI 기반 아파트 단지 최적 입지 추천에 활용되는 데이터 유형과 분석 절차를 상세히 설명하고, 이를 표로 요약하여 제시한다.

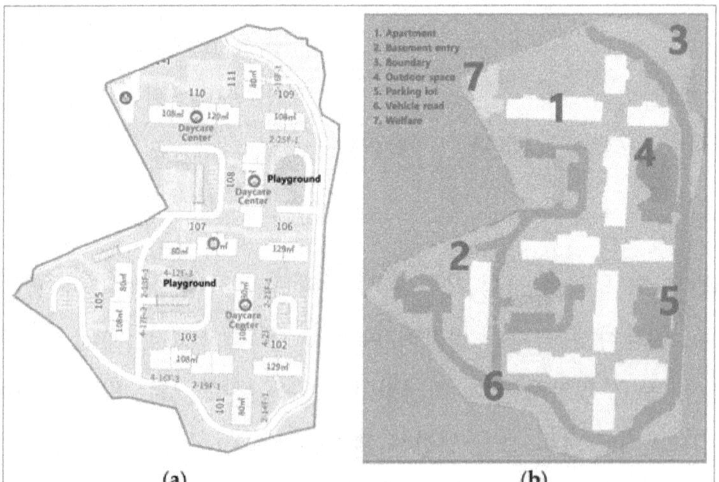

Detection of Components in Korean Apartment Complexes Using Instance Segmentation, https://www.mdpi.com

2.1.1 최적 입지 추천: 필요한 데이터 유형은?

AI 알고리즘이 최적의 입지를 추천하기 위해서는 다각적인 측면에서 입지 조건을 평가할 수 있는 데이터가 필요하다. 주요 데이터 유형은 다음과 같다.

데이터 대분류	데이터 중분류	구체적인 데이터 항목 (예시)
지리 및 환경 데이터	지형 정보	- 수치표고모델(DEM) 데이터 (m 단위)- 경사도 분석도 (%) - 향(Aspect) 분석도- 토지 피복도 (예: 산림, 농경지, 시가지 등 분류)
	환경 요인	- 대기오염 측정소별 미세먼지(PM10, PM2.5), 오존(O3), 이산화질소(NO2) 농도 (시간별, 일별, 연평균)- 도로변 소음 측정 데이터 (dB) - 지역별 녹지 면적 비율 (%)- 하천 및 호수 수질 등급 및 오염도 (BOD, COD 등) - 반경 X km 내 유해시설(공장, 폐기물 처리시설 등) 목록 및 위치
	자연재해 위험도	- 지진 위험도 등급 및 과거 발생 이력 (규모, 진도) - 홍수 위험 지구 지정 현황 및 침수 예상 범위도, 과거 침수 피해 기록 - 산사태 위험 등급도 및 과거 발생 이력- 태풍 및 호우 예상 경로 및 과거 피해액
인프라 데이터	교통망 정보	- 주요 간선도로(고속도로, 국도 등) 접근 시간 (분) - 반경 Xm 내 지하철역 수 및 도보 거리(m), 노선 정보 - 반경 Xm 내 버스 정류장 수 및 도보 거리(m), 운행 노선 수, 배차 간격 - 도로 등급별 밀도 (km/km²)
	생활 편의시설	- 반경 Xm 내 초·중·고등학교 수, 학군 정보, 학교까지의 도보 거리- 반경 Xm 내 종합병원, 병·의원, 약국 수 및 종류 - 반경 Xm 내 대형마트, 슈퍼마켓, 편의점, 전통시장 수 및 면적 - 반경 Xm 내 공원(근린공원, 어린이공원 등) 면적 및 개수 - 반경 Xm 내 도서관, 영화관, 공연장 등 문화시설 수
	기반 시설	- 상하수도 보급률 (%) 및 관로 노후도 현황 - 전력 공급 용량 (kW) 및 안정성 지표 - 도시가스 공급 가능 여부 및 공급 압력 - 초고속 인터넷망 보급률 (%) 및 통신 기지국 분포 현황

사회경제적 데이터	인구 통계	- 행정구역별 총인구 수, 성별·연령별 인구 분포- 가구 유형별(1인, 2인, 3인 이상) 가구 수 및 비율- 지역별 평균 소득 수준 및 소득 분위별 분포- 주택 점유 형태(자가, 전세, 월세) 비율- 최근 N년간 인구 증감률 및 순이동자 수
	지가 및 부동산 시장 정보	- 대상지 반경 Xkm 내 표준지 공시지가 및 개별 공시지가 (원/m²)- 인근 지역 토지 유형별(대지, 전, 답 등) 실거래가 (원/m²)- 인근 아파트 단지별, 면적별(전용면적) 매매가, 전세가, 월세가 (원)- 부동산 거래량 및 회전율- 미분양 주택 현황 및 추이
	지역 개발 계획	- 도시기본계획 및 도시관리계획상 개발 방향 및 주요 시설 계획- 신규 교통망(도로, 철도) 건설 계획- 산업단지, 택지개발지구, 도시개발구역 등 지정 현황 및 계획 내용- 정부 및 지자체 주요 투자 계획 및 예산
	범죄율 및 안전 관련 지표	- 행정구역별 5대 강력범죄(살인, 강도, 강간, 절도, 폭력) 발생 건수 (인구 10만 명당)- 지역 내 CCTV 설치 대수 및 밀도- 경찰서, 지구대, 파출소 위치 및 관할 구역- 소방서 및 119 안전센터 위치 및 출동 시간
정책 및 규제 데이터	토지이용 계획	- 국토계획법상 용도지역(예: 제1종일반주거지역, 중심상업지역 등) 지정 현황- 지구단위계획구역 지정 여부 및 계획 내용(허용/불허용도, 건축 밀도 등) 개발제한구역, 군사시설보호구역, 문화재보호구역 등 기타 법령에 따른 토지이용규제 현황
	건축 관련 법규	- 해당 용도지역의 건폐율(%) 및 용적률(%) 상한- 건축물의 높이 제한 및 층수 규제 (m, 층)- 일조 등의 확보를 위한 건축물의 높이 제한 규정- 주차장 설치 기준 (면적당 또는 가구당 대수)- 건축선 및 대지 안의 공지 기준
	환경 규제	- 개발 사업 시행 시 환경영향평가 대상 여부 및 평가 항목- 대기/수질/폐기물/소음·진동 배출 허용 기준- 자연환경보전법, 수도법 등 관련 법규상 개발행위 제한 조건

2.2 최적 입지 추천: 데이터 수집, 전처리, 정제 및 처리 과정

수집된 원시 데이터는 AI 모델이 학습 가능한 형태로 변환되기까지 일련의 과정을 거친다.

■ AI 기반 아파트 단지 개발을 위한 데이터 수집, 전처리, 정제 및 처리 과정

단계	세부 과정	주요 내용
1. 데이터 수집 (Data Collection)	다양한 출처로부터 정형 및 비정형 데이터 확보	- 공공 데이터 포털(예: 국토교통부 실거래가, 통계청 인구주택총조사), -지리정보시스템(GIS) 데이터, 민간 부동산 정보 플랫폼(예: 직방), -민간 데이터 제공 업체(예: 신용정보, 소비패턴 데이터), 뉴스 기사, 소셜 미디어(예: 지역 커뮤니티 반응) 등으로부터 관련 데이터를 수집한다.
2. 데이터 전처리 (Data Preprocessing)	모델 학습에 적합하도록 데이터의 기본적인 품질을 개선하고 형식을 조정	(1) 결측치 처리: - 누락된 데이터를 식별하고, 해당 데이터의 특성에 따라 통계적 방법(평균, 중앙값, 최빈값 등)으로 대체하거나, 다른 변수와의 관계를 이용한 예측 모델(예: 회귀 분석, K-최근접 이웃 알고리즘)을 통해 보완한다. - 중요도가 낮거나 결측 비율이 매우 높은 경우 해당 데이터 또는 변수를 제거하기도 한다. (2)이상치 탐지 및 처리: - 데이터의 일반적인 분포에서 크게 벗어나는 값(이상치)을 통계적 기법(예: IQR, Z-score)이나 시각화를 통해 식별한다. - 식별된 이상치는 분석 목적에 따라 제거하거나, 임계 값으로 대체(Capping/Flooring), 또는 평균이나 중앙값 등 적절한 값으로 변환하여 처리한다. (3) 데이터 정규화/표준화: - 서로 다른 단위나 값의 범위를 가진 변수들을 일정한 기준으로 변환하여 모델 학습의 안정성과 성능을 향상시킨다. - Min-Max Scaling (0과 1 사이로 조정), Z-score Standardization (평균 0, 표준편차 1로 조정) 등의 방법을 사용한다.
3. 데이터 정제 (Data Cleansing)	데이터의 오류를 수정하고 불필요한 정보를 제거하여 데이터의 신뢰성과 일관성을 확보	(1) 오류 수정: - 잘못 입력되었거나 논리적으로 일관성이 없는 데이터(예: 건축 연도가 현재보다 미래인 경우)를 찾아 수정하거나 제거한다. (2) 중복 제거: - 동일하거나 의미적으로 유사한 데이터 레코드를 식별하여 제거함으로써 데이터의 중복성을 낮추고 분석의 정확성을 높인다. (3) 노이즈 제거: - 데이터의 본질적인 패턴을 왜곡하거나 모델 학습에 방해가 되는 불필요한 정보(노이즈)를 필터링 기법 등을 활용하여 제거한다.

4. 데이터 처리 및 변환 (Data Processing and Transformation)	AI 모델이 직접 학습할 수 있는 형태로 데이터를 가공하고, 모델 성능 향상을 위한 새로운 특성(Feature)을 생성	(1) 데이터 통합: - 다양한 출처와 형식으로 수집된 데이터들을 공통된 키(Key)를 기준으로 병합하고, 일관된 스키마와 데이터 타입으로 통합한다. (2) 피처 엔지니어링 (Feature Engineering): - 기존 변수들을 조합하거나 수학적 변환(예: 로그 변환, 다항 변환)을 통해 모델의 예측 성능을 향상시킬 수 있는 새로운 파생 변수를 생성한다. - 예: '지하철역까지의 거리'와 '버스 정류장까지의 거리'를 기반으로 '대중교통 접근성 지수'를 생성하거나, '총 세대수'와 '주차 가능 대수'로 '세대당 주차 공간 비율'을 계산한다. (3) 범주형 데이터 변환: - 문자열 형태의 범주형 데이터(예: 용도지역명, 아파트 브랜드명)를 AI 모델이 처리할 수 있도록 수치형 데이터로 변환한다. - 원-핫 인코딩(One-Hot Encoding), 레이블 인코딩(Label Encoding), 더미 변수화(Dummy Variables) 등의 방법을 사용한다. (4) 공간 데이터 처리: - 지리적 특성을 모델에 반영하기 위해 좌표계 변환, 공간 해상도 일치, 공간 조인(Spatial Join: 특정 지리적 관계를 기준으로 다른 데이터셋 결합), 버퍼링(Buffering) 등의 GIS 기반 처리를 수행한다. - 예: 특정 지점으로부터 반경 Xm 이내의 편의시설 개수 등을 파생 변수로 생성한다.

https://asianews.network/why-apartment-complexes-flourish-in-south-korea

2.3 최적입지 추천: 최적입지 추천에 활용되는 AI 알고리즘

AI 기반 아파트 단지 개발 프로세스에서 최적 입지를 추천하는 단계는 방대한 데이터를 분석하여 객관적이고 정교한 의사결정을 지원하는 핵심 과정이다. 이 단계에서는 다양한 AI 알고리즘이 활용되어 각기 다른 목표를 가지고 특정 기술과 역할을 수행하며, 이를 통해 최적의 개발 부지를 선정하는 데 기여한다. 다음 표는 최적 입지 추천에 활용될 수 있는 주요 AI 알고리즘 모델의 목표, 기술, 역할 및 활용 예시를 정리한 것이다.

■ **AI 기반 아파트 단지 개발 프로세스에서 최적입지를 추천하는 모델 별 목표, 기술, 역할, 활용 예시**

AI 모델	모델의 목표	기술	역할	활용 예시
랜덤 포레스트 (Random Forest)	부지 특성에 따른 개발 성공 가능성 분류 (예: 성공/실패, 상/중/하 등급) 또는 개발 수익률 등의 연속 값 예측.	- 다수의 의사결정 트리(Decision Tree)를 결합하여 예측 정확도와 안정성을 높이는 앙상블 지도학습 알고리즘. - 변수 중요도 평가 기능을 제공한다.	- 입지 성공 및 실패에 영향을 미치는 주요 요인(예: 교통, 학군, 편의시설)을 식별하고, 이를 기반으로 후보지의 잠재적 가치를 정량적으로 평가한다. - 과적합(Overfitting) 위험을 줄여 일반화 성능을 높인다.	- 과거 아파트 개발 사례(성공/실패 데이터) 및 해당 부지의 다양한 특성(지가, 인구 밀도, 교통 접근성, 주변 인프라 등)을 학습한다. - 새로운 후보 부지의 예상 분양 성공률 또는 예상 투자수익률(ROI)을 예측하고 우선순위가 높은 부지를 추천한다.
군집 분석 (Clustering Algorithms) (예: K-Means, DBSCAN)	유사한 특성(예: 인구 통계학적 특성, 지리적 이점, 시장 잠재력)을 가진 부지들을 그룹화하여 숨겨진 시장 세분화를 발견하거나 특정 유형의 부지 특성을 파악한다.	- 레이블이 없는 데이터(Unlabeled Data) 내에서 유사한 패턴이나 구조를 찾아 데이터 포인트를 몇 개의 군집(Cluster)으로 자동 분류하는 비지도 학습 알고리즘.	- 시장 내 동질적인 특성을 공유하는 부지 군집을 식별하여, 각 군집의 특성에 맞는 차별화된 개발 컨셉(예: 고급 주거, 가족 친화형, 1인 가구 특화) 수립을 지원한다. - 아직 개발되지 않은 잠재적 가치를 지닌 틈새시장 발굴에 기여한다.	- 도시 내 다양한 지역의 부지 데이터를 (예: 평균 소득 수준, 연령대 분포, 공원 접근성, 상업 시설 밀도, 범죄율 등) 군집 분석하여 '고소득층 은퇴자 선호 지역', '젊은 전문직 중심 성장 지역', '교육 환경 우수 가족형 주거 지역' 등으로 지역을 유형화하고, 개발 목표에 부합하는 부지 군집을 선택한다.

딥러닝 기반 공간 분석 모델 (Deep Learning-based Spatial Analysis Models) (예: CNN, GNN)	위성 이미지, 항공사진, GIS 데이터, 소셜 미디어 데이터 등 복잡하고 방대한 공간 빅데이터와 비정형 데이터를 분석하여 입지 가치, 개발 적합성, 미래 성장 잠재력 등을 고도의 정확성으로 예측한다.	- 다층의 인공신경망(Artificial Neural Networks)을 활용하여 데이터의 복잡한 비선형 관계와 공간적 패턴을 학습한다. - 특히, 합성곱 신경망(CNN)은 이미지 데이터 처리에, 그래프 신경망(GNN)은 관계형 공간 데이터 분석에 강점을 보인다.	- 인간의 직관이나 전통적 통계 모델로는 파악하기 어려운 미묘한 입지 특성이나 숨겨진 공간적 상관관계를 발견한다. - 시계열 분석을 통해 미래의 도시 변화나 특정 지역의 발전 가능성을 예측하여 선제적인 부지 확보를 지원한다.	- 위성 이미지 및 GIS 데이터를 CNN 모델로 분석하여 특정 지역의 녹지 비율, 건물 노후도, 도로 접근성 등을 자동으로 정량화하고, 이를 인구 이동 데이터, 소셜 미디어의 지역 관련 키워드 빈도 등과 결합하여 특정 지역의 향후 5년간 예상 유동인구 변화량 또는 상권 활성화 지수를 예측하여 개발 유망 부지를 추천한다.
지리적 가중 회귀 (GWR - Geographically Weighted Regression)	입지 평가 변수들(예: 교육 시설 접근성, 교통 편의성)이 아파트 가격이나 개발 수요에 미치는 영향력이 지역별로 공간적 이질성(Spatial Heterogeneity)을 보인다는 점을 고려하여, 보다 국지적이고 정교한 입지 영향력 분석 및 가치 예측을 수행한다.	- 전통적인 전역적(Global) 회귀 모델과 달리, 각 관측 지점마다 고유한 회귀 계수를 추정하는 국지적(Local) 회귀 분석 기법. 공간적 자기상관성을 고려한다.	- 동일한 입지 요인이라도 지역적 맥락(예: 도심, 부도심, 외곽 신도시)에 따라 그 중요도나 영향력이 다를 수 있음을 통계적으로 모델링한다. - 이를 통해 일반화된 모델보다 현실 설명력이 높은 입지 평가 결과를 제공하고, 특정 지역의 고유한 특성을 고려한 맞춤형 최적 입지 선정에 기여한다.	- 예컨대, 서울시 내에서 '대형 쇼핑몰 접근성' 변수가 아파트 시세에 미치는 영향이 강남 지역과 강북 지역에서 상이하게 나타나는 것을 GWR 모델을 통해 분석하고, 각 구 또는 동 별로 해당 변수의 국지적 영향력을 시각화 하여 보여줌으로써, 특정 개발 목표(예: 상업 연계형 주거)에 가장 부합하는 미시적 최적 입지를 추천한다.

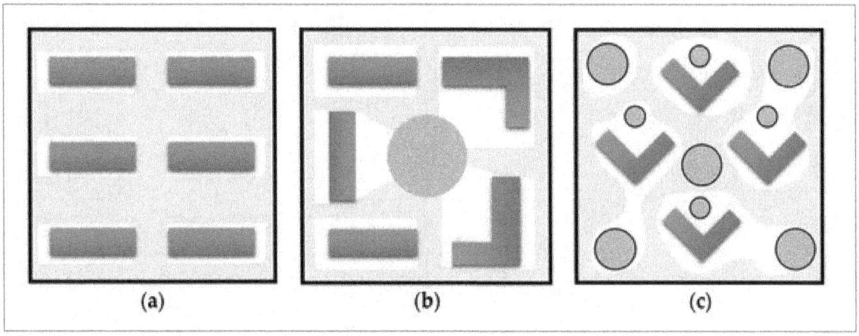

An Analysis of South Korean Apartment Complex Types by Period Using Deep Learning, https://www.mdpi.com

2.4 AI 가상 예시: 최적입지 분석 프로세스

본 분석에서는 입지 추천 문제에 적합한 분류 모델 중 의사결정 트리(Decision Tree), 랜덤 포레스트(Random Forest), 서포트 벡터 머신(SVM)을 선택한다. 이 모델들은 각기 다른 방식으로 데이터를 학습하고 예측하여, 상호 보완적인 분석 결과를 제공할 수 있다.

I ▶▶ 가상 예제: 최적 입지 추천: 가상 학습 데이터 예시

1. 가상 데이터

아파트 입지 적합성을 판단하기 위해 다음과 같은 특성(feature)과 해당 입지가 과거에 성공적이었는지 여부(target: 1=성공, 0=실패)를 나타내는 가상 데이터를 사용한다.

후보지 ID	교통 편리성 (1-10점)	학군 우수성 (1-10점)	생활 편의시설 (1-10점)	개발 비용 (억 원)	과거 성공 여부
A	8	7	9	500	1 (성공)
B	5	4	3	700	0 (실패)
C	9	8	8	600	1 (성공)
D	3	5	4	400	0 (실패)
E	7	6	7	550	1 (성공)
F	6	7	5	650	0 (실패)
... (수백~수천 개 데이터)	...	...	...	...	...

2. 의사결정 트리 (Decision Tree) 모델을 통한 최적입지 추천 학습

의사결정 트리는 데이터를 가장 잘 구분하는 질문(조건)들을 순차적으로 찾아내어 나무 형태의 구조로 만든다.

(1) 학습 과정 (가상):

1. 모델은 먼저 '교통 편리성〉 7.5점인가?'라는 질문으로 데이터를 나눌 수 있다. (A, C는 Yes, B, D, F는 No)
2. 'Yes' 그룹 내에서 '학군 우수성〉 7.5점인가?'로 다시 나눈다. (C는 Yes, A는 No)
3. 이런 식으로 각 분기점에서 정보 획득량(Information Gain)이나 지니 불순도(Gini Impurity) 등을 기준으로 최적의 질문을 찾아내어, 최종적으로 각 입지가 '성공' 또는 '실패'로 분류되는 규칙들의 집합을 생성한다.

- 예시 규칙: 만약 교통 편리성〉 7.5 이고 학군 우수성〉 6.5 이고 생활 편의시설〉 7.0 이면 성공으로 예측한다.

3. 랜덤 포레스트 (Random Forest) 모델을 통한 최적입지 추천 학습

랜덤 포레스트는 여러 개의 의사결정 트리를 만들어 그 결과를 종합하는 앙상블 기법이다. 각 트리는 전체 데이터 중 일부 샘플과 일부 특성만을 사용하여 학습함으로써 과적합(overfitting)을 방지하고 일반화 성능을 높인다.

(1) 학습 과정 (가상):

1. 가상 학습 데이터에서 무작위로 100개의 작은 의사결정 트리를 생성한다고 가정한다.
2. 트리 1: 데이터 A, B, D와 특성 '교통 편리성', '개발 비용'만 사용하여 학습한다.
3. 트리 2: 데이터 A, C, E, F와 특성 '학군 우수성', '생활 편의시설'만 사용하여 학습한다.
4. ... (100개의 트리가 각각 다른 데이터 샘플과 특성 조합으로 학습)

• 각 트리는 독립적으로 자신만의 분류 규칙을 학습한다.

4. 서포트 벡터 머신(SVM) 모델을 통한 최적입지 추천 학습

SVM은 각 데이터 포인트를 고차원 공간의 좌표로 표현한 후, 서로 다른 클래스(여기서는 '성공'과 '실패')를 가장 잘 구분하는 초평면(hyperplane)을 찾는 모델이다. 이때, 각 클래스로부터 가장 가까운 데이터 포인트(서포트 벡터)와의 거리(마진)를 최대로 하는 초평면을 찾는다.

(1) 학습 과정 (가상):

1. 4개의 특성('교통 편리성', '학군 우수성', '생활 편의시설', '개발 비용')을 4차원 공간의 좌표로 간주한다.
2. 모델은 이 4차원 공간에서 '성공' 그룹과 '실패' 그룹을 명확하게 나누는 최적의 3차원 경계면(초평면)을 찾으려 시도한다.
3. 예를 들어, 가상으로 0.3*교통 + 0.4*학군 + 0.2*편의시설 - 0.01*개발비용 - 5 = 0 과 같은 형태의 경계면 방정식을 학습한다. (계수와 상수는 모델이 학습을 통해 결정하는 값)

5. 최적 입지 추천: 모델 평가 및 검증

학습된 모델의 성능을 평가하기 위해 별도의 검증 데이터를 사용한다. 정확도(Accuracy), 재현율(Recall), F1 점수 등 다양한 평가지표를 활용하여 모델의 일반화 성능과 신뢰도를 검증한다. 교차 검증(Cross-validation)을 통해 모델의 안정성을 확보한다.

• 가상 평가:

□ 별도의 검증 데이터셋(학습에 사용되지 않은 데이터)을 준비한다.

□ 의사결정 트리: 검증 데이터에 대해 85%의 정확도로 '성공', '실패'를 예측했다.

□ 랜덤 포레스트: 검증 데이터에 대해 90%의 정확도를 보였다.

□ SVM: 검증 데이터에 대해 88%의 정확도를 보였다.

□ F1 점수 등을 통해 각 클래스(성공, 실패) 예측 성능도 세밀하게 평가한다.

6. 최적 입지 추천: 후보지 비교 분석 및 최적입지 추천

검증된 모델을 활용하여 다수의 후보지에 대해 종합적인 입지 평가 점수를 산출하거나 분류 결과를 도출한다.

1) 새로운 후보지 데이터 (가상):

후보지 ID	교통 편리성 (1-10점)	학군 우수성 (1-10점)	생활 편의시설 (1-10점)	개발 비용 (억 원)
X	9	8	9	580
Y	6	5	5	450
Z	7	9	6	620

2) 의사결정 트리, 랜덤 포레스트, SVM 기반 추천 결과 분석

① 의사결정 트리 기반 추천:

• 후보지 X: (9, 8, 9, 580) → 학습된 트리의 규칙에 따라 성공으로 예측된다.

• 후보지 Y: (6, 5, 5, 450) → 학습된 트리의 규칙에 따라 실패로 예측된다.

• 후보지 Z: (7, 9, 6, 620) → 학습된 트리의 규칙에 따라 성공으로 예측될 수 있다 (예: 교통은 보통이나 학군이 매우 우수).

② 랜덤 포레스트 기반 추천:

• 후보지 X: 100개의 트리 중 92개가 성공, 8개가 실패로 예측 → 최종 성공 (확률 92%)

• 후보지 Y: 100개의 트리 중 15개가 성공, 85개가 실패로 예측 → 최종 실패 (확률 15%로 성공)

• 후보지 Z: 100개의 트리 중 70개가 성공, 30개가 실패로 예측 → 최종 성공 (확률 70%)

ㅁ랜덤 포레스트는 각 클래스에 속할 확률을 제공하여 보다 정교한 판단이 가능하다.

③ SVM 기반 추천:

• 후보지 X: (9, 8, 9, 580) → 학습된 초평면 방정식 0.3×9 + 0.4×8 + 0.2×9 - 0.01×580 - 5 = 2.7 + 3.2 + 1.8 - 5.8 - 5 = -3.1. 만약 양수일 때 성공이라면, 이 값은 경계면에 따라 달라진다. (예시 수식을 단순화하여 음수가 나왔으나, 실제 학습된 모델은 다를 수 있다). 여기서는 학습된 경계면을 기준으로 성공 영역에 속한다고 가정한다.

• 후보지 Y: (6, 5, 5, 450) → 경계면 기준 실패 영역에 속한다고 가정한다.

• 후보지 Z: (7, 9, 6, 620) → 경계면 기준 성공 영역에 속한다고 가정한다. SVM은 경계면과의 거리를 통해 예측의 확신도를 간접적으로 알 수 있다.

최적 입지 추천 (가상 종합):

• 후보지 X: 의사결정 트리(성공), 랜덤 포레스트(성공, 92%), SVM(성공) → 최우선 추천

• 후보지 Y: 의사결정 트리(실패), 랜덤 포레스트(실패, 15%), SVM(실패) → 비추천

- 후보지 Z: 의사결정 트리(성공), 랜덤 포레스트(성공, 70%), SVM(성공)
  → 차선 추천

시각화 도구를 활용하여 각 후보지의 강점(예: X는 모든 면에서 우수)과 약점, 그리고 모델 별 예측 결과를 제시하여 의사결정을 지원한다.

7. 최적 입지 추천: 결과 해석 및 피드백

AI 모델이 추천한 결과에 대해 부동산 개발 전문가, 입지 분석가 등이 해석하고 검토한다.

- 예를 들어, 랜덤 포레스트가 후보지 Z를 70% 확률로 '성공' 예측했다면, 어떤 특성들이 이러한 판단에 기여했는지 분석한다 (Feature Importance 확인).
- 만약 SVM이 다른 모델과 다른 예측을 내놓았다면, 해당 후보지가 SVM의 결정 경계 부근에 위치하는지, 특정 변수에 민감하게 반응하는지 등을 추가 분석한다.
- 이러한 검토 결과를 바탕으로 모델의 입력 변수를 조정하거나, 가중치를 변경하거나, 새로운 데이터를 추가 학습시켜 모델의 성능을 지속적으로 향상시킨다.

위와 같은 절차를 통해 AI 알고리즘은 아파트 단지 개발을 위한 최적입지 선정 과정에서 데이터 기반의 객관적이고 신뢰도 높은 의사결정을 지원하는 강력한 도구로 활용될 수 있다.

https://www.aiarchitects.com/development

2.5 최적 입지 추천 관련 기술 및 사례

2.5.1 스페이스워크(spacewalk)의 '랜드북(landbook)' 서비스

대표적인 예로 스페이스워크의 '랜드북' 서비스는 토지 관련 빅데이터와 AI 분석을 통해 개발 잠재력이 높은 토지를 탐색하고 기본적인 사업성을 검토하는 기능을 제공한다. 이러한 '랜드북' 서비스의 목표, 기술, 역할, 장단점 및 활용 예시는 다음과 같다. (https://www.landbook.net/)

■ **'랜드북' 서비스의 목표, 기술, 역할, 장단점 및 활용 예시**

서비스 및 기술요소	스페이스워크의 '랜드북' 서비스
목표	개발 잠재력이 높은 토지를 효율적으로 탐색하고 기본적인 사업성을 신속하게 파악한다.
기술	토지 관련 빅데이터 통합 및 분석, AI 분석 (개발 잠재력 및 사업성 예측 모델)
역할	- 개발 사업 초기 단계에서 유망한 후보지를 발굴한다. - 해당 부지에 대한 기초적인 개발 가능성 및 경제적 타당성을 데이터 기반으로 검토할 수 있도록 지원한다. - 초기 의사결정의 속도와 정확성을 높인다.
장점	- 방대한 토지 데이터를 AI로 분석하여 인간의 탐색 시간과 노력을 크게 절감한다. - 데이터에 기반한 객관적인 분석 결과를 제공한다. - 다양한 후보지에 대한 기본적인 비교 분석이 용이하다. - 빠른 초기 스크리닝이 가능하다.
단점	- 제공되는 사업성 검토는 '기본적인' 수준이므로, 최종 투자 결정 전에는 반드시 상세한 전문 분석이 추가로 필요하다. - AI 분석 모델의 기준 및 정확성에 따라 결과가 달라질 수 있다. 모든 현장 특성을 반영하기 어렵다.
활용 예시	- 개발사가 특정 지역에서 아파트 개발에 적합한 토지를 신속하게 탐색하는 경우, - 투자자가 관심 있는 토지의 기본적인 사업성(예: 예상 수익률, 용적률 등)을 빠르게 확인하는 경우, - 초기 단계에서 여러 후보지의 잠재력을 비교 검토하는 경우에 활용된다.

https://www.landbook.net

2.5.2 최적 입지 추천: 직방의 전문가용 솔루션 'RED(Real Estate Data)'

2.5.2.1 직방의 전문가용 솔루션 'RED(Real Estate Data)'란?

직방(Zigbang)의 전문가용 솔루션 'RED'는 부동산 관련 심층 데이터와 분석 정보를 제공하는 프롭테크(PropTech) 서비스이다. 여기서 RED는 다음의 약어를 의미이다: (https://play.google.com/store/apps/details?id=com.RealEstateDatabase.apk&hl=ko)

즉, RED는 부동산 데이터를 뜻하는 "Real Estate Data"의 약자로, 이름 그대로 부동산 전문가들을 위한 데이터 기반 시장 분석 플랫폼이다. 이 솔루션은 직방이 보유한 방대한 부동산 빅데이터와 AI 기반 데이터 사이언스 기술을 결합하여:

- 지역별 수요와 공급 분석
- 실거래가 추이
- 임대·매매 트렌드
- 상권 변화
- 투자 가치 분석

등을 시각화하고 제공하여 공인중개사, 건설사, 디벨로퍼, 투자자 등 전문가들이 의사결정에 활용할 수 있도록 지원한다.

https://economist.co.kr/article/view

직방의 전문가용 솔루션 'RED'는 방대한 부동산 빅데이터와 데이터 사이언스 기술을 결합하여 심층적인 시장 분석 정보를 제공한다. 지리정보시스템(GIS)과 AI를 결합한 분석 도구들도 활발히 활용되고 있다. 직방의 'RED' 서비스는 부동산 전문가들이 방대한 시장 데이터 속에서 유의미한 정보를 추출하고, 이를 바탕으로 아파트 단지 개발의 시장 환경을 심층적으로 분석하여 리스크를 최소화하고 성공 가능성을 높이는 데 기여하는 핵심적인 AI 기반 솔루션으로 기능한다.

2.5.2.2 최적입지 추천: 'RED' 서비스의 목표, 기술, 역할, 장단점 및 활용 예시

이러한 'RED' 서비스의 목표, 기술, 역할, 장단점 및 활용 예시는 다음과 같다.

■ 'RED' 서비스의 목표, 기술, 역할, 장단점 및 활용 예시

서비스 및 기술요소	직방의 전문가용 솔루션 'RED'
목표	부동산 시장에 대한 심층적인 이해를 돕고, 데이터 기반의 전략적 의사결정을 지원한다.
기술	방대한 부동산 빅데이터 통합 및 관리, 데이터 사이언스 기술 (통계 분석, 시계열 분석, 기계 학습 등)
역할	- 개발 사업자가 특정 부지의 시장성, 잠재 수요, 가격 변동 추이, 경쟁 환경 등을 다각도로 분석하는 데 필요한 핵심적인 시장 인텔리전스를 제공한다. - 사업 타당성 검토 및 분양/임대 전략 수립의 기반이 된다.
장점	- 접근하기 어려운 방대한 양의 부동산 데이터를 체계적으로 분석하여 제공한다. - 단순 정보 제공을 넘어 심층적인 분석 결과를 통해 시장의 복잡한 패턴을 파악할 수 있도록 돕는다. - 객관적인 데이터 기반 의사결정을 지원한다.

단점	- 데이터의 최신성 및 정확성이 분석 결과에 영향을 미친다. 데이터 사이언스 분석 결과를 올바르게 해석하기 위한 전문성이 필요할 수 있다. -시장 분석 도구로서, 직접적인 부지 추천보다는 정보 제공에 집중한다. - 구독료 등 비용이 발생할 수 있다.
활용 예시	- 특정 지역의 아파트 매매/전세 시세 변동 추이 분석, 연령/소득별 인구 이동 및 주거 형태 선호도 분석, 신규 공급 물량 및 미분양 현황 파악, 경쟁 단지의 특성 및 성과 분석, 미래 시장 전망 예측 모델링 등에 활용된다.

3 AI 기반 사업 타당성 검토 단계

3.1 사업 타당성 검토: 사업타당성 분석 프로세스

(1) **목표 정의 및 범위 설정**: 사업타당성 검토의 구체적인 목표(예: 최소 수익률 달성, 최대 개발 이익 확보)와 분석 범위를 명확히 한다.

(2) **데이터 준비 및 모델링**: 위에 기술된 데이터 수집, 전처리, 정제, 처리 과정을 거쳐 분석용 데이터셋을 구축하고, 사업타당성 분석 목적에 맞는 AI 모델(수요 예측 모델, 비용 예측 모델, 수익성 분석 모델, 리스크 평가 모델 등)을 설계 및 학습시킨다.

(3) **사업성 시뮬레이션 및 평가**: 구축된 AI 모델을 활용하여 다양한 개발 시나리오(입지, 규모, 상품 구성, 분양가 전략 등)에 대한 사업성을 시뮬레이션 한다. 순현재가치(NPV), 내부수익률(IRR), 투자수익률(ROI), 손익분기점(BEP) 등의 재무 지표를 산출하여 사업의 경제적 타당성을 평가한다.

(4) **리스크 분석 및 관리 방안 도출**: AI를 활용하여 잠재적인 리스크 요인을 식별하고, 각 리스크의 발생 확률과 사업에 미치는 영향을 정량적으로 평가한다. 이를 바탕으로 리스크 완화 또는 회피 전략을 수립한다.

(5) **최적 대안 선정 및 보고서 작성**: 종합적인 분석 결과를 바탕으로 최적의 개발 대안을 선정하고, 사업타당성 검토 보고서를 작성한다. 보고서에는 분석 과정, 결과, 주요 가정, 민감도 분석 결과, 리스크 요인 및 대응 방안 등을 명확히 제시한다.

(6) **지속적인 모니터링 및 업데이트**: 시장 상황 및 정책 변화에 따라 데이터를 지속적으로 업데이트하고 AI 모델을 개선하여 사업타당성 검토의 정확도를 유지한다.

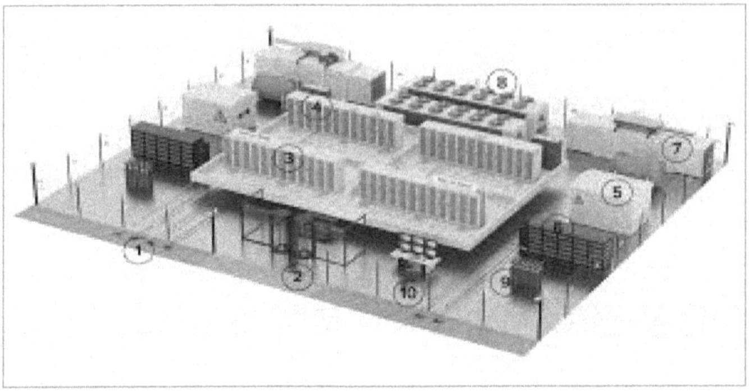

What's inside the data center? - Data Center University

3.2 사업타당성 검토: 데이터 유형, 분석 기술 및 절차

아파트 단지 개발 프로세스에서 AI 기반 사업타당성 검토 단계는 AI 알고리즘이 다양한 후보지 및 개발 시나리오를 심층적으로 비교 분석하여 사업의 성공 가능성과 수익성을 예측하는 핵심 과정이다. 이를 위해 광범위한 데이터의 체계적인 수집, 전처리, 정제, 처리 과정이 선행되어야 하며, 정교한 데이터 분석 기술이 요구된다. 본고에서는 AI 기반 아파트 단지 사업타당성 검토에 필요한 데이터 유형, 데이터 분석 기술, 그리고 분석 절차를 상세히 기술하고, 이를 표로 정리하여 제시한다.

■ **아파트 단지 개발 프로세스의 AI 기반 사업타당성 검토 단계별 데이터의 목표, 역할, 기술, 활용 예시**

데이터 유형	목표	역할	기술	활용 예시
시장 및 수요 데이터	정확한 시장 수요 예측 및 잠재 고객 특성 파악	사업의 시장 적합성 검증, 잠재 수요 규모 추정, 적정 분양가 및 상품 기획의 기초 정보 제공을 담당한다.	- 시계열 분석 (ARIMA, Prophet), - 회귀 분석, - 공간 분석 (GIS), - 클러스터링, - 자연어 처리 (NLP), - 텍스트 마이닝	- 인구 통계 및 거시경제 지표를 활용한 AI 기반 중장기 수요 예측 모델을 개발한다. - 소셜 데이터 및 온라인 검색 트렌드 분석을 통해 타겟 고객 맞춤형 주택 평형 및 커뮤니티 시설을 제안한다.

비용 데이터	총 사업 비용의 정밀 추정 및 비용 최적화 방안 도출	사업 예산의 정확성 확보, 비용 변동 요인 분석, 수익성 분석의 기초를 제공한다.	- 예측 모델링 (회귀 분석, 머신 러닝), - 시뮬레이션 (몬테카를로 기법), - 최적화 알고리즘	- 유사 프로젝트 과거 공사비 데이터 및 자재 가격 변동성을 고려하여 AI 기반 총 공사비를 예측하고 오차 범위를 제시한다. - 토지 매입 비용, 설계, 자재 선택에 따른 비용 변화 시뮬레이션을 통해 최적 비용 조합을 탐색한다.
수익 데이터	예상 총 수익의 객관적 추정 및 수익 극대화 전략 수립	사업의 재무적 기대 효과 측정, 분양 전략 및 가격 정책 수립을 지원한다.	- 회귀분석 기반 분양가 예측 모델, - 수요 예측 연동 수익 시뮬레이션	- 시장 수요 예측 모델과 연동하여 분양률 변화에 따른 예상 분양 수입 변동 시나리오를 분석하고 제시한다. - 주변 상권 분석 및 유동인구 데이터를 활용하여 단지 내 상가 임대 수입을 예측한다.
입지 및 개발 환경 데이터	입지 경쟁력 평가 및 개발 제약 조건 분석을 통한 사업 적합성 판단	부지의 개발 잠재력 및 가치 평가, 설계 및 인허가 리스크 사전 파악, 상품 가치 증대 요소 발굴에 기여한다.	- GIS 기반 공간 분석, - 이미지 분석 (위성/드론 영상), - 자연어 처리 (법규/문서 분석), - 전문가 시스템	- GIS 데이터를 활용하여 교통망, 학군, 편의시설 접근성을 자동 분석하고 정량적 입지 점수를 산출한다. - 건축법규 및 지구단위계획 데이터를 입력하여 AI가 가능한 개발 규모(용적률, 세대-수)를 자동 산출하고 시각화 한다.
리스크 데이터	사업 추진 과정에서 발생 가능한 잠재적 위험 요소 식별, 정량화 및 관리 방안 모색	리스크 발생 가능성 및 사업 영향도 평가, 선제적 리스크 관리 방안 수립을 지원하여 사업 안정성을 제고한다.	- 시나리오 분석, - 몬테카를로 시뮬레이션, - 머신-러닝 기반 이상 징후 감지, - 과거사례 기반학습 (Case-Based Reasoning)	- 과거 금리 변동, 정책 변화가 분양 시장에 미친 영향을 학습한 AI 모델을 통해 현재 조건에서의 미분양 리스크 확률을 예측한다. - 원자재 가격 변동성, 과거 공사 지연 사례 분석을 통해 공사 기간 및 비용 초과 리스크를 시뮬레이션 한다.

I 가상 예제: 시장 수요 예측 모델과 연동하여 분양률 변화에 따른 예상 분양 수입 변동 시나리오 분석

AI 기반 아파트 단지 개발 프로세스에서 사업타당성 분석 단계는 AI 시장 수요 예측 모델과의 연동을 통해 보다 정교하고 객관적인 의사결정을 지원한다. AI는 과거 분양 실적, 거시경제 지표, 지역 개발 호재, 인구 통계학적 변화, 소비자 심리 지수, 온라인 검색량 및 관심도 등 방대한 데이터를 학습하여 미래 시장의 수요를 예측한다. 이 예측 결과를 바탕으로 분양률 변화에 따른 다양한 시나리오를 구성하고, 각 시나리오별 예상 분양 수입 변동을 분석함으로써 사업의 재무적 안정성과 수익성을 다각도로 검토할 수 있다.

2025 아파트 분양시장 '시계 제로'…역대 급 한파 온다, https://daily.hankooki.com/news/articleView

1. 프로젝트 개요 및 AI 시장 수요 예측 모델 연동

- 프로젝트명: "AI-스마트시티 아파트 단지" (가칭)
- 총 세대수: 800 세대
- 평균 분양가(AI 기반 적정 분양가 모델 산출): 세대당 7억원
- 총 예상 분양금액(100% 분양 시): 800세대 × 7억원 = 5,600억원

• AI 시장 수요 예측 모델:

ㅁ주요 입력 변수: 최근 5년간 유사 지역/규모 단지 분양 데이터, 정부 부동산 정책 변화, 기준 금리 변동 추이, 지역 내 인구 유입/유출 현황, 경쟁 단지 공급 계획, 소셜미디어 및 뉴스 기반 시장 관심도 지수 등

ㅁAI 예측 결과 (기준): 해당 입지 및 상품 경쟁력, 현재 시장 상황을 종합 분석한 결과, 초기 6개월 내 예상 평균 계약률(분양률)은 88%로 예측된다. AI는 이 기준 예측치에 대한 신뢰구간(예: 95% 신뢰수준에서 82%~94%)도 함께 제공한다.

2. AI 기반 분양률 변화 시나리오 설정

AI는 기준 예측 분양률(88%)을 중심으로, 시장의 긍정적·부정적 변동 요인(예: 정부의 추가 규제 완화/강화, 급격한 금리 변동, 대형 개발 호재의 조기 실현/지연 등)의 발생 확률과 예상 파급 효과를 시뮬레이션 하여 다음과 같은 분양률 변화 시나리오를 설정한다.

• 시나리오 1: 낙관적 (Optimistic Scenario)

ㅁ주요 가정: 정부의 추가적인 부동산 규제 완화, 지역 내 대규모 교통망 조기 착공, 긍정적 시장 심리 확산 등.

ㅁAI 예측 초기 6개월 내 분양률: 95% (기준 예측치의 상위 신뢰구간 및 긍정적 이벤트 가중치 적용)

• 시나리오 2: 가장 가능성 높은 (Most Likely Scenario/ Base Case)

ㅁ주요 가정: 현재 시장 상황 및 정책 기조 유지, 점진적 금리 안정화.

ㅁAI 예측 초기 6개월 내 분양률: 88% (AI 수요 예측 모델 기본 결과)

• 시나리오 3: 비관적 (Pessimistic Scenario)

ㅁ주요 가정: 예상치 못한 금리 급등, 인근 지역 대규모 경쟁 단지 동시 분양, 부정적 시장 심리 증대 등.

□ AI 예측 초기 6개월 내 분양률: 75% (기준 예측치의 하위 신뢰구간 및 부정적 이벤트 가중치 적용)

• 시나리오 4: 극히 비관적 (Stress Test Scenario)

□ 주요 가정: 심각한 금융 시장 불안정, 정부의 강력한 추가 규제 시행, 지역 경제 악화.

□ AI 예측 초기 6개월 내 분양률: 60% (과거 유사 위기 상황 데이터 및 최악 변수 조합 시뮬레이션)

Ⅱ ▶▶ AI 기반 사업타당성 분석: 미분양 리스크 확률 예측 예제

AI 기반 아파트 단지 개발 프로세스의 사업타당성 분석 단계에서는 과거 시장 데이터와 현재의 다양한 변수를 종합적으로 분석하여 미래의 불확실성을 최소화하는 것이 중요하다. 특히, 과거 금리 변동, 정부의 부동산 정책 변화(예: 대출 규제, 세제 정책, 공급 정책 등)가 분양 시장에 미쳤던 복합적인 영향을 학습한 AI 모델은 현재 조건에서의 미분양 리스크 확률을 보다 과학적으로 예측하여, 사업 주체의 의사결정을 지원한다.

1. AI 모델 학습 개요

• 학습 데이터:

□ 과거 10년간 전국/지역별 아파트 미분양률 데이터: 월별, 단지 규모별, 가격대별 세분화된 데이터.

□ 동일 기간 금리 변동 데이터: 한국은행 기준금리, 주택담보대출 금리 등.

□ 부동산 정책 변화 데이터: 정책 발표 시점, 내용, 강도(규제/완화), 적용 지역 및 기간 등을 정형화/비정형 데이터 형태로 수집 (AI는 정책 보고서, 뉴스 기사 등의 텍스트 분석을 통해 정책의 강도와 시장 파급 효과를 계량화 가능).

ㅁ거시 경제 지표: GDP 성장률, 소비자 물가 지수, 실업률, 주택가격지수 등.
ㅁ주택 공급 및 수요 지표: 주택 건설 인허가 실적, 입주 물량, 청약 경쟁률, 매매 거래량 등.

- AI 학습 방법:

ㅁAI는 지도학습(Supervised Learning) 기반의 분류(Classification) 또는 회귀(Regression) 모델을 활용한다. 예를 들어, 로지스틱 회귀, 의사결정 트리(Decision Tree), 랜덤 포레스트(Random Forest), 그래디언트 부스팅(Gradient Boosting), 또는 심층신경망(Deep Neural Network) 등을 사용하여 과거 데이터에서 특정 조건(금리, 정책 등) 하에서의 미분양 발생 여부 또는 미분양률 자체를 예측하는 패턴을 학습한다.
ㅁAI는 각 변수(금리, 정책 유형, 정책 강도 등)가 미분양에 미치는 영향의 크기(가중치)와 상호작용 효과를 식별한다.

2. 현재 조건 입력 및 AI 분석

학습된 AI 모델에 다음과 같은 현재 시점(예: 2025년 5월)의 가상 조건을 입력하여 미분양 리스크 확률을 예측한다.

- 현재 시장 및 정책 조건 (가상):

ㅁ한국은행 기준금리: 연 3.25% (최근 3개월간 동결 상태)
ㅁ주택담보대출 평균 금리: 연 4.5% (상승세 둔화)
ㅁ정부 부동산 정책 기조: "수도권 일부 지역 투기과열지구 지정 유지, DSR 규제 현행 유지, 신생아 특례 대출 등 실수요자 지원책 일부 시행 중" (AI는 이러한 정책 내용을 분석하여 '정책 강도 지수' - 예: +2점, 0점, -2점 등으로 변환하여 입력)
ㅁ예상 분양가 수준: 해당 지역 유사 단지 최근 실거래가 대비 3% 높게 책정 계획

□분석 대상 프로젝트 개요: 수도권 외곽 A시, 총 850세대, 중소형 평형(전용 59㎡, 84㎡) 위주 구성

□최근 6개월간 A시 평균 초기 분양률: 78%

□A시 향후 1년 내 입주 예정 물량: 2,500세대 (AI는 이를 해당 지역의 연평균 수요량과 비교하여 공급 과잉 여부 판단)

2025년 민간 아파트 분양 계획 2000년 이후 최저치 | 세계일보 https://www.segye.com/newsView

3. AI 기반 미분양 리스크 확률 예측 결과(가상 예시)

AI 모델은 상기 입력된 현재 조건과 학습된 과거 패턴을 종합 분석하여 다음과 같은 미분양 리스크 확률을 도출한다.

분석 항목	AI 예측 결과 (가상)	AI 분석 근거 및 부연 설명
1. 기준 미분양 리스크 확률 (초기 6개월 이내)	32%	현재 금리 수준이 과거 평균 대비 다소 높고, DSR 규제가 유지되는 점, 분양가가 시세 대비 소폭 높은 점 등이 주요 리스크 요인으로 작용한다. 다만, 신생아 특례 대출 등 일부 지원책이 리스크를 소폭 완화하는 것으로 분석된다.

2. AI 리스크 등급 평가	"다소 높음 (Moderately High)"	예측된 32%의 확률은 과거 평균적인 미분양 리스크(예: 15~25%) 구간을 상회하므로, 적극적인 리스크 관리가 필요한 수준으로 판단된다.
3. 주요 영향 변수 분석 (민감도 분석)	기준금리 0.5%p 추가 인상 시: 미분양 리스크 확률 40%로 상승 예상 정부 LTV 규제 10%p 완화 시: 미분양 리스크 확률 25%로 하락 예상 분양가 5% 인하 시: 미분양 리스크 확률 22%로 하락 예상	AI는 각 변수의 변화가 미분양 확률에 미치는 영향의 크기를 시뮬레이션을 통해 제시하여, 어떤 외부 요인에 사업이 가장 취약한지, 또는 어떤 대응 전략이 효과적일지 판단하는 근거를 제공한다.
4. 과거 유사 조건하 미분양 사례 매칭	2018년 하반기 B신도시 C단지 (금리 3.0%, 정책강도 +1.5, 초기 분양률 65%) 2022년 상반기 D광역시 E단지 (금리 3.5%, 정책강도 +2.0, 초기 분양률 58%)	AI는 현재 조건과 가장 유사했던 과거 특정 시점의 특정 단지 사례들을 매칭하여 제시함으로써, 예측 결과에 대한 직관적인 이해를 돕고 과거 사례로부터 교훈을 얻을 수 있도록 지원한다. (단, 모든 조건이 동일할 수는 없으므로 참고 자료로 활용)

4. 해설

AI가 예측한 미분양 리스크 확률 32%와 "다소 높음" 등급은 사업 주체에게 다음과 같은 시사점을 제공한다.

- **사업 진행 여부 재검토:** 예측된 리스크 수준이 사업 주체의 감내 수준을 초과한다고 판단될 경우, 사업 시기 조정, 사업 규모 축소, 또는 사업 자체를 재검토할 필요가 있다.
- **분양 전략 수정:**
  - ㅁ분양가 조정: AI 민감도 분석 결과를 참고하여, 미분양 리스크를 낮출 수 있는 적정 수준으로 분양가 인하를 고려한다 (예: 5% 인하 시 리스크 10%p 감소).
  - ㅁ마케팅 강화: 타겟 고객층을 명확히 설정하고, 이들에게 어필할 수 있는 차별화된 마케팅 전략(예: 금융 지원 프로그램 연계, 특별 프로모션 등)을 수립한다.

ㅁ상품성 개선: 실수요자의 선호도가 높은 평면, 마감재, 커뮤니티 시설 등으로 상품 경쟁력을 강화하는 방안을 검토한다.

- **자금 조달 계획 점검:** 미분양 발생에 따른 현금 흐름 악화 가능성에 대비하여, 안정적인 자금 조달 계획(예: 추가 대출 한도 확보, PF 조건 재협상 등)을 수립하고 비상 자금 운영 방안을 마련한다.
- **정책 변화 모니터링 강화:** AI가 주요 리스크 요인으로 지목한 금리 및 정부 정책 변화에 대한 면밀한 모니터링과 함께, 변동 시 신속하게 대응할 수 있는 시나리오별 계획을 준비한다.

Ⅲ ▶▶ 가상 예제: AI 기반 GIS 데이터 활용 입지분석 방법론

AI는 다양한 GIS 레이어(도로망, 대중교통 노선, 학교 경계, 상업시설 분포 등)와 관련 속성 데이터(배차 간격, 학교 평판, 시설 규모 등)를 통합적으로 분석하여 입지 조건을 평가한다.

GIS를 활용한 부동산 시장 조사 및 입지 분석, https://www.esri.com/ko-kr/industries/real-estate/strategies

1. AI기반 입지분석 분석 항목 및 정량화 기준 (예시)

AI는 각 항목에 대해 사전에 정의된 기준 또는 머신러닝 기반의 평가 모델을 통해 점수를 부여한다.

1.1 교통 접근성 (100점 만점):

- 대중교통:
  - ㅁ 지하철역 접근성 (50점): 후보지 중심 반경 500m 내 도보 10분 이내 역 존재 시 50점, 1km 내 도보 15분 이내 시 30점 등. AI는 실제 보행 네트워크를 따라 최단 도보 시간을 계산한다. 환승역이거나 주요 업무지구 연결 노선일 경우 가산점을 AI가 부여한다.
  - ㅁ 버스 접근성 (50점): 후보지 중심 반경 300m 내 버스정류장 수, 운행 노선 수, 주요 도심지 평균 도착 시간 등을 AI가 분석하여 점수화한다. (예: 5개 이상 노선 운행 시 50점, 3-4개 노선 시 30점 등)

1.2 학군 접근성 (100점 만점):

- 초등학교 (40점): AI가 안전한 도보 통학 가능 거리(예: 반경 500m 이내, 큰 도로 횡단 최소화) 내 초등학교 유무 및 학교까지의 실제 도보 환경(CCTV, 가로등, 보도폭 등)을 분석하여 점수화한다.
- 중·고등학교 (60점): 배정 가능 중학교 및 고등학교의 수, 학업성취도(공시 데이터 연동 시), 특목고 진학률, 학교까지의 대중교통 또는 도보 접근 시간 등을 AI가 종합 분석하여 점수화한다.

1.3 편의시설 접근성 (100점 만점):

- 생활 필수시설 (60점): AI가 반경 1km 내 대형마트, 종합병원, 은행, 주민센터 등의 유무 및 개수를 파악하고, 각 시설까지의 평균 도보/차량 이동 시간을 계산하여 점수화한다. (예: 대형마트 도보 10분 내 30점, 차량 5분 내 20점 등)
- 여가·문화시설 (40점): AI가 반경 2km 내 공원, 도서관, 영화관, 스포츠센터 등의 다양성과 접근성을 분석하여 점수화한다.

2. AI 기반 정량적 입지 점수 산출

AI는 각 항목별로 산출된 점수에 사업의 특성 및 목표 타겟층(예: 신혼부부는 교통/편의시설, 학령기 자녀 가구는 학군 중시)을 고려한 가중치를 적용하여 최종 입지 점수를 계산한다. AI는 과거 성공/실패 사례를 학습하여 최적의 가중치를 제안하거나, 시나리오별로 다른 가중치를 적용하여 민감도 분석을 수행할 수 있다.

- 가중치 예시: 교통 접근성 (40%), 학군 접근성 (30%), 편의시설 접근성 (30%)

3. 후보 단지별 AI 입지 분석 및 점수 산출

- 분석 대상 후보 단지: 단지 A, 단지 B, 단지 C
- AI 입지 분석 결과표 (가상 수치 적용):

평가 항목	가중치	단지 A (점수)	단지 A (가중 점수)	단지 B (점수)	단지 B (가중 점수)	단지 C (점수)	단지 C (가중 점수)	AI 분석 근거 (예시)
1. 교통 접근성	40%	85	34.0	70	28.0	90	36.0	단지 A: 지하철역(2개 노선) 7분 도보, 버스노선 8개. 단지 B: 지하철역 15분 도보(1개 노선), 버스노선 4개. 단지 C: 지하철역(GTX 포함 3개 노선) 3분 도보, 버스노선 12개, 주요 간선도로 직접 연결.
- 대중교통	(50%)	90		60		95		
- 도로교통	(50%)	80		80		85		
2. 학군 접근성	30%	75	22.5	90	27.0	60	18.0	단지 A: 초등학교 도보 10분(안전), 중학교 2개 배정 가능(학업성취도 중상). 단지 B: 초등학교 도보 3분(최상), 명문 중/고교 다수 배정 가능 학군. 단지 C: 초등학교 도보 15분(대로변 횡단), 중학교 1개 배정(학업성취도 중).

- 초등 학교	(40%)	80		95		50		
- 중·고등 학교	(60%)	70		85		65		
3. 편의시설 접근성	30%	80	24.0	65	19.5	85	25.5	단지 A: 대형마트 차량 5분, 종합병원 차량 10분, 중형 공원 인접. 단지 B: 대형마트 차량 15분, 의원급 병원 다수, 대규모 자연녹지 인접. 단지 C: 단지 내 대형 상업시설(마트 입점 예정), 종합병원 도보 10분, 소규모 공원 다수.
- 생활 필수시설	(60%)	85		60		90		
- 여가·문화시설	(40%)	70		70		75		
최종 입지 점수	100%		80.5		74.5		79.5	AI는 각 항목별 점수 및 최종 점수를 통해 객관적 비교 근거를 제공한다.

4. 해설

- **단지 A (80.5점)**: 교통, 학군, 편의시설 모든 면에서 비교적 우수한 점수를 받아 균형 잡힌 입지로 평가된다.
- **단지 B (74.5점)**: 학군 접근성은 매우 뛰어나지만, 교통 및 편의시설 접근성이 상대적으로 낮아 학령기 자녀를 둔 특정 수요층에게는 매력적일 수 있으나, 전체적인 편의성은 다소 떨어질 수 있다. AI는 이 경우 "학군 프리미엄을 강조한 마케팅 전략" 또는 "단지 내 셔틀버스 운영 및 편의시설 유치" 등을 보완책으로 제안할 수 있다.
- **단지 C (79.5점)**: 교통 접근성이 압도적으로 우수하고 편의시설도 양호하나, 학군이 상대적으로 취약하여, 신혼부부나 1~2인 가구, 또는 직주근접을 중시하는 수요층에게 적합할 수 있다.

3.3 사업타당성 검토 단계: 데이터 수집, 전처리, 정제 및 처리 과정

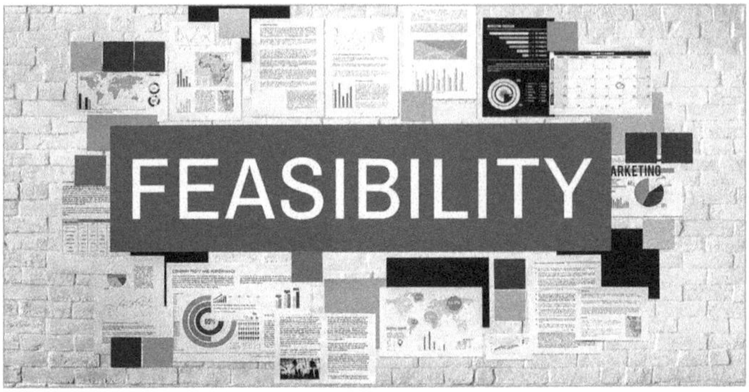

https://www.archistar.ai/blog/what-is-a-subdivision-feasibility-assessment

■ 사업타당성 검토 단계의 데이터 수집, 전처리, 정제 및 처리 과정

단계	세부 과정	설명
데이터 수집	다양한 출처 활용	정부 부처(국토교통부, 기획재정부, 통계청), 공공기관(한국부동산원, LH), 금융기관, 신용평가사, 부동산 정보 업체, 건설 관련 협회, 뉴스, 연구 보고서 등에서 정형 및 비정형 데이터를 수집한다.
데이터 전처리	결측 치 처리	통계적 기법(평균, 중앙값, 회귀 분석 기반 대체) 또는 머신 러닝 알고리즘을 활용하여 누락된 데이터를 처리한다.
	이상치 탐지 및 처리	데이터의 일반적인 분포에서 벗어나는 극단 값을 식별하고, 그 원인을 분석한 후 해당 데이터를 제거하거나 적절한 값으로 조정한다.
	단위 및 형식 표준화	다양한 출처로부터 수집된 데이터의 단위를 일관성 있게 통일하고(예: 면적 단위를 평방미터로 표준화), 데이터 형식을 표준 화한다.
데이터 정제	오류 검증 및 수정	데이터에 포함된 논리적 오류나 입력 오류 등을 검증하고 이를 수정하여 데이터의 정확성을 높인다.
	데이터 일관성 확보	동일한 지표에 대해 여러 출처에서 데이터가 존재할 경우, 교차 검증을 통해 신뢰도가 가장 높은 데이터를 선택하거나 여러 데이터를 통합하여 일관성을 확보한다.

데이터 처리 및 변환	시계열 데이터 처리	과거의 추세를 분석하고 미래를 예측하기 위해, 데이터의 시간적 특성을 반영하여 가공한다. (예: 이동평균 계산, 시계열 분해 수행).
	파생 변수 생성 (Feature Engineering)	사업타당성 분석에 유용하게 활용될 수 있는 새로운 지표를 기존 변수들을 조합하여 생성한다. 예를 들어, '예상 분양 수입'에서 '총 예상 비용'을 차감하여 '예상 개발 이익'이라는 파생 변수를 생성할 수 있다.
	정성적 데이터의 정량화	전문가의 의견이나 소비자 리뷰와 같은 정성적인 데이터를 분석에 활용할 수 있도록 점수화 하거나 범주화 하는 과정을 통해 정량적 데이터로 변환한다.
	리스크 요인 계량화	사업 추진 시 발생 가능한 다양한 리스크 요인들을 식별하고, 각 요인의 발생 가능성과 발생 시 영향 정도를 고려하여 수치화 한다.

3.3.1 사업타당성 검토 단계: AI 기반 데이터 분석기술 및 분석절차

AI 기반 아파트 단지 개발 사업타당성 검토는 방대한 데이터를 과학적으로 분석하여 사업의 성공 가능성을 높이고 위험을 최소화하는 데 핵심적인 역할을 수행한다. 데이터의 질과 AI 모델의 정교함이 분석 결과의 신뢰도를 좌우하므로, 지속적인 데이터 관리와 최신 분석 기술의 도입 노력이 요구된다. 이를 통해 객관적이고 합리적인 의사결정을 지원하여 성공적인 개발 사업을 이끌어낼 수 있다.

수집 및 가공된 데이터를 바탕으로 AI 알고리즘을 활용하여 사업타당성을 분석한다.

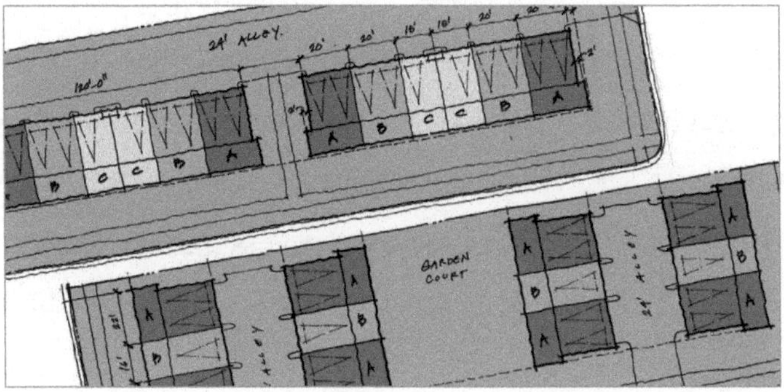

https://kgarch.com/sample-housing-feasibility-study-with-4-options

3.3.2 사업타당성 검토 단계: 데이터 유형, 분석 기술 및 절차 요약표

■ **데이터 유형, 분석 기술 및 절차 별 세부 항목과 구체적인 데이터**

구분	목표 정의 및 범위 설정	구체적인 데이터
데이터 유형	시장 및 수요 데이터	거시경제지표, 지역 인구 통계 및 전망, 주변 부동산 시장 분석, 경쟁 환경, 소비자 선호도 등
	비용 데이터	토지 매입 비용, 건축 및 공사비, 인허가 비용, 금융 비용, 마케팅 및 분양 비용, 기타 사업 추진비 등
	수익 데이터	예상 분양가 및 분양 수입, 임대 수입, 기타 수입 등
	입지 및 개발 환경 데이터 (사업타당성 관점)	교통 접근성, 교육 환경, 생활 편의시설, 개발 규제 및 인허가 조건, 지질 및 환경 조건 등
	리스크 데이터	정책 변화, 시장 변동성, 공사 기간/비용 증가, 자금 조달 리스크 등
데이터 처리	데이터 수집	정부/공공기관, 금융기관, 부동산 정보 업체, 뉴스, 연구 보고서 등
	데이터 전처리	결측치 처리, 이상치 탐지 및 처리, 단위 및 형식 표준화
	데이터 정제	오류 검증 및 수정, 데이터 일관성 확보
	데이터 처리 및 변환	시계열 데이터 처리, 파생 변수 생성, 정성적 데이터 정량화, 리스크 요인 계량화
AI 분석 기술	회귀 분석	분양가, 시장 수요, 공사비 등 예측 (선형/다중/시계열 회귀 등)
	머신러닝 기반 예측 모델	랜덤 포레스트, 그래디언트 부스팅, SVR, 신경망 등을 활용한 정교한 예측
	시나리오 및 민감도 분석	주요 변수 변화가 수익성에 미치는 영향 시뮬레이션
	시장 세분화 및 타겟팅	군집 분석 등을 통한 잠재 고객 그룹 분류 및 전략 수립
	최적화 알고리즘	제약 조건 하 개발 이익 극대화 또는 비용 최소화 방안 도출
	자연어 처리 (NLP)	텍스트 데이터에서 시장 트렌드, 소비자 반응, 리스크 정보 추출
	이미지 분석	위성/항공/로드뷰 이미지 분석을 통한 물리적 환경 평가

분석 절차	목표 정의 및 범위 설정	사업타당성 검토의 구체적 목표 및 분석 범위 설정
	데이터 준비 및 모델링	분석용 데이터셋 구축 및 AI 모델(수요/비용/수익성/리스크) 설계 및 학습
	사업성 시뮬레이션 및 평가	다양한 시나리오별 사업성 시뮬레이션 및 재무 지표(NPV, IRR, ROI, BEP) 산출
	리스크 분석 및 관리 방안 도출	AI 기반 잠재 리스크 식별, 정량적 평가 및 대응 전략 수립
	최적 대안 선정 및 보고서 작성	종합 분석 기반 최적 대안 선정 및 사업타당성 검토 보고서 작성
	지속적인 모니터링 및 업데이트	시장 및 정책 변화에 따른 데이터 업데이트 및 AI 모델 개선

3.3.3 사업타당성 가상 예제: 군집분석과 사업성 시뮬레이션 및 재무 지표 산출

I ▶▶ 가상 예제: 군집분석을 통한 잠재고객 그룹 분류 및 전략 수립

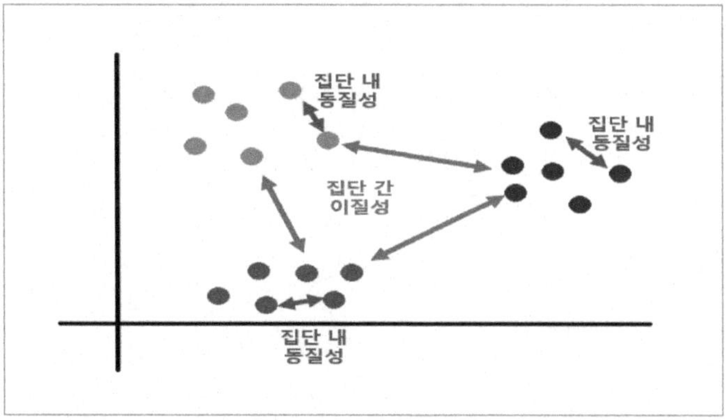

군집 분석 (클러스터 분석) https://sno-machinelearning.tistory.com

AI 기반 아파트 단지 개발 사업타당성 검토 단계에서, AI는 방대한 데이터를 분석하여 잠재고객을 보다 정교하게 이해하고 맞춤형 전략을 수립하는 데 핵심적인 역할을 수행한다. 그중 군집분석(Cluster Analysis)은 유사한 특성을 가진 잠재고객 그룹을 식별하여, 각 그룹에 최적화된 상품 기획 및 마케팅 전략을 도출하는 데 효과적으로 활용된다.

1. 군집분석을 위한AI 데이터 수집 및 변수 선정

성공적인 군집분석을 위해서는 잠재고객의 특성을 다각적으로 나타내는 데이터 확보가 선행되어야 한다. AI는 다음과 같은 데이터를 수집, 가공 및 예측하여 분석에 활용한다.

(1) 인구통계학적 데이터:

- 예상 연령대 (예: 20대 후반, 30대, 40대, 50대 이상)
- 가구 구성원 수 (예: 1인, 2인, 3인, 4인 이상)
- 예상 소득 수준 (AI가 신용정보, 소비패턴 등을 분석하여 추정)
- 직업군 (예: 전문직, 사무직, 자영업 등)

(2) 라이프스타일 데이터:

- 주요 관심사 (AI가 소셜미디어, 검색기록, 앱 사용 패턴 분석) (예: 교육, 건강, 여가, 재테크)
- 선호하는 주거 환경 요소 (AI가 설문조사, 부동산 플랫폼 검색 패턴 분석) (예: 교통 편의성, 자연환경, 교육 환경, 편의시설)
- 소비 성향 (AI가 카드 사용 내역, 온라인 구매 패턴 분석) (예: 합리적 소비, 가치 소비, 과시형 소비)

(3) 주택 선호도 데이터:

- 선호 평형대 (AI가 과거 거래 데이터, 상담 데이터 분석) (예: 소형, 중소형, 중형, 대형)
- 선호하는 아파트 시설 (예: 스마트홈 시스템, 커뮤니티 시설, 조경 특화)

- 가격 민감도 (AI가 유사 단지 분양가 반응, 금융 상품 이용 패턴 분석) (예: 높음, 중간, 낮음)

본 가상 예제에서는 분석의 편의를 위해 AI가 예측/분석한 4가지 핵심 변수를 사용한다.

(1) **예상 연령대** (20대=1, 30대=2, 40대=3, 50대 이상=4)

(2) **가구 월평균 추정 소득** (단위: 백만 원)

(3) **주거 가치관 중 '교육 환경 중요도'** (1점~10점 척도, AI가 설문 및 검색어 분석)

(4) **선호 평형대** (20평대=1, 30평대=2, 40평대 이상=3, AI가 상담 이력 및 클릭 패턴 분석)

How AI is Transforming Town Planning for Housing, https://www.linkedin.com/uas/login-submit

2. AI 기반 군집분석 실행

수집된 잠재고객 데이터(가상 데이터 1,000명분)를 AI 기반 군집분석 알고리즘(예: K-Means Clustering)에 적용한다. AI는 데이터의 패턴을 스스로 학습하여 최적의 군집 수를 결정하거나, 분석가가 특정 군집 수를 지정하여 분석을 진행할 수 있다. 본 예제에서는 AI가 3개의 주요 잠재고객 군집을 도출했다고 가정한다.

■ AI 군집분석 결과 (가상 수치)

변수	군집 1 (N=350)	군집 2 (N=450)	군집 3 (N=200)
평균 예상 연령대	2.1 (30대 초반)	3.2 (40대 초반)	1.8 (20대 후반)
평균 가구 월 소득 (백만 원)	7.5	10.5	5.0
교육 환경 중요도 (평균)	4.5	8.5	3.0
선호 평형대 (평균)	1.8 (30평대 초반)	2.7 (40평대 근접)	1.2 (20평대)

3. 군집 별 특성 분석 및 명명 (Profiling & Naming)

AI가 도출한 각 군집의 변수별 평균값을 바탕으로 각 그룹의 주요 특징을 파악하고, 마케팅 활용을 위해 직관적인 이름을 부여한다.

(1) 군집 1: "합리적 주거 가치 추구형 신혼부부/영유아 자녀 가구" (가칭)

- **주요 특징:** 30대 초반, 월 소득 약 750만 원, 교육 환경에 대한 관심은 보통 수준이나 점차 증가하는 추세. 실용적인 30평대 초반 주택 선호.
- **AI 분석 추가 인사이트:** 직주근접성, 합리적 분양가, 신혼부부 특화 금융 상품에 민감. 커뮤니티 시설 중 어린이집, 키즈카페 등 영유아 관련 시설에 대한 잠재적 니즈 존재.

(2) 군집 2: "자녀 교육 최우선 고소득 안정 가구" (가칭)

- **주요 특징:** 40대 초반, 월 소득 약 1,050만 원으로 가장 높음. 교육 환경을 매우 중요하게 고려하며, 자녀의 학령기에 접어들어 학군, 학원가 접근성을 최우선으로 둠. 넓고 쾌적한 40평대 주택 선호.
- **AI 분석 추가 인사이트:** 브랜드 인지도, 단지 내 학습 공간(스터디룸, 도서관), 안전 시스템, 고급 커뮤니티 시설에 대한 선호도 높음. 가격 민감도는 상대적으로 낮으나, 가치 대비 효용성을 중시.

(3) 군집 3: "가성비 중시 MZ세대 1~2인 가구" (가칭)

- **주요 특징:** 20대 후반, 월 소득 약 500만 원. 교육 환경보다는 개인의 편의성,

교통, 직주근접, 저렴한 관리비 등을 중시. 실속 있는 20평대 소형 주택 선호.

- **AI 분석 추가 인사이트:** 초기 자금 부담 최소화, 스마트홈 기능, 개인 맞춤형 서비스(컨시어지, 청소, 세탁 등), 트렌디한 인테리어에 대한 관심 높음. 온라인/모바일 채널을 통한 정보 습득 및 소통 선호.

4. 군집 별 맞춤형 상품 기획 및 마케팅 전략 수립

AI를 통해 분류된 잠재고객 군집 별 특성에 맞춰 차별화된 상품 기획 및 마케팅 전략을 수립한다.

구분	군집 1 (합리적 신혼/영유아)	군집 2 (교육 최우선 고소득)	군집 3 (가성비 중시 MZ)
상품 기획	- 30평대 초중반 다양한 평면 (알파룸, 팬트리 등) - 단지 내 어린이집, 키즈카페, 맘스스테이션 - 친환경 자재 사용, 층간소음 저감 설계	- 40평대 이상 고급 마감재 및 특화 설계 - 단지 내 스터디룸, 작은 도서관, 명문 학원가 셔틀버스 운영 - 첨단 보안 시스템, 세대별 창고 제공	- 20평대 소형 특화 평면 (분리형 원룸, 1.5룸 등) - 빌트인 가전, 스마트홈 시스템 기본 제공 - 공유 오피스, 피트니스센터 등 1인 가구 맞춤 커뮤니티
가격 전략	- 합리적 분양가 책정 - 신혼부부/생애최초 특별공급 물량 확보 - 중도금 이자 지원 등 금융 혜택 강화	- 고급화 전략에 부합하는 가격 정책 - VVIP 마케팅 및 프리미엄 서비스 연계 - 장기적 자산 가치 상승 잠재력 강조	- 주변 시세 대비 경쟁력 있는 분양가 - 다양한 금융 옵션 제공 (소액 투자 가능성 어필) - 관리비 절감 방안 제시
마케팅 채널	- 육아 커뮤니티, 지역 맘카페 제휴 - 인스타그램, 유튜브 (인플루언서 활용) - 주말 모델하우스 이벤트 (가족 단위 참여 유도)	- 주요 학군 지역 오프라인 광고 - 부동산 전문 채널, 경제지 기고 - VVIP 대상 프라이빗 설명회 개최	- 인스타그램, 틱톡 등 숏폼 콘텐츠 - 부동산 앱, 직방/호갱노노 등 플랫폼 광고 - 온라인 사전 청약, 라이브 방송 이벤트
메시지	"아이 키우기 좋은 똑똑한 우리집", "합리적인 가격으로 시작하는 행복 라이프"	"자녀의 미래를 디자인하는 프리미엄 교육 환경", "최고를 알아보는 안목, 명품 주거 공간"	"나만의 개성을 담은 스마트한 공간", "부담없이 시작하는 워라밸 하우스"

5. 해설

AI 데이터 기반 군집분석은 사업타당성 검토 단계에서 잠재고객에 대한 깊이 있는 이해를 제공하며, 이를 통해 타겟 고객에게 최적화된 상품을 개발하고 효과적인 마케팅 전략을 수립할 수 있게 한다. 이는 분양 성공률을 높이고, 미분양 리스크를 줄이는 데 핵심적인 역할을 수행한다. 예를 들어, 특정 군집의 반응이 예상과 다를 경우, AI는 그 원인을 분석하고 대안적인 마케팅 메시지나 프로모션을 제안하여 신속한 대응을 가능하게 한다. 이처럼 AI는 아파트 단지 개발 전 과정에 걸쳐 데이터 기반 의사결정을 지원하는 핵심 동력으로 작용한다.

Ⅱ ▶▶ 가상 예제: AI 기반 아파트 단지 개발 프로세스: 사업타당성 검토 단계 데이터 활용 가상 예제

AI 기반 아파트 단지 개발 프로세스 중 사업타당성 검토 단계에서 데이터를 활용한 시나리오별 사업성 시뮬레이션 및 재무 지표(NPV, IRR, ROI) 산출 가상 예제를 다음과 같이 제시한다. 본 예제는 이해를 돕기 위한 가상 수치를 사용하며, 실제 프로젝트에서는 더욱 정교한 데이터와 AI 모델이 활용된다.

1. AI 데이터 기반 사업타당성 검토의 핵심

전통적인 사업타당성 검토는 과거 경험이나 제한된 시장 조사에 의존하는 경우가 많았다. 그러나 AI를 활용하면 방대한 정형/비정형 데이터를 분석하여 시장 수요, 최적 분양가, 잠재적 리스크 등을 보다 객관적으로 예측할 수 있다. 이를 통해 다양한 시나리오를 설정하고, 각 시나리오에 따른 재무적 결과를 시뮬레이션하여 최적의 의사결정을 지원한다.

2. 가상 프로젝트 개요

(1) **프로젝트명:** 드림 AI 스마트밸리 아파트 단지 개발

(2) **위치:** 가상 도시 '미래시티' 내 택지지구 A블록

(3) **개발 규모:** 1,000세대 아파트 단지 (전용면적 84㎡ 단일 평형 가정)

(4) **개발 기간:** 총 3년 (1년차: 부지매입 및 인허가, 2년차: 착공 및 분양, 3년차: 준공 및 입주/정산)

(5) **예상 총 사업비:** 3,000억 원 (토지비, 건축비, 금융비용, 마케팅비 등 포함)

(6) **기본 할인율(WACC):** 5% (NPV 계산 시 사용)

3. AI를 활용한 핵심 변수 예측 및 시나리오 설정

AI 모델은 과거 부동산 거래 데이터, 인구 통계, 경제 지표, 정책 변화, 소셜 미디어 반응, 주변 인프라 개발 계획 등을 학습하여 다음과 같은 핵심 변수를 예측한다.

(1) **분양가 예측:** AI가 주변 시세, 시장 수요 강도, 미래 가치 등을 종합 분석하여 적정 분양가를 예측한다.

(2) **분양률 예측:** AI가 시장 상황, 마케팅 전략, 경쟁 단지 현황 등을 고려하여 기간별 분양률을 예측한다.

(3) **공사비 변동 예측:** AI가 원자재 가격 변동, 인건비 추이 등을 분석하여 공사비 변동 가능성을 예측한다.

이를 바탕으로 다음과 같은 세 가지 시나리오를 설정한다.

(1) **시나리오 A (기본):** AI가 예측한 가장 가능성 높은 평균적인 시장 상황

- 예상 평균 분양가: 평당 2,000만 원 (세대당 6.8억 원, 84㎡ = 약 34평 가정)
- 예상 분양률: 2년차 70%, 3년차 30% (입주 시점 100% 완료)
- 예상 공사비 변동: 없음

(2) 시나리오 B (긍정적): AI가 예측한 시장 호황 및 마케팅 성공 시나리오

- 예상 평균 분양가: 평당 2,200만 원 (세대당 7.48억 원)
- 예상 분양률: 2년차 90%, 3년차 10%
- 예상 공사비 변동: -2% (원자재 가격 안정 및 효율적 공정 관리)

(3) 시나리오 C (부정적): AI가 예측한 시장 위축 및 경쟁 심화 시나리오

- 예상 평균 분양가: 평당 1,800만 원 (세대당 6.12억 원)
- 예상 분양률: 2년차 50%, 3년차 40% (준공 후 10% 미분양 잔존 가능성)
- 예상 공사비 변동: +5% (원자재 가격 상승 및 공기 지연)

4. 시나리오별 사업성 시뮬레이션 및 재무 지표 산출

1) 현금 흐름 추정 (Cash Flow Estimation)

각 시나리오별로 연차별 예상 현금 유입(분양 수입)과 현금 유출(사업비 지출)을 추정한다.

- 현금 유출 (0년차, 사업 초기):
  - ㅁ총 사업비: 3,000억 원 (토지비, 초기 인허가 비용 등 선집행 가정)
  - ㅁ시나리오 B: 3,000억×0.98 (공사비 2% 절감 가정 시)=2,940억 원 (단, 본 예제에서는 공사비 변동 효과는 매출원가에 반영하고 초기 투자액은 동일하게 3,000억으로 가정하여 단순화)
  - ㅁ시나리오 C: 3,000억×1.05 (공사비 5% 상승 가정 시)=3,150억 원 (동일하게 초기 투자액 3,000억으로 가정하고, 추가 비용은 운영 비용 증가로 반영)
  - ㅁ본 예제에서는 초기 총 투자비는 3,000억 원으로 고정하고, 공사비 변동은 수익 계산 시 순이익에 영향을 미치는 것으로 단순화하여 표현한다.

2) 현금 유입 (분양 수입):

- 시나리오 A:
  - ㅁ총 분양 수입: 6.8억 원/세대×1,000세대=6,800억 원
  - ㅁ2년차 유입: 6,800억×70%=4,760억 원

ㅁ3년차 유입: 6,800억×30%=2,040억 원

• 시나리오 B:

ㅁ총 분양 수입: 7.48억 원/세대×1,000세대=7,480억 원

ㅁ2년차 유입: 7,480억×90%=6,732억 원

ㅁ3년차 유입: 7,480억×10%=748억 원

• 시나리오 C:

ㅁ총 분양 수입 (90% 분양 가정): 6.12억 원/세대×1,000세대×90%=5,508억 원

ㅁ2년차 유입: 5,508억×(50/90)=3,060억 원 (50% 분양분)

ㅁ3년차 유입: 5,508억×(40/90)=2,448억 원 (40% 분양분)

3) 재무 지표 산출 (Financial Metrics Calculation)

• 순이익 (Net Profit)=총 분양 수입-총 사업비

ㅁ시나리오 A: 6,800억 - 3,000억 = 3,800억 원

ㅁ시나리오 B: 7,480억 - (3,000억 - (3000억0.60.02))=7,480억 - 2,964억 =4,516억 원 (공사비 비중 60% 가정, 2% 절감)

ㅁ시나리오 C: 5,508억 - (3,000억 + (3000억0.60.05))=5,508억 - 3,090억 =2,418억 원 (공사비 비중 60% 가정, 5% 증가)

• ROI (Return on Investment) = (순이익/총 사업비)×100%

ㅁ시나리오 A: (3,800억/3,000억)×100%=126.67%

ㅁ시나리오 B: (4,516억/2,964억)×100%=152.36%

ㅁ시나리오 C: (2,418억/3,090억)×100%=78.25%

• NPV (Net Present Value) = Σ [연차 별 순현금흐름/(1 + 할인율)^t 승] - 초기 투자비

(할인율 5%, 초기 투자비는 0년차에 전액 지출, 분양 수입은 각 연도 말에 발생하는 것으로 가정)

ㅁ시나리오 A:

• 0년차: -3,000억

• 1년차: 0 (인허가 및 준비)

- 2년차: 4,760억/(1+0.05)^2 = 4,760/1.1025=4,317.46억
- 3년차: 2,040억/(1+0.05)^3 = 2,040/1.157625=1,762.22억
- NPV(A) = -3,000 + 0 + 4,317.46 + 1,762.22=3,079.68억 원

□ 시나리오 B: (초기 투자비 2,964억 원 적용)

- 0년차: -2,964억
- 1년차: 0
- 2년차: 6,732억/(1.05)^2 = 6,106.12억
- 3년차: 748억/(1.05)^3 = 646.65억
- NPV(B) = -2,964 + 0 + 6,106.12 + 646.65=3,788.77억 원

□ 시나리오 C: (초기 투자비 3,090억 원 적용, 10% 미분양으로 매출 감소)

- 0년차: -3,090억
- 1년차: 0
- 2년차: 3,060억/(1.05)^2=2,775.51억
- 년차: 2,448억/(1.05)^3=2,114.60억
- NPV(C)=-3,090 + 0 + 2,775.51 + 2,114.60=1,800.11억 원

- IRR (Internal Rate of Return): NPV가 0이 되는 할인율 IRR은 엑셀의 IRR 함수나 재무 계산기를 통해 산출한다. 일반적으로 시행착오법이나 보간 법을 통해 계산한다. (예시 적 값, 실제 계산 필요)

□ IRR(A): 약 70~80% (NPV가 매우 높으므로 IRR도 높게 산출될 것으로 예상)

□ IRR(B): 약 80~90%

□ IRR(C): 약 40~50%

5. 결과 요약 및 AI 기반 의사결정

지표	시나리오 A (기본)	시나리오 B (긍정적)	시나리오 C (부정적)
총 분양 수입	6,800억 원	7,480억 원	5,508억 원
총 사업비	3,000억 원	2,964억 원	3,090억 원
순이익	3,800억 원	4,516억 원	2,418억 원
ROI	126.67%	152.36%	78.25%
NPV (5%)	3,079.68억 원	3,788.77억 원	1,800.11억 원
IRR (추정)	높음 (예: 75%)	매우 높음 (예: 85%)	보통 (예: 45%)

AI 기반 의사결정:

- 모든 시나리오에서 NPV〉 0 이고 IRR이 할인율(5%)보다 월등히 높아 사업성이 있는 것으로 판단된다.
- AI는 각 시나리오의 발생 확률을 함께 제시할 수 있다. 예를 들어, AI가 시나리오 A의 발생 확률을 60%, B를 25%, C를 15%로 예측한다면, 가중 평균된 기대 NPV를 산출하여 의사결정에 참고할 수 있다.
- 시나리오 C의 경우에도 상당한 수익성이 확보되므로, 프로젝트의 리스크가 상대적으로 낮다고 평가할 수 있다. 다만, 미분양 리스크 관리 방안(예: 분양가 조정, 마케팅 강화, 임대 전환 등)을 사전에 준비할 필요가 있다.

https://www.atkinsrealis.com/en/engineering-better-future/beyond-engineering/new-towns-new-communities

- AI는 분양가, 분양률, 공사비 외에도 금리 변동, 정책 변화 등 다양한 외부 요인을 추가로 시뮬레이션하여 더욱 정교한 리스크 분석 및 대응 전략 수립을 지원한다. 예를 들어, 특정 정책 발표 시 예상되는 분양가 변화폭을 예측하여 선제적으로 사업 계획을 수정할 수 있다.

3.4 사업타당성 검토단계: 사업타당성 검토단계에 활용되는 AI 알고리즘

3.4.1 사업타당성 검토단계: AI 기반 시장 예측

AI는 과거 부동산 거래 데이터, 인구 이동 패턴, 개발 호재 정보, 거시 경제 지표 등을 복합적으로 학습하여 미래의 시장 동향, 수요 변화, 적정 분양가 등을 예측한다. AI 기반 시장 예측은 이러한 다양한 알고리즘 및 도구를 활용하여 과거 데이터를 심층적으로 학습하고 분석함으로써, 아파트 단지 개발 사업의 중요한 결정 요소인 시장 동향, 수요 및 가격에 대한 객관적이고 데이터 기반의 예측 정보를 제공하며, 이는 사업 타당성 검토의 신뢰도를 높이고 리스크를 관리하는 데 필수적인 역할을 수행한다.

아파트 단지 개발 프로세스의 사업 타당성 검토 단계에서 AI 기반 시장 예측은 핵심적인 역할을 수행한다. AI는 과거 부동산 거래 데이터, 인구 이동 패턴, 개발 호재 정보, 거시 경제 지표 등 방대한 자료를 복합적으로 학습하여 미래의 시장 동향, 수요 변화, 적정 분양가 등을 예측한다. 포스코이앤씨는 10년간의 데이터를 AI로 분석하여 시장 분석 값을 확인하고 주택 공급 시기를 판단하는 시스템을 활용한다. 스페이스워크의 랜드북도 개발 후 예상 수익률 예측 기능을 제공한다 이러한 과거 자료 학습 기반의 미래 시장 예측에 활용되는 알고리즘 및 도구의 유형별 목표, 기술, 역할, 장단점 및 활용 예시는 다음과 같다.

■ 미래 시장 예측에 활용되는 알고리즘 및 도구의 유형별 목표, 기술, 역할, 장단점 및 활용 예시

예측 알고리즘/ 도구 유형	회귀 분석 기반 알고리즘 (Regression-based)	시계열 분석/예측 모델 (Time Series Models)	종합 학습 기반 알고리즘 (Integrated ML Models)
목표	다양한 시장 요인과 예측 대상 값(예: 가격, 수요량) 간의 관계를 정량적으로 모델링하고 예측한다.	과거 시계열 데이터(시간에 따라 기록된 데이터)의 패턴(추세, 계절성, 주기 등)을 분석하고 미래 값을 예측한다.	다양한 유형의 이질적인 데이터를 복합적으로 학습하여 시장의 복잡한 상호 작용을 반영하고 더 정확한 예측을 수행한다.
기술	- 선형 회귀, - 다중 회귀, - Ridge/Lasso 회귀, - Support Vector Regression (SVR) 등	- ARIMA, - SARIMA, - Prophet, - Exponential Smoothing, - RNN, - LSTM 등	- Ensemble Learning (Random Forest, Gradient Boosting), - Neural Networks, Feature Engineering, - 데이터 통합 및 전처리 기술
역할	- 과거 데이터를 분석하여 어떤 요인이 분양가나 수요에 얼마나 영향을 미치는지를 파악하고, 이를 바탕으로 미래 특정 시점 또는 조건에서의 값을 예측하는 모델을 구축하는 데 사용된다.	- 시간에 따라 변동하는 시장 지표(예: 아파트 가격, 거래량, 공실률)의 과거 추이를 학습하여 미래 동향을 전망하고, 적절한 공급 시점이나 마케팅 시점을 결정하는 데 활용된다.	- 부동산 시장에 영향을 미치는 거시 경제, 지역 특성, 개발 정보, 인구 구조 등 다양한 요인 간의 복잡한 비선형 관계를 학습하여, 전통적인 모델보다 정교하게 미래 시장 상황, 세분화된 수요, 최적 분양가 등을 예측한다.
장점	- 요인별 영향력을 정량적으로 파악하기 용이하며, 모델의 해석이 비교적 명확하다. - 연속적인 값(가격, 수량 등)을 예측하는 데 적합하다. - 통계적 기반이 탄탄하다.	– 시간에 종속적인 데이터의 패턴을 분석하고 예측하는 데 특화되어 있다. - 추세, 계절성 등 반복적인 패턴을 잘 포착한다. - 미래 시점의 값을 예측하는 데 필수적이다. - 포스코이앤씨의 공급 시기 판단 시스템과 같은 도구에 핵심적으로 활용된다.	- 서로 다른 유형의 데이터에서 복잡한 패턴과 상호 작용을 학습하는 데 강점을 가진다. - 다양한 정보를 종합적으로 고려하여 예측 정확도를 높일 가능성이 크다. - 새로운 유형의 데이터나 요인을 통합하는 데 유연하다. - 스페이스워크 랜드북의 예상 수익률 예측 기능 구현에도 활용될 수 있다.

단점	- 요인과 결과 간의 관계가 선형적이거나 특정 함수 형태를 따른다고 가정하는 경우가 많아 복잡한 비선형 관계를 포착하기 어렵다. - 시계열 특성(시간에 따른 변화)을 직접 모델링하기 위해서는 추가적인 기법이 필요하다.	- 과거 패턴이 미래에도 지속될 것이라는 가정이 필요하다. - 갑작스러운 외부 충격(경제 위기, 정책 변화 등)으로 인한 급격한 변화는 예측하기 어렵다. - 다양한 독립 변수(개발 호재 등)를 모델에 통합하기 위해 추가적인 기술이나 복합 모델 구성이 필요할 수 있다.	- 학습에 필요한 데이터의 양이 많고 데이터 전처리 과정이 복잡할 수 있다. - 모델의 내부 작동 방식이 복잡하여 예측 결과의 원인을 명확히 설명하기 어려운 '블랙박스' 성격이 강할 수 있다. - 모델 구축 및 유지보수에 전문적인 지식과 기술이 필요하다.
활용 예시	- 주변 시설 수, - 인구 밀도, 최근 거래가 등을 기반으로 예상 평당 분양가 예측. - 특정 지역의 소득 수준 변화에 따른 예상 중대형 평형 수요 예측.	- 월별 아파트 매매 가격 지수 변화 추이 예측. - 분기별 신규 아파트 계약률 예측. - 특정 지역의 인구 순이동 변화 추세 예측. - 시장 침체기 또는 활황기 전환 시점 예상.	- 과거 실거래가, 인구 통계, - 교통망 개선 계획, - 금리 변동 추이 등을 종합적으로 학습하여 특정 신축 아파트 단지의 적정 분양가 범위 예측. - 온라인 관심도, 개발 호재 뉴스 언급 빈도, - SNS 데이터 등을 추가하여 지역별 잠재적 아파트 수요 변화 예측.

'Emperor Redevelopment' Hannam New Town You need to be prepared to tie up 2 billion won in cash
https://www.mk.co.kr/en/realestate

3.4.2 사업타당성 검토단계: 자동 사업성 분석

아파트 단지 개발 프로세스의 AI 기반 자동 사업성 분석 단계에서는 AI가 다양한 분석 작업을 자동화하고 최종 보고서를 생성한다. AI 기반 자동 사업성 분석 알고리즘과 도구는 개발 프로세스 초기에 요구되는 법규, 규모, 재무적 타당성 분석 작업을 자동화하고 통합 보고서를 생성함으로써, 개발사가 다수의 후보지를 빠르고 효율적으로 검토하고 데이터 기반의 신속한 초기 의사결정을 내리는 데 핵심적인 역할을 수행한다. 이는 개발 기회 발굴 및 사업 추진 속도를 높이는 데 크게 기여한다.

AI는 관련 법규 검토, 최대 개발 가능 규모 산정, 예상 수입(분양/임대)과 지출(토지비, 건축비, 금융비용 등) 분석을 자동화하여 단시간 내에 상세한 사업성 분석 보고서를 생성한다. 이는 초기 의사결정 속도를 획기적으로 높인다. 이러한 자동 사업성 분석 보고서 작성에 활용되는 알고리즘 및 도구의 유형별 목표, 기술, 역할, 장단점 및 활용 예시는 다음과 같다.

■ **자동 사업성분석 보고서 작성에 활용되는 알고리즘 및 도구의 유형별 목표, 기술, 역할, 장단점 및 활용 예시**

자동 사업성 분석 알고리즘 및 도구 유형	규제 준수 및 개발 규모 산정 자동화 시스템	재무 분석 및 비용/수입 예측 자동화 시스템	통합 보고서 생성 및 시각화 도구
목표	해당 토지에 적용되는 법규 및 규제를 신속하게 파악하고, 이를 기반으로 최대 개발 가능 규모를 정확히 산정한다.	예상 수입과 지출을 분석하여 사업의 경제적 타당성 및 수익성을 계산한다.	앞선 분석 결과를 통합하고, 이해하기 쉬운 형태의 상세 사업성 분석 보고서를 자동으로 생성한다.
기술	규칙 기반 시스템, 전문가 시스템, 공간 분석(GIS) 엔진, 자동 법규 해석/적용 알고리즘, 데이터 통합 (법제처, 지자체 조례 등)	재무 모델링 알고리즘, 시뮬레이션 엔진, 데이터 통합 (시장 예측 결과, 건축비 지표, 금융 상품 정보), 계산 자동화 모듈	데이터 통합 플랫폼, 자동 보고서 생성 템플릿/엔진, 데이터 시각화 라이브러리, Business Intelligence (BI) 도구

역할	특정 부지에 대한 법적 제약을 자동 검토하고, 건폐율, 용적률, 높이 제한, 주차 대수 기준 등을 적용하여 건축 가능한 최대 면적, 층수, 세대수 등을 계산한다. 개발 사업의 물리적 상한선을 결정하는 데 기여한다.	시장 예측 결과(예상 분양가, 임대료, 수요량), 개발 규모 산정 결과, 표준 건축비 단가, 토지비, 금융 비용, 세금 등 다양한 재무 관련 데이터를 통합하여, 총 사업비, 예상 매출, 예상 이익, IRR, NPV 등 핵심 재무 지표를 자동 계산한다.	규제 준수 결과, 개발 규모 산정 결과, 상세 재무 분석 결과(수입, 지출, 수익성 지표 등)를 취합하여 정해진 형식의 보고서 문서(PDF 등) 또는 인터랙티브한 대시보드 형태로 자동 구성하고 출력한다. 최종 분석 결과를 요약하여 제공한다.
장점	수동 검토 대비 속도가 월등히 빠르며 오류 가능성을 줄인다. 객관적인 법규 적용 결과를 제공한다. 다양한 시나리오(예: 용도 변경 시)에 따른 개발 규모 변화를 신속하게 시뮬레이션한다. 규제 변화에 대한 대응 시간을 단축한다.	복잡한 재무 계산을 단시간에 수행하여 초기 사업성 판단을 위한 객관적인 지표를 제공한다. 다양한 비용/수입 변동에 따른 수익성 변화(민감도 분석)를 쉽게 시뮬레이션한다. 여러 후보지의 재무적 매력도를 빠르게 비교 분석한다.	수동 보고서 작성에 소요되는 시간을 획기적으로 단축한다. 보고서의 일관성과 통일성을 유지한다. 분석 결과를 그래프나 차트 등으로 시각화하여 전달 효과를 높인다. 분석 결과 업데이트 시 보고서 재생성이 용이하다.
단점	법규 데이터의 최신성 및 정확성이 중요하다. 복잡하거나 해석이 필요한 조항은 자동화에 한계가 있을 수 있다. 현장의 물리적 특성(경사도 등)과 결합된 미묘한 규제 적용은 추가 검토가 필요할 수 있다.	입력 데이터(시장 예측치, 건축비, 금융 조건 등)의 정확성에 결과의 신뢰성이 크게 좌우된다. 모든 잠재적 비용 항목이나 변동성을 모델에 완벽하게 반영하기 어려울 수 있다. 복잡한 금융 구조나 사업 모델은 자동화 모델 설계에 어려움이 있을 수 있다.	분석 내용 자체를 생성하는 것이 아니라 기존 분석 결과를 취합/포맷팅하는 도구이다. 보고서 템플릿의 유연성이 제한적일 수 있다. 모든 이해관계자의 요구사항을 충족하는 보고서 형식을 자동 생성하기는 어려울 수 있다.
활용 예시	특정 지번 입력 시 해당 용도지역, 적용 조례를 자동 파악하고, 법적 최대 연면적, 최대 높이, 허용/불허 용도 등을 계산한다. 예상 세대 규모에 따른 법적 주차 대수 및 부대시설 설치 의무를 자동 산정한다.	후보지 및 개발 규모 입력 시 예상 총 사업비, 예상 분양/임대 수입, 프로젝트 순이익, 투자 수익률(IRR) 등을 자동 계산한다. 건축비 상승률 또는 분양가 하락 시나리오에 따른 수익성 변화를 즉시 분석한다. 예상 개발 기간에 따른 금융 비용 변화를 시뮬레이션한다.	특정 후보지에 대한 사업성 분석 요청 시, 규제 분석, 개발 규모, 예상 재무 성과 요약이 포함된 PDF 보고서를 자동으로 생성한다. 후보지 비교 분석 대시보드를 통해 여러 부지의 핵심 사업성 지표를 한눈에 비교할 수 있도록 시각화한다. 분석 보고서의 특정 섹션만 선택하여 별도 자료로 편집한다.

3.4.3 AI 기반 사업타당성 분석 가상 예제: 자동 재무지표 산출 및 AI 스마트 밸리" 아파트 개발 사업

I ▶▶ AI 기반 사업타당성 분석 가상 예제: 자동 재무지표 산출 예제

AI 기반 아파트 단지 개발 프로세스에서 사업타당성 분석 단계는 AI의 정교한 예측 및 자동 계산 능력을 통해 고도화된다. 개발자는 후보지와 기본적인 개발 규모만 입력하면, AI가 과거 유사 프로젝트 데이터, 현재 시장 상황, 관련 법규 및 금융 환경 등을 종합적으로 분석하여 예상 총 사업비, 예상 분양/임대 수입, 프로젝트 순이익, 내부수익률(IRR) 등 핵심 재무 지표들을 신속하고 객관적으로 산출한다. 이는 사업 초기 단계의 의사결정 속도와 정확성을 크게 향상시킨다.

1. AI 기반 자동 재무분석 프로세스

1) 입력 데이터 정의:

- **후보지 정보**: 위치(GIS 데이터 연동), 면적, 용도지역, 공시지가 등

https://www.linkedin.com/uas/login-submit

- **개발 규모:** 총 세대수, 주택 유형(아파트, 빌라 등), 평균 평형, 지상/지하 연면적, 주요 커뮤니티 시설 계획 등
- **(선택) 사업 방식:** 분양 위주, 임대 위주, 또는 분양/임대 혼합 등

2) AI의 역할: 예상 총 사업비 자동 예측:

- AI는 입력된 후보지의 토지 관련 데이터(실거래가, 공시지가, 예상 토지 매입비 등)를 분석한다.
- 개발 규모에 따라 AI는 과거 유사 규모 및 유형 프로젝트의 건축 공사비, 설계비, 감리비, 인허가 비용, 기반시설 조성비 등을 데이터베이스에서 추출하고, 현재 시점의 자재 가격 변동률, 노임 상승률, 물가상승률 등을 반영하여 보정한다.
- 또한, AI는 예상 사업 기간, 현재 금융 시장의 금리 수준 등을 고려하여 금융 비용(PF 이자 등)을 추정하고, 분양/임대 방식에 따른 마케팅 및 판매 관리비도 예측 범위에 포함시킨다.

3) AI의 역할: 예상 분양/임대 수입 자동 예측:

- **분양 사업의 경우:** AI는 후보지 주변 지역의 최근 아파트 실거래가, 신규 분양가, 경쟁 단지 현황, 지역 소득 수준, 주택 수요 예측 모델(별도 AI 모델 연동) 등을 종합 분석하여 예상 평균 분양가를 산출한다. 여기에 AI가 예측한 시장 상황별 초기 및 최종 분양률을 적용하여 총 분양 수입을 예측한다.
- **임대 사업의 경우:** AI는 주변 지역의 유사 평형 임대료 시세, 공실률, 예상 임대료 상승률, 임대 관리 운영비 등을 분석하여 장기적인 임대 수입 및 순영업소득(NOI)을 예측한다.

4) AI의 역할: 주요 재무 지표 자동 산출:

- **프로젝트 예상 순이익:** AI가 예측한 총 분양/임대 수입에서 총 사업비를 차감하여 계산한다.(세전/세후 순이익 구분 가능)
- **예상 내부수익률(IRR):** AI는 프로젝트 기간(예: 3~5년) 동안의 연도별 예상 현금 유입(분양/임대 수입)과 현금 유출(사업비 지출) 스케줄을 자동으로 시

뮬레이션한다. 이 현금흐름표를 바탕으로 순현재가치(NPV)가 0이 되는 할인율, 즉 IRR을 신속하게 계산한다.

- **기타 지표:** AI는 필요에 따라 순현재가치(NPV, 특정 할인율 적용 시), 투자 회수 기간(Payback Period), 자기자본수익률(ROE) 등 다양한 재무 지표를 함께 제공할 수 있다.

부동산 시장에서 나오는 AI 서비스

분야	기업 및 기관	특징
AI 건축설계	**밸류맵**	짧은 시간에 특정 토지의 최대 용적률과 건폐율 등을 반영한 3차원(D) 형태의 건축 설계물 확인 가능
AI 권리분석	**피터팬의 좋은방 구하기**	부동산 직거래 시 부동산 매물 권리분석과 법률 자문 제공
AI 권리분석	**다방**	부동산 거래 사고를 줄이기 위해 매물의 거래 안전 등급을 3단계로 구분해 제시
AI 경매 낙찰가 산정	**지지옥션**	경매 낙찰 시기와 경매 수익률 등 예상 가능
AI 토지거래 위험 경보	**한국부동산원**	기획부동산 사기 등 이상거래 방지

10초만에 다세대주택 설계 뚝딱… 경매 적정가 예측도, https://bizn.donga.com

Ⅱ ▶▶ AI 기반 사업타당성 분석 가상 예제: "노원 AI 스마트 밸리" 아파트 개발 사업

1. 입력 조건

- **후보지:** 서울시 노원구 AI동 (가상)
- **개발 규모:**
  - □ 총 세대수: 300세대 (전 세대 분양 목적)
  - □ 평균 전용면적: 84㎡
  - □ 예상 사업 기간: 3년

2. AI 자동 재무 분석 결과표

분석 항목	AI 자동 산출 결과 (가상 수치)	AI 산출 근거 및 방법론 (요약)
1. 예상 총 사업비	3,600 억원	AI가 노원구 AI동 유사 부지 실거래가, 최근 3년간 300세대 규모 고급 아파트 건축 단가, 설계/감리 용역비 요율, PF 금리(예: 6%) 및 기간, 분양 마케팅 예산 편성 기준 등을 종합 분석하여 자동 산출. * 세부항목 (AI 자동 분류): 토지비 1,500억, 공사비 1,500억, 금융비용 300억, 판매 및 일반관리비 300억*
2. 예상 분양 수입	4,702.5 억원	AI 시장 수요 및 가격 예측 모델이 해당 입지, 상품(84㎡ 고급), 현재 시장 상황을 고려하여 예상 평균 분양가를 세대당 16.5억원으로 산출. 여기에 AI가 예측한 보수적 최종 분양률 95%를 적용하여 자동 계산 (300세대 × 16.5억원 × 0.95).
- AI 예측 평균 분양가	(세대당 16.5 억원)	AI가 노원구 신축 아파트 최근 1년간 실거래가, 주변 단지 호가, 하이엔드 수요층의 지불의사(WTP) 데이터, 전문가 의견 등을 종합 분석.
- AI 예측 최종 분양률	(95%)	AI가 과거 노원구 고급 아파트 분양 실적, 현재 시장 유동성, 정부 정책, 잠재 수요 등을 학습하여 예측.
3. 프로젝트 예상 순이익 (세전)	1,102.5 억원	예상 분양 수입(4,702.5억) - 예상 총 사업비(3,600억). AI는 법인세 등 관련 세금 데이터를 연동하여 세후 순이익도 별도 산출 가능.
4. 예상 내부수익률(IRR)	22.8%	AI가 사업 기간 3년에 걸쳐 연도별 현금흐름(초기 투자: 토지비 등, 공사기간 중: 공사비 분할 지급, 분양 개시 후: 계약금/중도금/잔금 유입 등)을 자동으로 시뮬레이션하고, 해당 현금흐름의 순현재가치(NPV)를 0으로 만드는 할인율을 계산.

3. 해설

위 AI 분석 결과에 따르면, "노원구 AI 스마트밸리" 프로젝트는 예상 순이익 1,102.5억원, IRR 22.8%로 나타나 초기 사업타당성은 비교적 양호한 것으로 잠정 판단될 수 있다.

개발 주체는 이 AI 자동 산출 결과를 다음과 같이 활용한다:

- **신속한 초기 검토**: 다수의 후보 부지 및 다양한 개발 규모에 대해 AI 분석을 반복 실행함으로써, 가장 유망한 프로젝트를 빠르게 선별할 수 있다.
- **객관적 비교 기준**: 정량화된 재무 지표를 통해 여러 대안을 동일한 기준으로 비교 평가하여 합리적인 의사결정을 지원한다.
- **민감도 분석 기초자료**: AI는 주요 변수(분양가, 공사비, 분양률, 금리 등)를 조정했을 때 IRR이나 순이익이 어떻게 변하는지에 대한 민감도 분석을 즉시 수행하여, 사업의 리스크 요인과 수익 변동폭을 파악하는 데 도움을 준다. 예를 들어, "AI 예측 분양가가 5% 하락할 경우 IRR 18.5%로 감소"와 같은 시뮬레이션 결과를 제공한다.
- **자금 조달 및 투자 유치 근거**: 객관적인 AI 분석 자료는 금융기관 PF 심사나 투자자 유치 시 사업의 잠재력과 수익성을 설득하는 데 효과적인 근거 자료로 활용된다.

3.4.4 사업타당성 검토단계: 시나리오 기반 사업타당성 분석 시뮬레이션 알고리즘 특성

아파트 단지 개발 프로세스에서 AI는 시나리오 기반 시뮬레이션 기능을 제공한다. 토지 매입 가격, 건축비 변동, 분양가 조정 등 다양한 변수에 따른 사업성 변화를 AI가 시뮬레이션 하여 보여준다. 이를 통해 개발자는 여러 개발 시나리오의 장단점을 비교하고 최적의 사업 구조를 탐색할 수 있다.

■ 시나리오 기반 시뮬레이션 AI 알고리즘 및 도구의 유형별 목표, 기술, 역할, 장단점 및 활용 예시

시나리오 시뮬레이션 AI 알고리즘/도구 유형	민감도/가정 분석 도구 (Sensitivity/What-If)	확률 기반 시뮬레이션 (Probabilistic Simulation)	최적화 기반 시뮬레이션 (Optimization-driven)
목표	특정 핵심 변수의 변화가 사업성 지표에 미치는 영향을 정량적으로 파악한다.	다양한 변수의 불확실성을 반영하여 가능한 사업 결과의 범위와 각 결과의 발생 확률을 예측한다.	다양한 시나리오 및 제약 조건 하에서 개발 목표(예: 수익 극대화)를 달성하는 최적의 사업 구조 또는 전략을 탐색한다.
기술	파라미터 변동 알고리즘, 계산 엔진 연동, 데이터 테이블 기능	몬테카를로 시뮬레이션, 확률 분포 모델링, 통계 분석 모듈, 랜덤 샘플링 알고리즘	최적화 알고리즘 (선형/비선형/조합), 시뮬레이션 모델 연동, 시나리오 관리 프레임워크
역할	토지비, 건축비율, 분양가 등 개별 변수의 값이 일정 범위 내에서 변동할 때, 예상 수익률, 총 이익 등의 사업성 지표가 어떻게 달라지는지를 계산하고 보여준다. 사업 결과에 가장 큰 영향을 미치는 변수를 식별한다.	토지비, 건축비, 분양가, 판매 속도 등 여러 변수가 일정 확률 분포를 가질 때, 수많은 시뮬레이션 반복을 통해 예상 수익률, 순이익 등의 결과가 어떤 분포로 나타나는지를 계산한다. 사업의 전체적인 위험 프로파일을 평가한다.	민감도 분석이나 확률 시뮬레이션 결과를 바탕으로, 주어진 시장 조건이나 불확실성 범위 내에서 수익을 최대화하거나 리스크를 최소화하는 최적의 분양가, 유닛 구성, 개발 일정 등을 능동적으로 찾아 제시한다.
장점	특정 변수의 영향력을 직관적으로 이해하기 쉽다. 설정된 가정(시나리오)에 따른 결과 변화를 명확히 파악할 수 있다. 분석 결과 시각화가 용이하다. 중요한 위험 요소를 빠르게 식별하는 데 유용하다.	현실의 불확실성을 반영하여 보다 현실적인 결과 예측 범위를 제시한다. 특정 목표 수익률 달성 확률이나 손실 발생 확률 등 사업 리스크를 정량화한다. 다양한 불확실성 요인이 결합되었을 때의 복합적인 영향을 분석한다.	단순 결과 예측을 넘어 최적의 방안을 제안한다. 여러 상충하는 목표(예: 수익 vs 리스크) 사이의 균형점을 찾는 데 유용하다. 다양한 제약 조건(예: 예산, 규제)을 만족하는 최적해를 탐색한다. 전략적 의사결정에 직접적으로 도움을 준다.
단점	여러 변수가 동시에 복합적으로 변화하는 상황을 충분히 반영하기 어렵다. 변수 간의 상호작용 효과를 모델링하는 데 한계가 있다. 불확실성 자체보다는 특정 가정에 따른 결과를 보여주는 데 초점을 집중한다.	변수별 적절한 확률 분포를 정의하는 것이 중요하며, 이는 데이터나 전문가 판단에 의존한다. 시뮬레이션 반복 횟수에 따라 정확성이 달라지며 계산 시간이 소요될 수 있다. 모델링 대상 변수 및 관계 설정에 전문성이 요구된다.	명확한 최적화 목표 및 제약 조건 설정이 중요하다. 복잡한 문제일수록 모델링 및 계산이 어려워진다. 최적해는 모델의 정확성에 의존하며, 현실의 모든 변수를 반영하기는 어렵다. 복잡한 알고리즘 이해 및 활용에 전문성이 필요할 수 있다.

활용 예시	건축비가 5% 또는 10% 상승할 경우 예상 수익률이 얼마나 하락하는지 분석. 목표 수익률 달성을 위해 분양가가 최소 얼마 이상 되어야 하는지 파악. 토지 매입 가격 변동 범위에 따른 사업 손익분기점 분석.	예상 분양가, 공사 기간, 초기 판매율 등 주요 불확실성 요인에 확률 분포를 부여하여 사업 순이익의 예상 범위(예: 90% 확률로 100억~300억 이익) 및 목표 수익률 달성 확률(예: IRR 15% 이상 달성 확률 70%) 산정. 금융 시장 변동에 따른 자금 조달 비용 변화가 사업성에 미치는 리스크 분석.	특정 시장 수요 예측 시나리오 하에서 최대 이익을 얻기 위한 최적 유닛 구성 비율(예: 59m² 40%, 84m² 60%) 결정. 건축비 상승 리스크를 최소화하기 위한 공사 계약 방식 또는 자재 선택 전략 탐색. 다양한 분양가 책정 전략 중 예상 판매 속도 및 이익을 동시에 고려한 최적 분양가 범위 도출.

3.4.5 가상 예제: 사업타당성 분석 시뮬레이션 알고리즘

다음은 AI 기반 사업타당성 분석 시뮬레이션 알고리즘별 가상 수치 예제와 그 풀이 및 해설이다.

I ▶▶ 민감도/가정(What-If) 분석 도구 (Sensitivity/What-If)

1. 가상 수치 예제:

기본 사업안의 예상 총 사업비는 1,000억 원이고, 예상 총 분양수입은 1,200억 원으로, 초기 예상 순이익은 200억 원(수익률 20%)이라고 가정한다. 이때, 주요 변수인 건축비가 변동할 경우 사업 수익성에 미치는 영향을 분석하고자 한다.

2. 풀이:

가정 1: 건축비 5% 상승 시나리오

- 기본 총 사업비 중 건축비 비중이 커서, 건축비 5% 상승이 총 사업비 30억 원 증가로 이어진다고 가정한다.
- 조정된 총 사업비: 1,000억 원 + 30억 원 = 1,030억 원

- 예상 순이익: 1,200억 원 (총 분양수입) - 1,030억 원 (조정된 총 사업비)
  = 170억 원
- 예상 수익률: (170억 원/1,030억 원) × 100% ≈ 16.5%

가정 2: 건축비 10% 상승 시나리오

- 건축비 10% 상승이 총 사업비 60억 원 증가로 이어진다고 가정한다.
- 조정된 총 사업비: 1,000억 원 + 60억 원 = 1,060억 원
- 예상 순이익: 1,200억 원 (총 분양수입) - 1,060억 원 (조정된 총 사업비)
  = 140억 원
- 예상 수익률: (140억 원/1,060억 원) × 100% ≈ 13.2%

3. 해설:

위 분석을 통해 건축비가 5% 상승하는 경우, 예상 수익률은 초기 20%에서 약 16.5%로 약 3.5%p 하락함을 알 수 있다. 만약 건축비가 10% 상승한다면, 예상 수익률은 약 13.2%로 약 6.8%p 하락하게 된다. 이처럼 민감도 분석은 특정 핵심 변수의 변화가 사업의 수익성 지표에 얼마나 큰 영향을 미치는지 정량적으로 보여준다. 이를 통해 개발자는 어떤 변동 요인에 대해 집중적으로 관리해야 하는지 판단하고, 다양한 시나리오에 대한 대비를 할 수 있게 된다.

Ⅱ 확률 기반 시뮬레이션 (Probabilistic Simulation)

1. 가상 수치 예제:

한 아파트 개발 사업의 사업성을 평가하고자 한다. 주요 불확실성 요인으로 '평균 분양가'와 '초기 분양률'을 선정하고, 각 변수의 확률 분포를 다음과 같이 가정한다.

• 평균 분양가: 최저 4억 원, 최빈값(가장 발생 확률 높은 값) 5억 원, 최고 7억 원 (삼각분포)
• 초기 분양률 (첫 6개월): 최저 60%, 최빈값 75%, 최고 95% (삼각분포)

기타 비용 및 총 세대수 등 다른 조건들은 확정된 값으로 가정한다.

2. 풀이:

AI는 몬테카를로 시뮬레이션 기법을 활용하여 위에서 정의된 각 변수의 확률 분포에 따라 무작위로 값을 수천 회 (예: 10,000회) 추출한다. 이렇게 생성된 각 시나리오 조합(예: 1회차: 평균 분양가 4.8억, 초기 분양률 70%; 2회차: 평균 분양가 5.5억, 초기 분양률 80%, ...)에 대해 각각 예상 순이익을 계산한다.

시뮬레이션을 10,000회 반복 실행한 결과, 예상 순이익에 대한 다음과 같은 통계적 결과가 도출되었다고 가정한다.

• 평균 예상 순이익: 150억 원
• 예상 순이익이 100억 원에서 200억 원 사이에 분포할 확률: 80%
• 예상 순이익이 50억 원 미만(잠재적 손실 포함)으로 발생할 확률: 5%
• 사업 목표 순이익인 120억 원 이상을 달성할 확률: 70%

3. 해설:

확률 기반 시뮬레이션은 단일 예측치가 아닌, 가능한 사업 결과의 전체 범위와 각 결과의 발생 가능성을 확률적으로 제시한다. 위 예시에서는 사업의 평균적인 기대 순이익은 150억 원이며, 80%의 높은 확률로 순이익이 100억 원에서 200억 원 사이가 될 것으로 예측된다.

또한, 목표 순이익 120억 원 이상을 달성할 확률이 70%로 나타나 사업 추진의 긍정적 근거가 될 수 있다. 반면, 5% 확률로 순이익이 50억 원 미만이 될 수 있다는 리스크도 정량적으로 파악되어, 이에 대한 사전 대비책 마련의 필요성을 시사한다. 이처럼 불확실성을 고려한 의사결정을 지원하는 것이 확률 기반 시뮬레이션의 핵심 역할이다.

Ⅲ ▶▶ 최적화 기반 시뮬레이션 (Optimization-driven)

1. 가상 수치 예제:

총 200세대의 아파트 단지를 개발하는 프로젝트에서, 사업의 목표는 '총 분양수입 극대화'이다. 공급 가능한 주택 평형은 A타입(25평형)과 B타입(34평형) 두 가지이다. 각 타입별 조건은 다음과 같다.

- A타입(25평형): 세대당 예상 분양가 5억 원, 최대 공급 가능 세대수 100세대, 최소 공급 필수 세대수 50세대.
- B타입(34평형): 세대당 예상 분양가 8억 원, 최대 공급 가능 세대수 150세대.

2. 풀이:

AI 기반 최적화 시뮬레이션은 주어진 목표(총 분양수입 극대화)와 제약 조건(총 세대수, 타입별 공급 가능 세대수 및 최소 공급 조건 등)을 만족하면서 최적의 해를 탐색한다. A타입 세대수를 x, B타입 세대수를 y라고 할 때, 수학적으로는 다음과 같이 표현될 수 있다.

- **목표 함수 (Maximize):** 총 분양수입 $S=5x+8y$
- **제약 조건:**
  1. $x+y=200$ (총 세대수 제약)
  2. $50 \leq x \leq 100$ (A타입 공급 조건)
  3. $0 \leq y \leq 150$ (B타입 공급 조건)

AI 알고리즘(예: 선형 계획법 또는 유전 알고리즘 등)이 이러한 조건들을 바탕으로 시뮬레이션을 수행하여 최적의 x와 y 값을 찾는다.

여러 가능한 조합을 시뮬레이션 한 결과, AI가 도출한 최적의 평형 구성은 다음과 같다고 가정한다.

- A타입(25평형) 공급 세대수(x): 50세대
- B타입(34평형) 공급 세대수(y): 150세대

이 경우, 예상되는 최대 총 분양수입은 S=(5억 원×50)+(8억 원×150)=250억 원+1200억 원=1450억 원이 된다. (만약 A타입을 최대로 공급하는 경우, 즉 x=100, y=100이면, S=(5×100)+(8×100)=500+800=1300억 원으로 위보다 낮다.)

3. 해설:

최적화 기반 시뮬레이션은 단순히 여러 시나리오의 결과를 보여주는 것을 넘어, 설정된 목표(여기서는 총 분양수입 극대화)를 가장 효과적으로 달성할 수 있는 구체적인 실행 방안(여기서는 평형별 최적 세대수 조합)을 능동적으로 제시한다. 위 예시에서는 주어진 시장 조건과 내부 제약 하에서 A타입 50세대, B타입 150세대로 구성할 때 총 분양수입이 최대화됨을 보여준다. 이를 통해 개발자는 데이터에 기반하여 가장 수익성이 높은 상품 구성 전략을 수립하고, 자원 배분의 효율성을 높일 수 있다.

4 AI 기반 설계 단계(기본설계 및 실시설계)

4.1 설계단계: AI기반 기본설계 및 실시설계

AI 기술은 아파트 단지 개발의 설계 프로세스 전반에 걸쳐 효율성 증대, 디자인 최적화, 오류 감소 등 다양한 방식으로 기여할 수 있다. AI 기반 설계 프로세스는 크게 기본설계 프로세스와 실시설계 프로세스로 구분되며, 각 단계별 AI의 역할과 주요 활동은 다음과 같이 정리될 수 있다.

AI & Automation in Architecture: The Future of Design, https://www.bp-3.com/blog

4.1.1 설계단계: AI 기반 기본설계 프로세스

기본설계 단계는 사업의 초기 구상을 구체적인 건축 계획으로 발전시키는 과정으로, AI는 데이터 분석, 대안 생성 및 평가, 최적 안 도출 등에서 핵심적인 역할을 수행한다.

■ 기본설계 단계 AI 역할 및 주요 활동

기본설계 단계	AI 역할 및 주요 활동
1. 프로젝트 조건 분석 및 목표 설정	- AI는 빅데이터 분석을 통해 사업 부지의 지형, 기후, 일조, 조망, 소음, 주변 교통망 등 물리적 환경 조건과 관련 법규, 지구단위계획 등의 규제 조건을 종합적으로 분석한다. - 또한, 시장 수요 트렌드, 소비자 선호도 데이터, 유사 프로젝트 사례 등을 분석하여 사업의 주요 타겟층 및 개발 콘셉트 설정을 지원하고, 이를 바탕으로 에너지 효율, 친환경성, 경제성 등 구체적인 설계 목표 수립에 필요한 기초 데이터를 제공한다. - 이를 통해 객관적 데이터에 기반한 최적의 개발 방향성과 설계 주안점을 도출하도록 지원한다.
2. 계획설계 및 대안 생성	- AI 기반 생성형 디자인(Generative Design) 알고리즘은 설정된 설계 목표와 제약 조건(예: 용적률, 건폐율, 세대수, 주차대수, 일조시간 확보 등) 하에서 다양한 건물 배치안, 주동 형태, 단위세대 평면 조합, 동선 계획 등을 자동으로 생성한다. - 설계자는 AI가 생성한 수많은 초기 디자인 대안들을 탐색하며 창의적인 아이디어를 발굴하고, 정형화된 패턴에서 벗어난 새로운 가능성을 모색할 수 있다. - AI는 초기 단계부터 다양한 설계 변수를 동시에 고려하여 최적화된 대안 탐색 범위를 제시한다.
3. 대안 평가 및 기본설계안 선정	- 생성된 다양한 설계 대안에 대해 AI는 다각적인 시뮬레이션 및 분석을 수행한다. 예를 들어, 각 대안별 일조량, 조망권 확보율, 프라이버시 침해 정도, 보행 및 차량 동선 효율성, 에너지 성능, 예상 공사비 등을 자동으로 계산하고 정량적으로 비교 평가한다. - 이러한 평가 결과를 바탕으로 설계자는 데이터 기반의 합리적인 의사결정을 통해 최적의 기본 설계안을 선정할 수 있게 된다. - AI는 또한 선정된 안의 디자인 콘셉트를 유지하면서 법규 및 기술적 요구사항을 만족시키는 방향으로 설계안을 미세 조정하는 역할을 보조한다.
4. 기본 설계 구체화 및 시각화	- 선정된 기본 설계안을 바탕으로 AI는 평면, 입면, 단면 계획을 구체화하는 작업을 지원한다. - BIM(Building Information Modeling) 도구와 연동되어 3차원 모델링 데이터의 자동 생성 및 수정을 돕고, 다양한 시각화 자료(투시도, 조감도, VR/AR 콘텐츠 등)를 신속하게 제작하여 설계안에 대한 이해도를 높인다. - 또한, 주요 구조 시스템, 설비 시스템(냉난방, 환기 등), 주요 마감재 선택에 있어서도 과거 데이터 및 성능 분석을 기반으로 적합한 옵션을 추천하여 설계의 완성도를 높이는 데 기여한다.

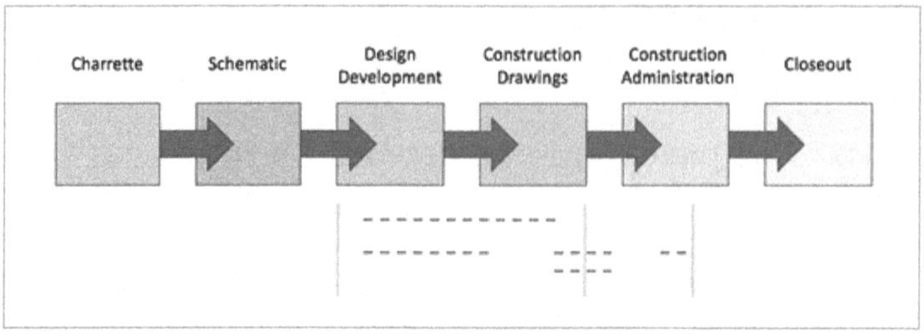

https://www.dwellion.in/chennai/various-phases-of-AI powered architectural-services-you-should-know

4.1.2 설계단계: AI 기반 실시설계 프로세스

실시설계 단계는 기본설계안을 바탕으로 실제 시공이 가능하도록 매우 상세한 도면과 사양을 확정하는 과정이다. AI는 도면 작업의 자동화, 오류 검토, 공사비 정밀 산출 등에서 효율성을 극대화한다.

■ **실시설계 단계 별 AI 역할 및 주요 활동**

실시설계 단계	AI 역할 및 주요 활동
1. 세부 설계 및 도면화 자동화	- AI는 BIM 모델을 기반으로 건축, 구조, 기계, 전기, 통신, 소방 등 각 공종 별 상세 도면(평면도, 입면도, 단면도, 각종 상세도 등) 및 시방서 작성을 자동화하거나 보조한다. - 표준화된 라이브러리, 과거 프로젝트 데이터, 설계 규칙 등을 학습하여 반복적이고 정형화된 도면 작업을 자동으로 처리하며, 설계 변경 사항 발생 시 관련 도서에 일관성 있게 수정 내용을 반영한다. - 이를 통해 설계자의 단순 작업 부담을 경감시키고, 도면의 품질과 정확성을 향상시킨다.
2. 공법, 자재 선정 및 최적화	- AI는 다양한 시공 공법 및 건축 자재에 대한 데이터(성능, 단가, 친환경성, 시공성, 유지관리 용이성 등)를 분석하여, 프로젝트의 특성과 예산 제약 조건에 맞는 최적의 공법 및 자재 조합을 추천한다. - 과거 시공 사례 및 자재 관련 빅데이터를 분석하여 특정 자재 사용 시 발생할 수 있는 잠재적 하자나 시공 문제점을 사전에 예측하고, 이를 회피할 수 있는 대안 자재 및 공법 선택을 지원하여 시공 품질을 높이고 리스크를 감소시킨다.
3. 시공성 및 법규 검토 자동화	- AI는 BIM 모델과 설계 도서를 분석하여 시공 과정에서 발생할 수 있는 공종 간 간섭(Clash Detection), 설계 오류, 누락 사항, 시공 난이도 등을 자동으로 검토하고 관련 리포트를 생성한다. - 또한, 건축법, 소방법, 주차장법 등 관련 법규 및 각종 기술 기준에 대한 적합성 여부를 자동으로 스크리닝하여 설계 단계에서 오류를 사전에 수정함으로써 재설계 비용과 시간을 절감하고, 인허가 과정을 원활하게 진행하도록 지원한다.

4. 공사비 산출 및 공정 계획 지원	- AI는 BIM 모델에서 각 공종 별 물량을 자동으로 정밀하게 산출(Automated Quantity Take-off)하고, 실시간 시장 단가 정보 및 과거 유사 프로젝트의 비용 데이터를 반영하여 상세 공사비를 신속하고 정확하게 예측한다. - 또한, 시공 순서, 작업 기간, 자원 투입 계획 등을 고려하여 AI 기반 시뮬레이션을 통해 현실적인 공사 기간을 예측하고, 최적화된 공정 계획(Work Breakdown Structure, Critical Path Method 등) 수립을 지원하여 프로젝트 관리의 효율성을 높인다.
5. 최종 설계도서 및 인허가 준비	- AI는 최종적으로 확정된 모든 설계 도서(도면, 시방서, 계산서, 내역서 등)의 정합성을 최종 검토하고, 인허가 제출용 도서 목록 및 형식 요건을 자동으로 확인하여 준비 과정을 지원한다. - 디지털 트윈(Digital Twin) 구축을 위한 기초 데이터를 생성하고, 향후 유지관리 단계에서 활용될 수 있는 정보 모델을 구축하는 데에도 기여한다.

Spacemaker Proposes AI-Powered Generative Design to Create More Sustainable Spaces and Cities
https://www.archdaily.com

4.2 설계 단계: 데이터 수집, 전처리, 정제 및 처리 과정

AI 기술을 아파트 단지 개발 설계 프로세스에 효과적으로 적용하기 위해서는 각 단계별로 필요한 데이터를 체계적으로 수집하고, AI가 이해하고 활용할 수 있도록 전처리, 정제 및 처리하는 과정이 필수적이다. 다음은 AI 기반 기본설계 및 실시설계 프로세스의 각 단계별 데이터 관련 과정을 해설한 것이다.

4.2.1 기본 설계 단계: AI 기반 기본설계 프로세스 데이터 활용

기본설계 단계에서는 광범위한 데이터 분석을 통해 프로젝트의 방향성을 설정하고, 다양한 디자인 대안을 생성 및 평가하여 최적의 설계안을 도출하는 데 AI가 활용된다.

■ **기본설계 단계에서 데이터 수집, 데이터 전처리, 정제 및 처리과정**

기본설계 단계	데이터 수집	데이터 전처리, 정제 및 처리 과정 (AI 활용을 위한 준비 및 실제 사용)
1. 프로젝트 조건 분석 및 목표 설정	- 공공 데이터: 국토교통부, 지자체 등에서 제공하는 법규(건축법, 도시계획 조례 등), 지형도(DEM), 토지이용계획, 공시지가 데이터 등을 수집한다. - GIS 데이터: 지리정보시스템을 통해 사업 부지의 위치, 경계, 주변 시설(교통, 교육, 편의시설) 등의 공간 정보를 수집한다. - 환경 데이터: 기상청의 기후 데이터(일조량, 강수량, 풍향/풍속), 소음 측정 데이터, 대기질 정보 등을 수집한다. - 시장 데이터: 부동산 플랫폼, 시장 조사 보고서, 뉴스 기사 등에서 관련 지역의 아파트 시세, 분양가, 청약 경쟁률, 미분양 현황, 인구 통계 및 소비자 선호도(설문조사, 소셜미디어 분석) 데이터를 수집한다. - 과거 프로젝트 데이터: 유사 규모 및 조건의 과거 아파트 개발 프로젝트 데이터(설계도면, 사업성 분석 결과, 민원 발생 현황 등)를 내부 DB 또는 외부 자료에서 수집한다.	- 데이터 통합 및 정제: 수집된 다양한 형태(정형, 비정형, 공간)의 데이터를 통합하고, 포맷을 표준화한다. 결측치는 통계적 방법(평균, 최빈값 대체) 또는 머신 러닝 기반 예측 모델을 활용하여 보간 하고, 분석에 오류를 유발할 수 있는 이상치(Outlier)를 탐지하여 제거하거나 수정한다. - 텍스트 데이터 전처리: 법규, 시장 보고서, 소셜 미디어 등의 텍스트 데이터는 자연어 처리(NLP) 기술을 활용하여 토큰화, 형태소 분석, 개체 명 인식(NER) 등을 수행하고, AI가 분석 가능한 벡터 형태로 변환(워드 임베딩 등)한다. - 공간 데이터 전처리: GIS 데이터는 좌표계를 통일하고, 공간 연산(중첩 분석, 버퍼링)을 위한 위상 관계를 정립한다. 위성사진이나 항공사진은 객체 탐지(Object Detection) 모델을 활용하여 건물, 도로, 녹지 등을 자동으로 식별하고 레이어 화한다. - 데이터 처리 및 분석: 정제된 데이터를 기반으로 AI는 사업 부지의 일조량, 조망권, 소음 영향, 접근성 등을 시뮬레이션하고, 법규 검토 자동화를 통해 개발 가능 규모를 예측한다. 시장 수요 예측 모델, 소비자 선호도 분석 모델 등을 통해 개발 콘셉트 및 목표 설정에 필요한 정량적 근거를 제시한다.

2. 계획설계 및 대안 생성	- 설계 지식베이스: 표준 상세도, 건축 모듈, 디자인 패턴, 유닛 평면 라이브러리 등 구조화된 설계 지식을 수집한다. - 건축 자재 DB: 다양한 건축 자재의 성능(단열, 차음, 친환경 등급), 단가, 이미지, 규격 등의 정보를 수집한다. - 사용자 요구사항 데이터: 설문조사, 인터뷰, 포커스 그룹 인터뷰(FGI) 등에서 수집된 정성적/정량적 사용자 요구사항 데이터를 확보한다. - 최신 디자인 트렌드 데이터: 건축 웹사이트, 디자인 저널, 소셜 미디어 등에서 최신 아파트 디자인 트렌드 관련 이미지 및 텍스트 데이터를 수집한다.	- 데이터 표준화 및 구조화: 다양한 출처의 설계 지식 및 자재 정보를 표준화된 포맷(BIM 라이브러리, 파라메트릭 객체 등)으로 변환하고, 속성 정보를 정형화 하여 AI가 쉽게 접근하고 활용할 수 있도록 데이터베이스를 구축한다. - 이미지 데이터 전처리: 디자인 트렌드 이미지 데이터는 이미지 분할(Image Segmentation), 특징 추출(Feature Extraction) 등의 컴퓨터 비전 기술을 통해 주요 디자인 요소(색상, 형태, 질감 등)를 AI가 인식 가능한 형태로 변환한다. GAN(생성적 적대 신경망) 등의 모델 학습을 위한 데이터셋을 구축한다. - 데이터 처리 및 활용: AI 생성형 디자인(Generative Design) 알고리즘은 정제된 설계 지식, 자재 정보, 사용자 요구사항, 법규 제약조건 등을 입력 받아 다양한 배치 안, 주동 형태, 평면 조합을 자동으로 생성한다. 이때 파라메트릭 모델링 기법이 활용되어 변수 조정을 통한 실시간 대안 생성이 가능하도록 한다.
3. 대안 평가 및 기본 설계안 선정	- 생성된 대안별 시뮬레이션 입력 데이터: 각 설계 대안의 3D 모델 정보, 자재 물성치, 창호 성능 등을 에너지 시뮬레이션, 구조 해석, 일조/조망 시뮬레이션 등의 입력 값으로 준비한다. - 전문가 평가 데이터: 설계자, 사업주 등 전문가 집단의 설계 대안별 선호도, 가중치, 평가 의견 데이터를 수집한다(필요시 정성적 데이터를 정량화). - 과거 프로젝트 성과 데이터: 유사 설계가 적용되었던 과거 프로젝트의 실제 공사비, 분양률, 입주 후 만족도, 하자 발생률 등의 성과 데이터를 수집한다.	- 시뮬레이션 결과 정규화: 각 대안별 다양한 시뮬레이션 결과(예: 연간 에너지 사용량, 최대 변위 값, 일조 확보 세대 비율 등)를 표준화된 점수 체계로 변환하거나 정규화 하여 상호 비교가 용이하도록 한다. - 정성적 데이터 정량화: 전문가의 평가 의견이나 사용자 피드백과 같은 정성적 데이터는 감성 분석(Sentiment Analysis), 키워드 추출 등을 통해 정량적 지표로 변환한다. - 데이터 처리 및 활용: AI는 다 기준 의사결정 모델(MCDM, 예: AHP, TOPSIS)이나 머신 러닝 기반 예측 모델을 활용하여, 정량화된 시뮬레이션 결과, 전문가 평가, 과거 성과 데이터 등을 종합적으로 분석한다. 이를 통해 각 대안의 장단점을 객관적으로 비교하고, 프로젝트 목표에 가장 부합하는 최적의 기본 설계안을 추천하거나 순위를 제시한다.

4. 기본 설계 구체화 및 시각화	- 확정된 설계안의 BIM 모델 데이터: 선정된 기본 설계안의 3차원 형상 정보, 객체 속성 정보, 공간 관계 정보 등이 포함된 BIM 데이터를 확보한다. - 상세 자재 라이브러리: 기본 설계에 사용될 주요 마감재, 창호, 위생도기 등의 상세 스펙, 질감(텍스처), 색상 정보가 포함된 디지털 라이브러리를 수집한다. - 3D 렌더링 프리셋 및 환경 정보: 고품질 시각화를 위한 조명 설정, 카메라 뷰, 배경 환경(하늘, 주변 건물 모델 등) 프리셋 및 데이터를 준비한다. - 가구/조경 라이브러리: 실내외 공간 연출을 위한 가구, 조경 요소(수목, 시설물)의 3D 모델 라이브러리를 수집한다.	- BIM 데이터 정제 및 변환: BIM 모델에서 불필요한 정보를 제거하고, 시각화 소프트웨어 및 VR/AR 플랫폼과의 호환성을 위해 파일 포맷을 변환하거나 최적화한다. 객체 표면의 재질(Material) 정보를 정확하게 매핑한다. - 라이브러리 표준화: 다양한 형식의 자재, 가구, 조경 라이브러리를 표준화된 형식으로 통합 관리하고, 검색 및 적용이 용이하도록 메타데이터를 부여한다. - 데이터 처리 및 활용: AI는 BIM 모델과 라이브러리 데이터를 활용하여 고품질 투시도, 조감도, 실내 아이소메트릭 뷰 등을 자동으로 생성하거나 렌더링 시간을 단축한다(예: AI 기반 노이즈 제거). 실시간 렌더링 엔진과 연동하여 사용자와의 인터랙션을 통해 설계안을 즉각적으로 수정하고 시각화 결과에 반영하며, VR/AR 환경을 구축하여 몰입형 설계 검토를 지원한다.

4.2.2 실시설계 단계: AI 기반 실시설계 프로세스 데이터 활용

실시설계 단계에서는 기본설계안을 바탕으로 시공 가능한 수준의 상세 도면을 작성하고, 공사비 산출, 공정 계획 등을 수립하는 데 AI가 활용된다. 데이터의 정확성과 일관성이 매우 중요하다.

■ 실시설계 단계에서 데이터 수집, 데이터 전처리, 정제 및 처리과정

실시설계 단계	데이터 수집	데이터 전처리, 정제 및 처리 과정 (AI 활용을 위한 준비 및 실제 사용)
세부 설계 및 도면화 자동화	- 확정된 기본설계 BIM 모델: 상세 설계의 기준이 되는 기본설계 단계의 BIM 모델을 수집한다. - 분야별 설계 기준 및 표준: 건축, 구조, 기계, 전기, 소방 등 각 공종별 법적 설계 기준, 기술 표준, 표준 시방서, 표준 상세도 라이브러리(국토부 제공 등)를 수집한다. - 과거 프로젝트 실시설계 데이터: 유사 프로젝트의 상세 도면(CAD, BIM), 시방서, 계산서 등을 학습 데이터로 수집한다. - 제조업체 카탈로그 및 BIM 객체: 실제 사용될 자재, 장비, 부품 등의 상세 스펙, 규격, 3D 모델(BIM 객체)을 제조업체로부터 수집한다.	- BIM 모델 상세화 및 정합성 검토: 기본설계 BIM 모델에 공종 별 상세 정보를 추가하고, 객체 간의 관계 및 속성 정보의 누락이나 오류를 점검하여 정제한다. 데이터 스키마를 정의하여 일관성을 확보한다. - 설계 규칙 정형화: 설계 기준 및 표준 시방서의 내용을 AI가 이해할 수 있는 논리적 규칙(Rule-based system)으로 변환하거나, 머신 러닝 모델이 학습할 수 있는 형태의 데이터셋으로 구축한다. - 데이터 처리 및 활용: AI는 정제된 BIM 모델과 설계 규칙, 학습된 패턴을 기반으로 각 공종별 상세 도면(배근도, 덕트/배관도, 전기 배선도 등)의 생성을 자동화하거나 지원한다. 제조업체 BIM 객체를 활용하여 라이브러리에서 적합한 부품을 자동으로 배치하고, 물량 산출의 기초 데이터를 생성한다. 설계 변경 발생 시 연관된 도면 및 문서에 자동으로 변경 사항을 전파하여 일관성을 유지한다.
공법, 자재 선정 및 최적화	- 건축 자재 통합 DB: 다양한 자재의 성능(구조, 단열, 내화, 차음 등), 환경 성능(탄소 배출량, VOC 함량, 재활용률), 비용(자재 단가, 설치비, 유지관리비), 가용성, 내구성, 디자인 옵션 등의 데이터를 종합적으로 수집한다. - 시공 공법 DB: 각 공법별 시공 난이도, 공기, 비용, 필요 장비, 숙련도, 안전성, 과거 적용 시 하자 발생률 등의 데이터를 수집한다. - 공급망 데이터: 주요 자재의 시장 가격 변동 추이, 공급 업체 정보, 리드타임, 운송 비용 등의 데이터를 수집한다. - 친환경 건축 인증 기준 데이터: LEED, G-SEED 등 국내외 친환경 건축 인증 제도의 평가 항목 및 배점 기준 데이터를 수집한다.	- 데이터 정규화 및 가중치 설정: 다양한 단위와 스케일을 가진 자재 및 공법 데이터를 정규화하여 비교 가능하도록 한다. 프로젝트 목표(비용 절감, 공기 단축, 친환경 등급 향상 등)에 따라 각 평가 항목별 가중치를 설정할 수 있도록 데이터를 준비한다. - 데이터베이스 구축 및 연동: 수집된 정보를 구조화된 데이터베이스로 구축하고, 실시간 시장 데이터와 연동하여 최신성을 유지한다. - 데이터 처리 및 활용: AI는 최적화 알고리즘(유전 알고리즘, 의사결정 트리, 강화 학습 등)을 활용하여, 설정된 예산, 공기, 품질, 친환경 목표 등의 다중 제약조건 하에서 최적의 자재 및 공법 조합을 탐색하고 추천한다. 각 조합에 대한 총생애주기비용(LCC), 탄소 배출량 등을 예측하여 의사결정을 지원한다.

시공성 및 법규 검토 자동화	- 통합 BIM 모델(Federated Model): 건축, 구조, MEP(기계, 전기, 배관) 등 모든 공종의 실시설계 BIM 모델을 통합한 모델을 준비한다. - 법규 원문 및 해설 데이터: 건축법, 소방법, 주차장법, 장애인 편의증진법 등 관련 법규의 원문 및 공식 해설, 판례, 질의회신 사례 등을 텍스트 형태로 수집한다. - 시공 표준 시방서 및 안전 규정: 각 공종별 표준 시방서, 산업안전보건법 등 안전 관련 규정 데이터를 수집한다. - 과거 프로젝트 오류 데이터: 유사 프로젝트에서 발생했던 설계 오류, 시공 중 설계 변경 요청(RFI), 하자 발생 사례 등의 데이터를 수집한다.	- 법규 데이터 구조화: 텍스트 형태의 법규 및 규정 데이터를 NLP 기술을 통해 조항별로 분해하고, 컴퓨터가 이해 가능한 조건-결과 형태의 논리 규칙으로 변환(Rule-based system 구축)하거나, 법규 위반/준수 사례를 태깅하여 머신 러닝 모델 학습용 데이터셋으로 구축한다. - BIM 모델 객체 분석: 통합 BIM 모델을 구성하는 각 객체의 형상 정보, 공간 관계, 속성 정보(재질, 용도 등)를 정밀하게 추출하고 분석한다. - 데이터 처리 및 활용: AI는 자동화된 규칙 검사(Automated Rule Checking) 시스템을 통해 BIM 모델이 법규 및 설계 기준을 준수하는지 실시간으로 검토한다. 공종 간 간섭(Clash Detection)을 3차원적으로 탐지하고, 시공 순서 및 작업 공간 확보의 어려움 등 시공성 문제를 사전에 예측한다. 과거 오류 데이터를 학습한 머신러닝 모델은 잠재적인 설계 결함이나 누락 사항을 탐지하고 경고한다. 검토 결과는 보고서 형태로 자동 생성된다.
공사비 산출 및 공정 계획 지원	- 확정된 실시설계 BIM 모델: 정확한 형상 및 속성 정보를 포함하여 물량 산출의 기준이 되는 최종 BIM 모델을 확보한다. - 단가 데이터베이스: 자재 시장의 실시간 단가 정보, 표준품셈에 기반한 노임 단가, 건설 장비 사용료, 간접비 비율 등 비용 산정에 필요한 데이터를 수집한다. - 유사 프로젝트 공사 데이터: 과거 유사 프로젝트의 공사비 내역서, 공정표(예정 및 실적), 자원 투입 현황, 생산성 데이터(작업 별 소요 시간) 등을 수집한다. - 협력업체 견적 데이터: 주요 공종에 대한 협력업체의 견적 데이터를 수집하여 비교 분석한다.	- BIM 연동 물량 자동 산출 및 정제: BIM 모델에서 각 객체별 수량, 면적, 체적 등의 물량을 자동으로 산출(Automated Quantity Take-Off)하고, 산출 기준에 따라 분류 및 집계한다. 중복 산출이나 누락을 방지하기 위해 데이터를 검증하고 정제한다. - 단가 데이터 표준화 및 연동: 다양한 출처의 단가 정보를 표준화된 코드로 분류하고, BIM 물량 정보와 자동으로 연동될 수 있도록 시스템을 구축한다. 시장 변동성을 반영하기 위해 단가 DB는 주기적으로 업데이트한다. - 데이터 처리 및 활용: AI는 BIM 기반 물량 정보와 연동된 단가 DB를 활용하여 공사비를 자동으로 정밀하게 산출하고, 공종별/항목별 내역서를 생성한다. 과거 프로젝트 데이터를 분석하여 공사 기간 및 비용을 예측(회귀 분석, 시계열 분석 등)하고, 주요 변동 요인을 식별한다. AI 기반 최적화 알고리즘은 자원 제약 조건(예산, 인력, 장비) 하에서 최단 공기 또는 최소 비용을 목표로 하는 최적의 공정 계획(PERT/CPM 등) 수립을 지원하고, 다양한 시나리오별 시뮬레이션을 통해 리스크를 관리한다.

최종 설계도서 및 인허가 준비	- 모든 최종 설계도서: 확정된 CAD 도면, BIM 모델, 시방서, 계산서, 내역서, 각종 보고서 등 프로젝트 관련 모든 문서를 디지털 형태로 수집한다. - 인허가 기관별 제출 서류 목록 및 양식: 해당 사업의 인허가를 담당하는 기관(지자체, 소방서 등)에서 요구하는 제출 서류 목록, 표준 양식, 파일 형식 규정 등을 수집한다. - 디지털 트윈 플랫폼 요구 데이터 사양: 향후 시설물 유지관리를 위한 디지털 트윈 플랫폼이 있다면, 해당 플랫폼에서 요구하는 데이터 스키마, 형식, 속성 정보 등의 사양을 확보한다.	- 데이터 포맷 표준화 및 검증: 다양한 포맷(DWG, RVT, IFC, PDF, DOCX, XLSX 등)의 최종 설계도서를 표준화된 형식으로 변환하거나 통합 관리한다. 문서 간의 참조 관계, 버전 정보, 최종 수정일 등을 명확히 기록하고 관리한다. 제출 전 누락된 정보나 형식 오류가 없는지 검증한다. - 메타데이터 생성 및 관리: 각 문서 및 데이터에 대한 설명, 출처, 중요도, 관련 법규 등의 메타데이터를 생성하고 체계적으로 관리하여 검색 및 활용 용이성을 높인다. - 데이터 처리 및 활용: AI는 인허가 기관별 제출 서류 목록을 기반으로 필요한 모든 문서가 준비되었는지 자동으로 확인하고, 지정된 양식 및 파일 형식에 맞게 데이터를 패키징하는 작업을 지원한다. 디지털 트윈 구축을 위해 BIM 모델 및 관련 데이터를 플랫폼 요구 사양에 맞게 정제하고 변환하는 과정을 자동화한다. 최종 설계도서의 변경 이력을 추적하고, 버전 관리를 통해 정보의 일관성과 무결성을 확보한다.

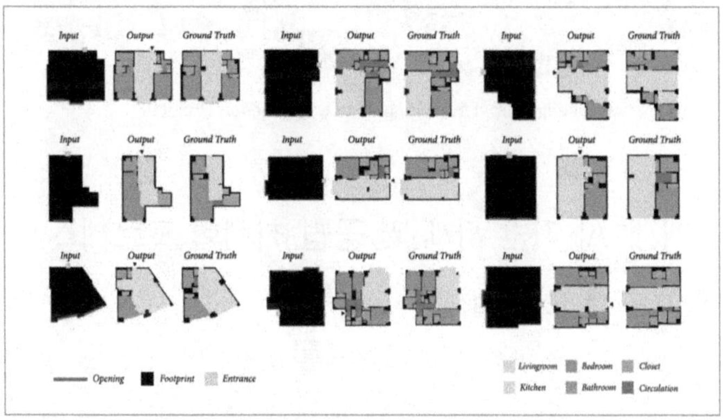

AI Generative Stack for Apartment Building Design, https://developer.nvidia.com

I ▶▶ 가상 예제: AI 기반 설계 단계: 최적 자재 및 공법조합 탐색 예시

AI는 최적화 알고리즘(예: 유전 알고리즘, 의사결정 트리, 강화 학습 등)을 활용하여 설정된 예산, 공사 기간(공기), 요구 품질, 친환경 목표 등을 동시에 고려하여 가장 효율적인 자재 및 공법 조합을 탐색하고 설계팀에 추천한다. 이는 과거 인간의 경험과 직관에 의존했던 방식보다 훨씬 광범위한 대안을 신속하게 비교 분석하여 객관적이고 데이터 기반의 의사결정을 가능하게 한다.

https://www.linkedin.com, Leveraging AI in Construction Projects

1. 가상 예제: AI 기반 자재 및 공법 최적화 프로세스

(1) 목표 및 다중 제약조건 설정:

- 개발 사업의 특성에 맞춰 최적화 목표를 설정한다. (예: 총 공사비 최소화, 에너지 효율 최대화, 탄소 배출량 최소화, 공기 최단축 등 복수 목표 설정 가능)
- 반드시 충족해야 하는 제약조건을 명확히 정의한다. (예: 총예산 상한선, 법규상 최소 품질 기준, 특정 친환경 인증 등급 달성, 최대 공사 기간 등)

(2) 데이터베이스 구축 및 AI 학습:

- AI는 방대한 자재 데이터베이스(종류별 단가, 성능(내구성, 단열성, 차음성 등), 친환경 등급, 수급 용이성, 예상 수명, 유지보수 비용 등)와 공법 데이터베이스(공법별 시공 단가, 필요 공기, 투입 인력 숙련도, 공정 간 호환성, 예상 하자율, 현장 적용 시 안전성 등)를 학습한다.
- 과거 유사 프로젝트의 설계, 시공, 하자, 비용, 공기 데이터를 학습하여 각 자재 및 공법 조합이 최종 결과물에 미치는 영향을 예측하는 모델을 구축한다.

(3) AI 최적화 알고리즘 적용 및 시뮬레이션:

- 설계팀이 초기 설계안 또는 주요 구성 요소를 입력하면, AI는 설정된 목표와 제약조건 내에서 수많은 자재 및 공법의 조합 시나리오를 생성하고 시뮬레이션한다.
- 예를 들어, 유전 알고리즘을 활용하는 경우:
  - ㅁ 다양한 자재와 공법의 조합을 하나의 '유전자(chromosome)'로 표현한다.
  - ㅁ 초기 '유전자 세대(population)'를 무작위 또는 경험 기반으로 생성한다.
  - ㅁ 각 '유전자(조합)'를 평가 함수(목표 및 제약조건 기반)를 통해 '적합도(fitness)'를 계산한다.
  - ㅁ 적합도가 높은 유전자들을 선택(selection), 교차(crossover), 변이(mutation)시켜 다음 세대의 우수한 조합들을 생성해 나간다.
  - ㅁ 이 과정을 반복하여 최적해 또는 만족스러운 다수의 해를 탐색한다.

(4) 최적 조합 탐색 및 추천:

- AI는 시뮬레이션 결과를 바탕으로 제약조건을 모두 만족시키면서 설정된 목표를 가장 효과적으로 달성할 수 있는 상위 자재 및 공법 조합들을 순위화하여 제시한다.
- 각 추천 조합에 대한 예상 총비용, 공기, 품질 지수, 친환경 점수 등 정량적 지표와 함께 장단점을 시각화하여 제공한다.

"AI 활용해 집 지어요" 업계 통념 깬 젊은 건축가들, https://realty.chosun.com/site/data

2. 가상 예제: "그린-밸류 아파트(Green-Value Apartment)" 설계 최적화

- 프로젝트 개요: 500세대 규모 중형 아파트 단지, 친환경 주택 성능 향상 및 합리적 공사비 달성 목표.
- 주요 최적화 목표:
  1. 총 공사비 (Cost) 최소화
  2. 에너지 효율 등급 (Energy Efficiency Grade) 최상위 달성 (1++ 등급 목표)
  3. 탄소 배출량 (Carbon Footprint) 최소화
- 주요 제약조건 (가상 수치):
  - □ 총 공사비 상한: 800억원
  - □ 총 공기 상한: 24개월
  - □ 구조 안전성 점수: 90점 이상 (100점 만점, AI 평가)
  - □ 입주자 만족도 예상 점수 (내구성, 차음성 등 고려): 85점 이상 (100점 만점, AI 평가)

1) AI 분석 대상 주요 구성요소 및 옵션

구성요소	옵션	예상 비용 지수 (1-10)	예상 공기 영향 (일)	에너지 효율 기여도 (1-10)	탄소 배출 지수 (1-10, 낮을수록 좋음)
1. 외벽 단열 시스템	A1: 외단열 (고성능 페놀폼)	8	+15	9	3
	A2: 내단열 (준불연 글라스울)	5	0	7	5
	A3: 중단열 (일반 EPS)	3	-10	5	7
2. 창호 시스템	B1: PVC 삼중 로이유리 (아르곤 가스)	9	+5	10	4
	B2: 알루미늄 이중 로이유리	7	0	8	6
	B3: PVC 이중창 (일반)	4	-5	6	8
3. 주요 구조 공법	C1: 전통적 RC(철근콘크리트) 공법	6	0	5 (보통)	7
	C2: 모듈러 공법 (공장 제작 후 현장 조립)	9	-60	7 (기밀성 우수)	5
	C3: PC(프리캐스트 콘크리트) 공법	7	-30	6	6
4. 신재생에너지	D1: 태양광 패널 (지붕 면적의 50% 설치)	7	+10	8	2
	D2: 지열 시스템 (세대 난방 일부 담당)	9	+20	9	3
	D3: 적용 안 함	1	0	1	10

2) AI 최적화 알고리즘 시뮬레이션 및 추천 결과

AI는 위와 같은 수백 가지 자재 및 공법 옵션들의 수십만 가지 조합을 생성하고, 각 조합에 대해 총 공사비, 에너지 효율 등급 달성 여부, 탄소 배출량, 공기, 구조 안전성, 입주자 만족도 등을 예측한다. 제약조건을 만족하는 조합들 중에서 최적화 목표를 가장 잘 달성하는 상위 조합들을 다음과 같이 추천한다.

추천 조합	외벽 단열	창호 시스템	구조 공법	신재생 에너지	예상 총 공사비 (억원)	에너지 효율 등급	예상 탄소 배출량 (상대 지수)	예상 공기 (개월)	비고 (AI 코멘트)
조합 1 (균형형)	A1	B2 (알루미늄 이중로이)	C1 (RC 공법)	D1 (태양광 50%)	780	1++	4.5	23	예산 내에서 에너지 1++등급 달성 및 탄소 배출량 양호. 공기는 표준적. 가장 균형 잡힌 선택.
조합 2 (친환경 강조형)	A1	B1 (PVC 삼중로이)	C3 (PC 공법)	D2 (지열 시스템)	795	1++	3.2	22	탄소 배출량 최소화 및 에너지 효율 극대화. PC 공법으로 공기 단축 효과. 예산 상한 근접. 친환경 프리미엄 단지에 적합.
조합 3 (공기 단축/비용 절감형)	A2	B3 (PVC 이중 일반)	C2 (모듈러 공법)	D3 (미적용)	720	1+	7.8	18	공사비 최저 및 공기 최단축. 단, 에너지 효율 및 친환경 목표는 1++등급 미달. 빠른 사업 회전 또는 임대 목적 시 고려 가능. (단, 이 경우 친환경 목표 제약조건 위배 가능성 검토 필요)

(주: 에너지 효율 등급 및 탄소 배출량은 AI가 정교한 시뮬레이션을 통해 예측함)

3) 해설

AI가 제시한 위와 같은 추천 조합들은 각각의 장단점과 예상 성과를 명확히 보여준다.

- 설계팀은 이 정량적인 데이터를 바탕으로 프로젝트의 핵심 목표(예: 친환경성, 경제성, 사업 속도)에 가장 부합하는 조합을 선택할 수 있다.
- 예를 들어, '조합 2'는 초기 투자비는 다소 높지만 장기적으로 건물의 에너지 비용을 절감하고 친환경 이미지를 강화할 수 있다는 판단을 내릴 수 있다.
- 만약 모든 추천 조합이 만족스럽지 않다면, 제약조건을 일부 조정하거나 특정 자재/공법을 추가 탐색하도록 AI에 재 요청하여 더 나은 대안을 찾아볼 수 있다.
- AI는 각 조합에 사용된 자재의 수급 상황, 공법 적용 시 예상되는 기술적 어려움, 유지보수 용이성 등의 부가 정보도 함께 제공하여 종합적인 의사결정을 지원한다.

Artificial Intelligence (AI) in Construction, https://estimatingandbilling.in/ai-in-construction

4.3 설계 단계: 설계 단계에서 활용되는 AI 알고리즘의 역할

4.3.1 설계 단계: 생성형 디자인 (Generative Design):

AI 기반 아파트 단지 개발 프로세스에서 설계 단계는 생성형 디자인(Generative Design) 기술의 도입으로 혁신적인 변화를 맞이하고 있다. 생성형 디자인은 사용자가 정의한 설계 목표와 제약 조건에 따라 AI 알고리즘이 수많은 설계 대안을 자동으로 생성하고 평가하는 기술이다.

이를 통해 건축가는 초기 설계 단계에서 광범위한 디자인 탐색이 가능하며, 객관적 데이터에 기반한 최적의 설계안을 신속하게 도출할 수 있게 된다. 본고에서는 생성형 디자인의 개념을 바탕으로, 특히 '제약 조건 해결 및 최적화 기반 시스템'을 중심으로 가상 수치 예제를 통해 그 활용 방안과 효과를 구체적으로 풀이하고 해설하고자 한다.

아파트 단지 개발 프로세스의 설계 단계에서 AI는 생성형 디자인 기술을 활용하여 혁신을 가져온다. 이 생성형 디자인 기술은 설계 프로세스를 혁신하는 대표적인 AI 활용 사례이다. 사용자가 설계 목표(예: 최대 세대수 확보, 일조 시간 극대화, 에너지 효율 최적화)와 제약 조건(예: 건축 법규, 예산 한도, 부지 형태)을 입력하면, AI 알고리즘이 수백 개에서 수천 개의 다양한 설계 대안을 자동으로 생성하고 각 대안을 설정된 기준에 따라 평가한다.

4.3.1.1 설계 단계: 생성형 디자인의 개요 및 AI 알고리즘의 역할

(1) AI기반 생성형 디자인은 설계 목표와 건축 법규, 예산 한도, 부지 형태와 같은 제약 조건을 AI에 입력하면, 알고리즘이 이를 바탕으로 다양한 설계 대안을 생성한다.

생성형 디자인은 아파트 단지 설계 시 최대 세대 수 확보, 일조 시간 극대화, 에너지 효율 최적화 등의 설계 목표와 건축 법규, 예산 한도, 부지 형태와 같은 제약 조건을 AI에 입력하면, 알고리즘이 이를 바탕으로 다양한 설계 대안을 생성하고 각 대안을 평가하는 방식으로 진행된다. 건축가는 AI가 제시한 우수한 대안들을 기반으로 창의적 아이디어를 발전시켜 최종 설계를 완성한다. 이러한 과정은 설계 초기 단계의 디자인 탐색 범위를 확장하고, 데이터 기반의 신속한 의사결정을 가능하게 하여 설계 품질 향상 및 시간 단축에 기여한다.

도시설계가나 건축가는 AI가 제안한 우수한 대안들을 바탕으로 창의적인 아이디어를 발전시키고 최종 설계를 완성한다. 이를 통해 설계 초기 단계에서 탐색할 수 있는 디자인의 폭이 넓어지고, 객관적인 데이터에 기반한 최적의 설계안을 신속하게 도출할 수 있다.

(2) 프랑스 건축 회사 파트리아슈는 Autodesk Forma를 도입하여 초기 도시 계획 단계의 양적 연구 시간을 이틀에서 1시간 반으로 단축했다.

프랑스 건축 회사 파트리아슈는 Autodesk Forma를 도입하여 초기 도시 계획 단계의 양적 연구 시간을 이틀에서 1시간 반으로 단축했으며, 미국 오클랜드의 '더 피닉스' 프로젝트에서는 설계 시간을 2주에서 6시간으로 줄이는 성과를 거두었다.

(3) AI 기반 생성형 디자인 기술은 위와 같은 다양한 알고리즘 및 도구를 활용하여, 건축가가 입력한 목표와 제약 조건에 기반하여 수많은 설계 대안을 빠르게 탐색하고 평가한다

AI 기반 생성형 디자인 기술은 위와 같은 다양한 알고리즘 및 도구를 활용하여, 건축가가 입력한 목표와 제약 조건에 기반하여 수많은 설계 대안을 빠르게 탐색하고 평가한다. 이는 설계 초기 단계에서 인간의 창의적 사고를 보조하고, 데이터 기반의 객관적인 분석을 통해 최적의 설계안을 신속하게 도출함으로써 설계 품질을 향상시키고 소요 시간을 단축하는 데 핵심적인 역할을 수행한다.

■ 생성형 디자인 AI 알고리즘 및 도구의 유형별 목표, 기술, 역할, 장단점 및 활용 예시

생성형 디자인 AI 알고리즘/도구 유형	규칙 기반/매개변수적 생성 시스템	성능 기반 생성/평가 시스템	제약 조건 해결 및 최적화 기반 시스템
목표	사전에 정의된 규칙 및 변수 변화를 통해 다양한 설계 대안을 체계적으로 생성한다.	특정 설계 목표(일조량, 에너지 효율 등) 성능을 최대화하거나 최소화하는 디자인을 생성/평가한다.	복잡한 법규, 예산, 부지 형태 등 모든 제약 조건을 만족하면서 설계 목표를 최대화하는 최적의 설계 대안을 탐색한다.
기술	- 매개변수 모델링 소프트웨어/엔진, - 규칙 엔진, - 스크립팅 (Python 등), - 기하학 알고리즘	- 성능 시뮬레이션 엔진 (일조, 에너지, 구조, 동선 등), - 최적화 알고리즘 (유전 알고리즘 등), - 데이터 연동 기술	- 제약 만족 문제 해결기, - 최적화 알고리즘 (다양한 유형), - 규칙 엔진 (제약 조건 정의), - 데이터 통합
역할	- 건축가가 설정한 기본적인 디자인 원칙, - 공간 구성 규칙, - 형태적 제약을 기반으로 다양한 형태와 규모의 설계 옵션을 자동으로 생성한다. - 디자인 탐색의 출발점을 제공한다.	- 생성된 디자인 대안들이 설정된 성능 기준(예: 모든 세대의 최소 일조 시간 확보, - 에너지 효율 등급 달성)을 얼마나 잘 충족하는지 평가하고, 성능 지표 개선을 위한 디자인 변형 방향을 제시하거나 직접 성능이 우수한 대안을 생성한다.	- 건축 법규(용적률, 건폐율, 높이 제한 등), 부지 형태 및 지형, 예산 한도 등 다양한 물리적/법적/경제적 제약 조건을 모두 만족하는 설계 대안만을 생성하거나 필터링한다. - 동시에 최대 세대수, 최대 조망 확보 등 설계 목표를 달성하는 최적의 솔루션을 찾는다.
장점	- 정의된 규칙 내에서 방대한 수의 설계 대안을 빠르게 생성한다. 기본적인 디자인 제약을 준수하는 대안을 생성한다. - 다양한 변수의 조합에 따른 디자인 변화를 체계적으로 탐색한다.	- 디자인의 물리적/환경적 성능을 객관적인 데이터 기반으로 평가한다. - 추상적인 디자인 목표를 정량적인 성능 지표로 전환하여 검토한다. - 특정 성능 목표 달성에 최적화된 디자인 솔루션을 찾는 데 도움을 준다. - 친환경적이거나 기능적으로 우수한 설계 도출에 유리하다.	- 복잡하게 얽힌 다양한 제약 조건을 동시에 만족하는 설계 대안을 효율적으로 찾는다. - 설계 목표와 제약 조건 사이의 균형점을 찾는 데 유리하다. 현실적으로 실현 가능한 최적 또는 우수한 설계 대안을 도출한다. - 설계 초기 단계에서 법규 위반 등의 치명적인 오류를 사전 방지한다.

단점	- 인간이 설정한 규칙 및 매개변수의 범위 내에서만 생성이 가능하다. - 규칙이나 매개변수로 표현하기 어려운 창의적이거나 직관적 인 디자인 생성에는 한계가 있다. - 초기 모델 설정에 건축가의 전문성이 필요하다.	- 정확한 성능 시뮬레이션을 위해서는 신뢰할 수 있는 모델과 입력 데이터가 필요하다. - 다양한 성능 지표 간에 상충이 있을 수 있어 복합적인 최적화가 필요하다. - 시뮬레이션 및 최적화 계산에 시간이 소요될 수 있다. - 현실 세계의 복잡성을 시뮬레이션 모델이 완전히 반영하지 못할 수 있다.	- 모든 제약 조건과 설계 목표를 시스템이 이해할 수 있는 형태로 정확하게 정의하는 것이 어렵다. - 문제의 복잡성이 증가할수록 계산 시간이 기하급수적으로 늘어날 수 있다. - 최적해는 모델링된 제약 조건 및 목표에 기반하므로, 실제 설계 의도와 완벽히 일치하지 않을 수 있다.
활용 예시	- 부지 형태와 건폐율/용적률 제약 내에서 다양한 건물 매스 형태 및 층수 조합 대안 생성. - 아파트 유닛 타입별 내부 평면 구성을 표준화된 규칙에 따라 다양하게 생성. - 발코니 형태, 창호 패턴 등 외관 디자인 요소를 변수화하여 여러 시안 생성.	- 각 설계 대안의 일조 분석 시뮬레이션을 통해 법적/설계 기준 만족 여부 및 세대별 일조 시간 자동 산출. - 다양한 단지 배치 및 건물 형태에 따른 예상 에너지 소비량 예측 및 평가. - 주동 배치 및 조경 설계에 따른 동간 간섭 및 조망 성능 분석.	- 건축 법규 및 부지 형태 제약 하에 최대 세대수를 확보하는 최적의 건물 배치 및 매스 구성 자동 탐색. - 예산 한도 내에서 특정 수준 이상의 에너지 효율을 달성하는 건축 시스템 및 자재 조합 제안. - 불규칙한 형태의 부지에서 법규를 준수하며 최대한의 사업성을 확보하는 건물 배치 및 평면 계획 대안 생성.

https://www.aiarchitects.com/development#/sungbukdong-h-residence

4.3.1.2 설계 단계: 가상 예제: AI 기반 아파트 단지 개발 프로세스 설계 단계에서의 생성형 디자인 활용

생성형 디자인에 활용되는 AI 알고리즘 및 도구는 그 목표와 기술에 따라 여러 유형으로 분류될 수 있으며, 본고에서는 복잡한 제약 조건을 만족시키면서 설계 목표를 최적화하는 '제약 조건 해결 및 최적화 기반 시스템'에 초점을 맞춘다.

이 시스템은 제약 만족 문제 해결기(Constraint Satisfaction Problem Solver), 다양한 유형의 최적화 알고리즘, 제약 조건 정의를 위한 규칙 엔진, 데이터 통합 기술 등을 활용한다. 시스템의 주요 역할은 건축 법규, 부지 조건, 예산 등 다양한 제약 조건을 모두 만족하는 설계 대안만을 생성하거나 필터링하고, 동시에 설정된 설계 목표(예: 최대 세대 수)를 달성하는 최적의 솔루션을 탐색하는 것이다.

I ▶▶ 설계 단계 가상 예제: 가상 수치 예제를 통한 설계 단계에서 생성형 디자인 적용 및 풀이

다음은 '제약 조건 해결 및 최적화 기반 시스템'을 활용한 아파트 단지 설계 가상 예제이다.

1. 설계 목표 및 제약 조건 설정

- 부지 조건:
  - ㅁ부지 면적: 20,000 m2
  - ㅁ건폐율 한도: 30% (1층으로 건축 가능한 최대 바닥 면적: 20,000 m2×0.3=6,000m2)
  - ㅁ용적률 한도: 250% (건축 가능한 최대 연면적: 20,000 m2×2.5=50,000m2)
  - ㅁ최대 건축 높이: 60m (약 20층 규모, 층고 3m 가정 시)
  - ㅁ일조권 확보를 위한 최소 동 간 이격 거리: 건물 높이의 0.5배 이상 (H)

- **아파트 유닛 조건:**
  - ㅁ 평균 세대당 전용면적: 80 m2
  - ㅁ 세대당 주거공용면적 포함 총면적: 100 m2 (공급면적 기준)
- **설계 목표:** 법규 및 제약 조건 내에서 최대 세대 수 확보

2. 설계 단계 가상 예제: AI 기반 생성형 디자인 프로세스 (가상)

AI 알고리즘은 상기 입력된 목표와 제약 조건에 따라 다음과 같은 과정을 통해 최적의 설계 대안을 탐색한다.

- **변수 정의:** 건물 동 수, 각 동의 형태(판상형, 타워형 등), 배치, 층수, 세대 평면 조합 등을 주요 변수로 설정한다.
- **대안 생성:** 정의된 변수들을 조합하여 수많은 초기 설계 대안을 생성한다. 예를 들어, 동일한 건폐율 및 용적률 내에서도 낮은 층수의 건물을 여러 동 배치하는 안, 높은 층수의 건물을 적은 동 수로 배치하는 안 등 다양한 조합이 가능하다.
- **제약 조건 검증:** 생성된 각 대안이 건폐율, 용적률, 최대 높이, 동 간 이격 거리 등의 법규 및 제약 조건을 만족하는지 자동으로 검증한다. 만족하지 못하는 대안은 폐기하거나 수정한다.
- **설계 목표 평가:** 제약 조건을 만족하는 대안들에 대해 설계 목표(최대 세대 수)를 기준으로 평가한다. 각 대안별 총 연면적을 세대당 총면적으로 나누어 예상 세대수를 산출한다.
- **최적화 및 반복:** 평가 결과를 바탕으로 최적화 알고리즘(예: 유전 알고리즘, 시뮬레이티드 어닐링 등)을 사용하여 더 나은 대안을 탐색하는 과정을 반복한다. 이 과정에서 동 배치 변경, 층수 조절 등을 통해 세대수를 늘리면서도 제약 조건을 준수하는 방향으로 대안을 발전시킨다.

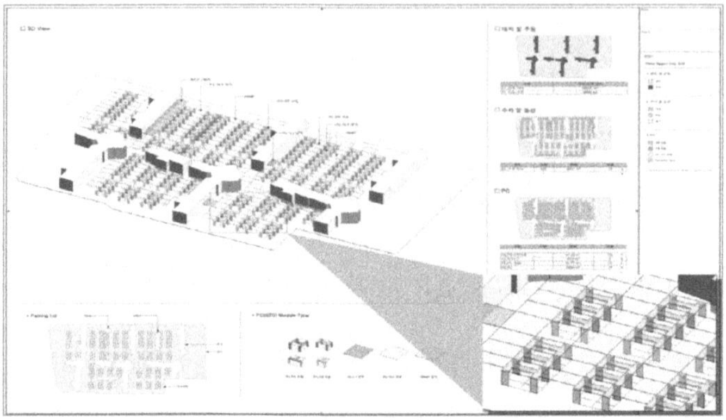

30분에 1000건 설계" DL이앤씨, AI 설계기술 특허출원 완료 - 매일경제
https://www.mk.co.kr/news/realestate/

3. 설계 단계 가상 예제: 생성형 디자인 프로세스 가상 수치 예제 풀이

AI가 탐색 과정에서 생성 및 평가할 수 있는 몇 가지 단순화된 대안과 그 결과를 살펴보면 다음과 같다. (실제 AI는 훨씬 더 많고 복잡한 변수를 고려하여 수천, 수만 개의 대안을 탐색한다.)

3.1 초기 입력값:

- 부지 면적 = 20,000 m2
- 건폐율 한도 = 30% → 최대 건축 바닥면적 = 6,000 m2
- 용적률 한도 = 250% → 최대 연면적 = 50,000 m2
- 세대당 평균 면적 = 100 m2
- 단순화를 위해 모든 동은 동일한 층수와 바닥 면적을 갖는다고 가정하고, 동간 거리는 AI가 자동으로 최적 배치한다고 가정한다.

3.2 AI의 대안 탐색 (예시):

대안 ID	동 수	각 동 바닥면적 (m2)	총 건축 바닥 면적 (m2) (건폐율)	층수	총 연면적 (m2) (용적률)	예상 세대 수 (세대)	제약 조건 충족 여부 (동 간 거리 등 고려)
A	5	1,200	6,000 (30%)	8	48,000 (240%)	480	충족 (가정)
B	4	1,500	6,000 (30%)	8	48,000 (240%)	480	충족 (가정, A보다 동 간격 유리)
C	5	1,000	5,000 (25%)	10	50,000 (250%)	500	충족 (가정)
D	6	833.3	5,000 (25%)	10	50,000 (250%)	500	충족(가정, C보다 동 배치/일조 불리 가능성)
E	4	1,250	5,000 (25%)	10	50,000 (250%)	500	충족 (가정, C,D보다 동 간격/개방감 유리)
F	3	1,666.7	5,000.1 (25.0005%, 건폐율 초과 가능성 확인 필요)	10	50,000.1 (250.0005%, 용적률 초과 가능성 확인 필요)	500	건폐율/용적률 미세 초과 가능성, 재검토 필요

3.3 분석:

- 대안 A와 B는 동일한 건폐율(30%)과 용적률(240%)을 가지며, 동일한 480세대를 확보한다. 하지만 동 수가 적은 B안이 동 간격이나 단지 내 개방감 확보에 유리할 수 있다. AI는 이러한 정성적 요소도 추가적인 평가 기준으로 설정 가능하다면 고려한다.
- 대안 C, D, E는 용적률 한도(250%)를 모두 활용하여 최대 500세대를 확보한다.
  - ▫C안(5개 동, 각 1,000 m2, 10층)과 D안(6개 동, 각 833.3 m2, 10층)은 동일 세대 수이지만, D안은 동 수가 많아 동 간격이나 일조 조건에서 불리할 수 있다.
  - ▫E안(4개 동, 각 1,250 m2, 10층)은 C, D안과 동일한 500세대를 확보하면서 동 수가 적어 단지 계획상 더 효율적인 배치가 가능할 수 있다.

- F안은 계산상 건폐율과 용적률을 미세하게 초과할 가능성이 있어, AI는 이를 감지하고 건축가에게 알리거나 자동으로 수정하는 과정을 거친다. 만약 미세 조정으로 해결 가능하다면 500세대를 유지할 수 있다.

3.4 최적안 도출:

AI는 위와 같은 수많은 대안을 생성하고, 각 대안의 건폐율, 용적률, 최대 높이, 동 간 이격 거리 등의 법규 충족 여부를 정밀하게 계산한다. 그리고 최대 세대수라는 목표에 가장 부합하는 대안들을 선별하여 건축가에게 제시한다. 위의 단순 예시에서는 용적률을 최대한 활용한 C, D, E안(500세대)이 초기 목표에 부합하며, 이 중에서도 동 수, 동 배치, 일조 조건 등을 종합적으로 고려하여 E안이 상대적으로 우수하다고 판단될 수 있다. 실제 AI는 조망, 프라이버시, 바람길 등 더 복잡한 요소까지 평가 지표로 활용 가능하다.

4. 설계 단계의 생성형 디자인의 장점

상기 가상 예제는 생성형 디자인, 특히 제약 조건 해결 및 최적화 기반 시스템이 아파트 단지 설계에 어떻게 적용될 수 있는지를 보여준다. 이 시스템의 주요 장점은 다음과 같다.

(1) **복잡한 제약 조건의 효율적 처리**: 건축 법규, 부지 형태, 예산 등 다양하고 복잡하게 얽힌 제약 조건을 동시에 만족하는 설계 대안을 신속하게 탐색한다. 이를 통해 설계 초기 단계에서 발생할 수 있는 법규 위반 등의 치명적 오류를 사전에 방지한다. 본 예제에서는 건폐율, 용적률, 최대 높이, 동 간 거리 등의 제약 조건을 시스템이 자동으로 검토하였다.

(2) **설계 목표와 제약 조건 간 균형 탐색**: 단순히 제약 조건을 만족하는 것을 넘어, 설정된 설계 목표(본 예제에서는 최대 세대수)를 최대화하는 최적의 균형점을 찾는 데 유리하다. AI는 다양한 변수 조합을 시도하며 목표 달성도가 높은 대안들을 제시한다.

(3) **실현 가능한 최적 대안 도출:** 방대한 탐색 공간에서 현실적으로 실현 가능한 최적 또는 우수한 설계 대안을 도출하여 건축가의 의사결정을 지원한다. 인간 설계자가 단시간에 고려하기 어려운 수많은 가능성을 AI가 탐색함으로써 더 나은 결과에 도달할 가능성을 높인다.

(4) **시간 단축 및 효율성 증대:** 수동으로 진행할 경우 많은 시간이 소요되는 대안 생성, 법규 검토, 세대수 산출 등의 작업을 자동화하여 설계 초기 단계의 시간과 노력을 획기적으로 줄인다. 프랑스 파트리아슈나 미국 오클랜드 '더 피닉스' 프로젝트 사례에서 보듯이, 양적 연구 시간이나 전체 설계 시간을 크게 단축한 바 있다.

https://www.aiarchitects.com/development

4.3.2 설계단계: BIM(Building Information Modeling) 최적화

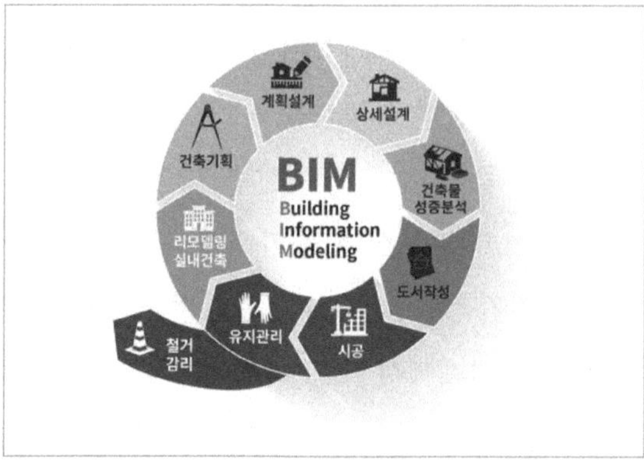

[하이엔드-아파트의 진화②] 아파트 넘고 현장으로 https://www.econovill.com/news/articleView

4.3.2.1 AI는 아파트 단지 개발 프로세스의 설계 단계에서 BIM 데이터와 결합하여 설계 품질 향상에 핵심적인 역할을 수행한다

(1) AI는 복잡한 BIM 모델 내에서 구조, 설비, 전기 등 다양한 공종 간의 간섭(충돌)을 자동으로 검토하고, 설계 오류를 사전에 감지하여 재작업 비용과 시간을 줄인다.

AI는 3D 모델 기반의 BIM 데이터와 결합하여 설계 품질을 향상시킨다. AI는 복잡한 BIM 모델 내에서 구조, 설비, 전기 등 다양한 공종 간의 간섭(충돌)을 자동으로 검토하고, 설계 오류를 사전에 감지하여 재작업 비용과 시간을 줄인다. 또한, BIM 데이터를 기반으로 필요한 자재 물량을 자동으로 산출하고 공사비를 예측하는 데에도 활용된다.

AI(인공지능)는 아파트 단지 개발 프로세스의 설계 단계에서 BIM(Building Information Modeling) 데이터와 결합하여 설계 품질 향상에 핵심적인 역할을 수행한다. AI는 복잡한 3D BIM 모델 내에서 다양한 공종 간의 간섭을 자동으로 검토하고 설계 오류를 사전에 감지함으로써 재작업 비용과 시간을 절감시킨다. 또한, BIM 데이터를 기반으로 자재 물량을 자동으로 산출하고 공사비를 예측하는 등 설계 단계의 필수적인 분석 작업을 자동화하여 효율성을 극대화한다.

(2) AI는 BIM 데이터를 활용하여 간섭 검토, 물량 산출, 공사비 예측 등 설계 단계의 필수적인 분석 작업을 자동화함으로써, 설계 품질을 향상시키고 오류를 최소화하며, 비용 및 일정 관리를 효율화 하는 데 크게 기여한다

AI는 BIM 데이터의 풍부한 정보를 활용하여 간섭 검토, 물량 산출, 공사비 예측 등 설계 단계의 필수적인 분석 작업을 자동화함으로써, 설계 품질을 향상시키고 오류를 최소화하며, 비용 및 일정 관리를 효율화 하는 데 크게 기여한다. 이는 아파트 단지 개발 프로젝트의 성공적인 수행을 위한 중요한 기반 기술로 자리 잡고 있다. 이러한 BIM 데이터를 기반으로 하는 AI 알고리즘 및 도구의 유형별 목표, 기술, 역할, 장단점 및 활용 예시는 다음과 같다.

■ **BIM 데이터를 기반으로 하는 AI 알고리즘 및 도구의 유형별 목표, 기술, 역할, 장단점 및 활용 예시**

BIM 데이터 기반 AI 알고리즘/도구 유형	간섭 검토 및 오류 감지 시스템	자재 물량 자동 산출 시스템	공사비 예측 시스템
목표	설계 모델 내에서 다양한 공종 간의 물리적 간섭(충돌) 및 설계 오류를 자동으로 식별한다.	BIM 모델에 입력된 객체 정보를 바탕으로 필요한 자재의 종류와 수량(물량)을 자동으로 계산한다.	BIM 모델 데이터와 연계하여 건설 프로젝트의 예상 공사비를 신속하게 예측한다.
기술	기하학적 충돌 감지 알고리즘, 규칙 기반 검토 엔진, 패턴 인식, 이상 탐지 알고리즘	객체 인식 및 분류, 매개변수 추출 알고리즘, BIM 데이터베이스 쿼리, 규칙 기반 물량 산출	데이터 통합 (BIM 물량, 단가 데이터베이스, 시장 지표), 비용 모델링 알고리즘, 예측 모델링
역할	건축, 구조, 기계, 전기, 소방 등 각 분야의 BIM 모델을 통합하여 요소 간의 공간적 중복이나 규정 위반 사항을 자동으로 찾아낸다. 설계 초기에 문제점을 발견하여 수정 비용을 절감하고 시공 단계의 재작업을 방지하는 데 핵심적인 역할을 수행한다.	BIM 모델의 벽, 슬래브, 창문, 문, 배관, 케이블 트레이 등 각 객체의 속성 정보(크기, 재질, 부피, 면적, 길이 등)를 추출하고 집계하여, 공종별 또는 위치별 자재 물량 목록(Bill of Quantities, BOQ)을 자동으로 생성한다.	자동 산출된 자재 물량에 최신 단가 정보(인건비, 자재비, 장비비 등)를 적용하고, 간접비, 이윤, 세금 등을 포함하여 프로젝트의 총 공사비 또는 공종별 예상 비용을 계산한다. 설계 변경에 따른 비용 영향을 실시간으로 파악하는 데 활용된다.

장점	복잡한 대규모 모델에서도 빠르고 체계적인 검토가 가능하다. 인간이 놓치기 쉬운 미세한 간섭이나 반복적인 오류 패턴을 효과적으로 감지한다. 설계 변경 시 즉각적인 재검토로 설계 품질을 일관되게 유지한다. 시공 전 문제 해결로 공사 지연 및 비용 증가를 최소화한다.	수동 산출 대비 시간과 노력을 대폭 절감한다. 인적 오류 가능성을 최소화하여 물량 산출의 정확성을 높인다. 설계 변경 시 물량 변동을 즉각적으로 반영하여 항상 최신 정보를 유지한다. 공사비 예측 및 자재 발주/관리를 위한 신뢰할 수 있는 기초 데이터를 제공한다.	설계 초기 단계부터 상세한 비용 정보를 얻을 수 있어 예산 관리가 용이하다. 설계 변경의 비용 영향을 즉각적으로 분석하여 최적의 설계안 선택을 지원한다. 과거 프로젝트 데이터를 학습하여 예측 정확도를 높일 수 있다. 입찰 및 계약 단계에서의 객관적인 근거 자료로 활용될 수 있다.
단점	BIM 모델의 상세 수준(LOD) 및 데이터 품질에 따라 검토 정확도가 달라진다. 비정형적이거나 복합적인 간섭은 탐지에 한계가 있을 수 있다. 모든 종류의 설계 오류를 감지할 수 있는 것은 아니다. 검토 규칙 설정에 전문성이 필요하다.	BIM 모델에 자재 정보가 정확하고 상세하게 입력되어 있어야 한다. 모델링되지 않은 임시 자재나 소모품은 산출이 어렵다. 복잡한 조립 부재의 경우 추가적인 규칙 설정이나 모델링 상세화가 필요할 수 있다.	단가 데이터베이스의 최신성 및 정확성이 중요하다. 예측 모델은 과거 데이터 및 현재 가정을 기반하므로, 예상치 못한 시장 변동이나 현장 상황 변화를 완전히 반영하기 어렵다. 모델의 상세 수준에 따라 예측 범위가 달라지며, 최종 확정 공사비와는 차이가 발생할 수 있다.
활용 예시	- 구조체와 설비 배관/덕트 간의 간섭 자동 검토. - 조명 기구와 스프링클러 헤드 간의 간섭 확인. - 건축 마감과 전기 콘센트 위치 충돌 감지. - 소화전함 설치 위치 주변의 법적 이격 거리 준수 여부 검토. - 장애물로 인해 문이 완전히 열리지 않는 설계 오류 감지.	- 콘크리트 타설 물량(부피). - 벽체 마감 면적. - 창호 개수 및 유형별 수량. 배관 및 덕트 총 길이. - 전기 케이블 길이. - 조명 기구 및 스위치/콘센트 개수 자동 산출. - 각 세대별 마감재 종류 및 수량 목록 작성. - 층별 또는 구역별 자재 물량 집계.	- BIM 모델의 물량 정보를 기반으로 공종 별(골조, 마감, 설비 등) 상세 공사비 예측. - 설계 변경(예: 마감재 변경) 시 총 공사비 변화 자동 업데이트. - 다양한 공법 또는 자재 선택 시 예상 비용 비교 분석. - 프로젝트 라이프사이클 전반에 걸친 비용 추적 및 관리. - 입찰 단계에서 BIM 모델 기반 상세 내역서 자동 생성 및 견적 비교.

AI Agents + BIM: Revolutionizing Project Management Efficiency, https://www.linkedin.com

4.3.2.2 가상수치 예제: AI 기반 아파트 단지 개발 프로세스 설계 단계에서의 BIM 최적화

I ▶▶ 가상 수치 예제: 자재 물량 자동산출시스템 적용 및 풀이

AI는 BIM 데이터의 풍부한 정보를 활용하여 간섭 검토, 물량 산출, 공사비 예측 등의 작업을 자동화함으로써 설계 품질을 향상시키고 오류를 최소화하며, 비용 및 일정 관리를 효율화 하는 데 크게 기여한다. 이는 아파트 단지 개발 프로젝트의 성공적인 수행을 위한 중요한 기반 기술로 인식된다.

BIM 데이터를 기반으로 하는 AI 알고리즘 및 도구는 다양한 유형으로 분류될 수 있으며, 그중 '자재 물량 자동 산출 시스템'은 BIM 모델에 입력된 객체 정보를 바탕으로 필요한 자재의 종류와 수량(물량)을 자동으로 계산하는 것을 목표로 한다. 이 시스템은 객체 인식 및 분류, 매개변수 추출 알고리즘, BIM 데이터베이스 쿼리, 규칙 기반 물량 산출 등의 기술을 활용한다. BIM 모델의 각 객체(벽, 슬래브, 창호 등)가 가진 속성 정보(크기, 재질, 부피, 면적, 길이 등)를 추출하고 집계하여 공정별 또는 위치별 자재 물량 목록(Bill of Quantities, BOQ)을 자동으로 생성하는 역할을 수행한다.

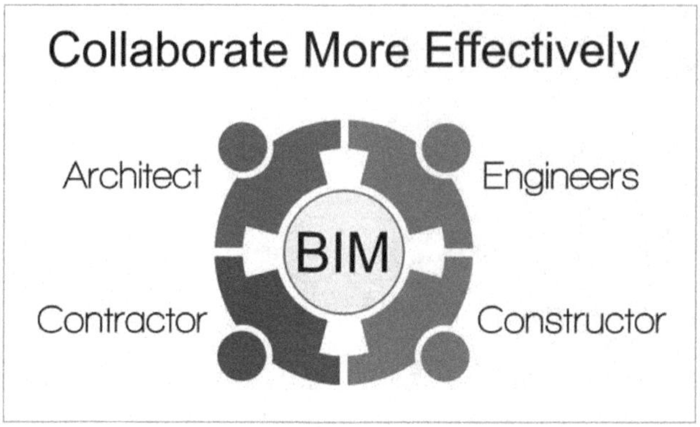

https://ikg.com/bim/gratingbim-interoperability

다음은 AI 기반 자재 물량 자동 산출 시스템을 활용한 아파트 내부 특정 공간의 벽돌 물량 산출 가상 예제이다.

1. 설계 대상 및 BIM 모델 정보 설정

- **설계 대상:** 아파트 1개 세대 내 특정 방의 칸막이벽 (경량벽돌 시공)
- **BIM 모델 정보 (AI가 자동으로 추출하는 정보 가정):**

ㅁ 벽체 A:

- 길이 (LA): 6.0 m
- 높이 (HA): 2.8 m
- 두께 (TA): 0.1 m (BIM 모델 내 재료 정보: 경량벽돌)
- 내부 창호 (개구부) 1개:
  - 창호 폭 (WC): 1.5 m
  - 창호 높이 (HC): 1.2 m

ㅁ 벽체 B:

- 길이 (LB): 4.0 m
- 높이 (HB): 2.8 m
- 두께 (TB): 0.1 m (BIM 모델 내 재료 정보: 경량벽돌)

• 내부 출입문 (개구부) 1개:

  • 문 폭 (WD): 0.9 m

  • 문 높이 (HD): 2.1 m

• **산출 자재: 경량벽돌**

  □ 벽돌 표준 규격 (길이 x 높이, 줄눈 10mm 포함 시공 기준): 200mm x 70mm (0.2m x 0.07m)

  □ 단위 면적당 벽돌 소요량 (1 m2 당): 1/(0.2m×0.07m)≈71.43 장

  □ 벽돌 할증률: 3% (파손 및 로스 감안)

2. 설계 단계: AI 기반 자재 물량 자동 산출 프로세스

AI 알고리즘은 BIM 모델로부터 다음과 같은 단계로 벽돌 물량을 산출한다.

(1) **객체 인식 및 정보 추출**: BIM 모델에서 '벽체' 객체(벽체 A, 벽체 B)와 그 내부의 '개구부' 객체(창호, 출입문)를 자동으로 인식한다. 각 객체의 ID, 유형, 위치, 기하학적 정보(길이, 높이, 두께), 재료 속성 등을 추출한다.

(2) **벽체별 면적 계산**:

• 벽체 총면적 계산: 각 벽체의 길이와 높이를 곱하여 총면적을 산출한다.

• 개구부 면적 계산: 각 벽체 내 개구부(창호, 문)의 폭과 높이를 곱하여 면적을 산출한다.

• 벽체 순면적(시공 면적) 계산: 벽체 총면적에서 개구부 면적을 제외하여 실제 벽돌이 시공될 순면적을 계산한다.

(3) **자재 단위 소요량 적용**: BIM 데이터베이스 또는 사전 설정된 규칙에 따라 해당 벽돌 재료의 단위 면적당 소요량을 적용한다.

(4) **총 자재 소요량 산출**: 각 벽체의 순면적에 단위 면적당 벽돌 소요량을 곱하여 벽체별 필요량을 산출하고, 이를 합산하여 총 벽돌 소요량을 계산한다.

(5) **할증률 적용**: 산출된 총 벽돌 소요량에 지정된 할증률을 적용하여 최종 발주 수량을 결정한다.

3. 설계 단계: 가상 수치 예제 풀이

AI 시스템이 상기 정보를 바탕으로 수행하는 계산 과정은 다음과 같다.

(1) 벽체 A의 순면적 계산:

- 벽체 A 총면적 = LA×HA=6.0m×2.8m=16.8m2
- 창호 면적 = WC×HC=1.5m×1.2m=1.8m2
- 벽체 A 순면적 = 16.8m2-1.8m2=15.0m2

(2) 벽체 B의 순면적 계산:

- 벽체 B 총면적 = LB×HB=4.0m×2.8m=11.2m2
- 출입문 면적 = WD×HD=0.9m×2.1m=1.89m2
- 벽체 B 순면적 = 11.2m2-1.89m2=9.31m2

(3) 총 벽돌 시공 순면적 계산:

- 총 순면적 = 벽체 A 순면적 + 벽체 B 순면적
  = 15.0m2+9.31m2=24.31m2

(4) 정미 벽돌 소요량 산출:

- 단위 면적당 벽돌 소요량 = 71.43 장/m2 (근사치 사용)
- 정미 벽돌 소요량 = 총 순면적 × 단위 면적당 소요량
  = 24.31m2×71.43장/m2≈1736.47 장
- 실제 적용 시 소수점 이하 올림 처리하여 1737장으로 계산될 수 있다.

(5) 할증률 적용 최종 벽돌 소요량 산출:

- 할증률 = 3%
- 할증 수량 = 1737장×0.03≈52.11장 (올림하여 53장)
- 최종 벽돌 소요량 (발주량 추정) = 정미 소요량 + 할증 수량
  = 1737장+53장=1790장

AI 시스템은 이러한 계산을 자동으로 수행하며, 만약 설계 변경(예: 벽체 길이 변경, 창호 크기 변경)이 발생하면 BIM 모델의 정보가 업데이트됨에 따라 실시간으로 물량 변화를 재산출하여 보여준다.

4. 설계 단계: 해설 및 자재 물량 자동 산출 시스템의 장점

상기 가상 예제는 AI 기반 자재 물량 자동 산출 시스템이 BIM 데이터와 연동하여 어떻게 정확하고 신속하게 물량을 산출하는지를 보여준다. 이 시스템의 주요 장점은 다음과 같다.

(1) **시간 및 노력 대폭 절감:** 수동으로 도면을 해석하고 물량을 계산하는 과정에 비해 AI는 BIM 모델에서 직접 정보를 추출하고 계산하므로 작업 시간을 획기적으로 단축시킨다. 본 예제와 같은 단순 계산도 여러 벽체, 여러 세대, 여러 동으로 확장될 경우 그 효과는 더욱 커진다.

(2) **정확성 향상 및 인적 오류 최소화:** BIM 모델에 정확한 정보가 입력되어 있다면, AI는 일관된 규칙에 따라 계산하므로 수동 산출 시 발생할 수 있는 누락, 중복, 계산 착오 등의 인적 오류를 최소화하여 물량 산출의 정확성을 높인다.

(3) **설계 변경에 대한 즉각적인 대응:** 설계 과정에서 빈번하게 발생하는 변경 사항이 BIM 모델에 반영되면, AI 시스템은 변경된 정보를 즉시 인식하여 관련 물량을 자동으로 재산출한다. 이를 통해 항상 최신의 물량 정보를 유지하고, 변경에 따른 비용 영향을 신속하게 파악할 수 있다.

(4) **데이터 기반 의사결정 지원:** 정확하게 산출된 물량 정보는 후속 작업인 공사비 예측, 자재 발주 및 관리, 공정 계획 수립 등을 위한 신뢰할 수 있는 기초 데이터를 제공하여 데이터 기반의 합리적인 의사결정을 지원한다.

4.3.3 설계 단계: 지속가능성 설계 강화 지원

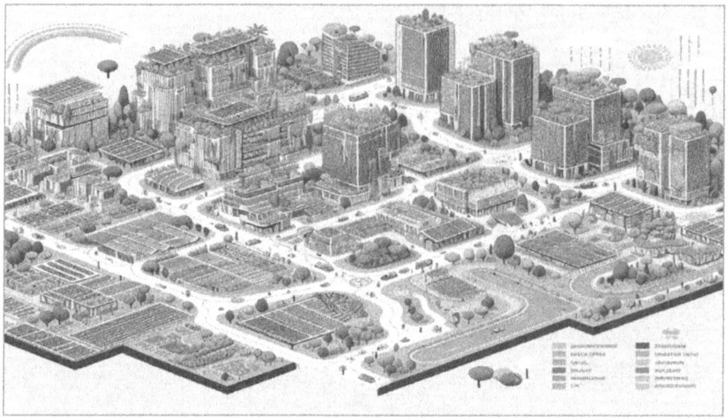

https://easy-peasy.ai/ai-image-generator/images/green-living-sustainable-city-eco-friendly-urban-design

4.3.3.1 AI는 설계 단계에서 지속가능성 관련 성능을 정밀하게 분석하고 최적화하며, 목표 달성을 위한 다양한 설계 대안을 생성한다

(1) AI는 건물의 향, 창 면적, 자재 종류 등 다양한 설계 요소가 에너지 효율, 일조량, 통풍, 탄소 배출량 등에 미치는 영향을 정밀하게 분석하고 시뮬레이션 한다.

아파트 단지 개발 프로세스의 설계 단계에서 AI는 지속가능성 설계 강화를 지원한다. AI는 건물의 향, 창 면적, 자재 종류 등 다양한 설계 요소가 에너지 효율, 일조량, 통풍, 탄소 배출량 등에 미치는 영향을 정밀하게 분석하고 시뮬레이션 한다. 이를 통해 초기 설계 단계부터 친환경 성능을 극대화하는 방안을 모색할 수 있다.

글로벌 엔지니어링 기업 스탄텍(Stantec)은 Autodesk Forma의 AI 기반 탄소 분석 도구를 활용하여 설계 초기 단계에서 건물의 탄소 영향을 평가하고 저감 방안을 반영하고 있다. 생성형 AI는 에너지 효율이 최적화된 건물 설계를 제안하기도 한다.

(2) AI는 설계 단계에서 지속가능성 관련 성능을 정밀하게 분석하고 최적화하며, 목표 달성을 위한 다양한 설계 대안을 생성한다.

AI는 설계 단계에서 지속가능성 관련 성능을 정밀하게 분석하고 최적화하며, 목표 달성을 위한 다양한 설계 대안을 생성함으로써 초기 단계부터 친환경적이고 에너지 효율적인 아파트 단지 설계를 가능하게 한다. 이는 건축 환경의 지속가능성을 높이고 미래 세대를 위한 건축물 구현에 기여하는 핵심 기술이다.

(3) AI 알고리즘 및 도구 중 '성능 분석 및 시뮬레이션 도구'는 특정 설계 요소의 변경이 건물 성능 지표(에너지 효율, 일조량, 통풍 등)에 미치는 영향을 정량적으로 분석하고 예측하는 것을 목표로 한다.

지속가능성 설계를 지원하는 AI 알고리즘 및 도구 중 '성능 분석 및 시뮬레이션 도구'는 특정 설계 요소의 변경이 건물 성능 지표(에너지 효율, 일조량, 통풍 등)에 미치는 영향을 정량적으로 분석하고 예측하는 것을 목표로 한다. 이러한 도구는 에너지 시뮬레이션 엔진, 일조/일영 분석 도구, CFD(전산 유체 역학) 분석, 탄소 배출량 계산 알고리즘 등의 기술과 건축 모델, 기후 데이터 등의 데이터 통합 기술을 활용한다.

녹색 건축물에서 인공지능(AI)의 역할 에너지 효율 극대화와 자동화 기술, https://simplyinsights.kr

건물의 형태, 방위, 창호 계획, 단열 수준, 자재 종류 등 설계 요소의 변화가 실제 운영 단계에서의 에너지 사용량, 거주자 쾌적성(빛, 온도, 공기 질), 환경 부하(탄소 배출량) 등에 미치는 영향을 시뮬레이션하여 보여줌으로써 친환경 설계안의 효과를 객관적으로 검증하는 역할을 수행한다.

4.3.3.2 친환경 성능 강화를 위한 AI 알고리즘 및 도구의 유형별 목표, 기술, 역할, 장단점 및 활용 예시

■ 친환경 성능 강화를 위한 AI 알고리즘 및 도구의 유형별 목표, 기술, 역할, 장단점 및 활용 예시

친환경 성능 강화 AI 알고리즘/도구 유형	성능 분석 및 시뮬레이션 도구	지속가능성 최적화 알고리즘	지속가능성 목표 기반 생성형 디자인
목표	특정 설계 요소의 변경이 건물 성능 지표(에너지 효율, 일조량, 통풍 등)에 미치는 영향을 정량적으로 분석하고 예측한다.	다양한 설계 변수 조합 중에서 특정 지속가능성 목표(예: 에너지 사용량 최소화)를 최적화하는 디자인 솔루션을 탐색한다.	지속가능성 목표 달성을 최우선으로 고려하여 설계 대안을 자동으로 생성하고 평가한다.
기술	에너지 시뮬레이션 엔진, 일조/일영 분석 도구, CFD(전산 유체 역학) 분석, 탄소 배출량 계산 알고리즘, 데이터 통합 (건축 모델, 기후 데이터 등)	최적화 알고리즘 (유전 알고리즘, 다목적 최적화 등), 성능 시뮬레이션 도구와의 연동	생성형 디자인 플랫폼 (Autodesk Forma 등), 성능 시뮬레이션 및 최적화 엔진 통합, AI 알고리즘 (강화 학습, 진화 연산 등)
역할	건물의 형태, 방위, 창호 계획, 단열 수준, 자재 종류 등 설계 요소의 변화가 실제 운영 단계에서의 에너지 사용량, 거주자 쾌적성(빛, 온도, 공기 질), 환경 부하(탄소 배출량) 등에 미치는 영향을 시뮬레이션하여 보여준다. 친환경 설계안의 효과를 객관적으로 검증한다.	성능 분석 결과를 바탕으로 설계 변수(예: 건물 형태, 창호 비율, 외피 재질)의 조합을 자동으로 변경하면서 목표 성능 지표(예: 에너지 효율 점수 최대화)를 가장 잘 달성하는 최적의 디자인 파라미터 값을 찾아 제시한다. 성능 향상을 위한 설계 변경 방향을 제안한다.	사용자가 입력한 지속가능성 관련 목표(예: 에너지 자립률 달성, 특정 탄소 배출량 기준 만족)와 제약 조건(법규, 부지 형태)을 기반으로, 처음부터 이러한 목표 달성에 유리한 형태와 구성의 다양한 설계 대안들을 자동으로 생성하고 각 대안의 성능을 평가한다. 생성형 AI는 에너지 효율이 최적화된 건물 설계를 제안하기도 한다.

장점	다양한 설계 대안의 성능을 객관적인 데이터 기반으로 비교 평가할 수 있다. 설계 초기부터 친환경 성능을 고려한 의사결정을 지원한다. 특정 친환경 인증(녹색 건축 인증 등) 달성을 위한 성능 목표 수립 및 검토에 필수적이다. 스탄텍과 같이 AI 기반 탄소 분석 도구를 활용하여 설계 초기 탄소 영향을 평가한다.	수많은 설계 변수 조합 중에서 최적의 성능을 달성하는 디자인 해를 효율적으로 탐색한다. 인간이 직관적으로 찾기 어려운 최적의 솔루션을 발견할 가능성이 있다. 여러 지속가능성 목표(예: 에너지 효율과 일조량) 사이의 상충 관계를 고려한 균형점 탐색을 지원한다.	설계 초기 단계부터 지속가능성 성능이 우수한 디자인 컨셉을 다양하게 탐색할 수 있다. 인간이 상상하기 어려운 혁신적인 형태나 솔루션을 제안할 수 있다. 지속가능성 목표 달성 가능성이 높은 설계 대안들을 빠르고 효율적으로 확보한다. 디자이너의 창의성을 자극하고 새로운 설계 방향을 제시한다.
단점	정확한 시뮬레이션을 위해서는 상세하고 정확한 설계 정보와 환경 데이터가 필요하다. 시뮬레이션 과정이 복잡하고 시간이 소요될 수 있다. 모델링의 정확성에 따라 예측 결과의 신뢰도가 달라진다. 분석 결과 해석에 전문성이 요구된다.	명확한 최적화 목표 및 제약 조건 정의가 중요하다. 복잡한 모델일수록 계산 시간이 길어지고, 전역 최적해가 아닌 지역 최적해에 수렴할 수 있다. 다양한 성능 지표 간의 중요도 설정이 필요할 수 있다. 결과 해석 및 실제 설계 적용에 추가적인 검토가 필요하다.	복잡한 지속가능성 목표를 생성형 디자인 모델에 정확히 반영하기 어렵다. 생성된 디자인이 미학적 또는 기능적으로 미흡할 수 있어 건축가의 후반 작업이 필수적이다. 플랫폼 통합 및 알고리즘 설정에 높은 전문성이 요구된다. 결과의 예측 불가능성(창의성)과 목표 달성 보장(제약 조건 준수) 간의 균형 설정이 필요하다.
활용 예시	- 건물의 향 및 창 면적 변화에 따른 세대별 일조 시간 및 총 일사량 분석. - 단열재 종류 및 두께 변화에 따른 냉난방 에너지 요구량 예측. - 자연 환기를 위한 창호 배치 및 개폐 방식 시뮬레이션. - 건축 자재의 생산부터 폐기까지의 전 과정 탄소 배출량(Embodied Carbon) 분석 및 비교.	- 부지 및 기후 조건 하에서 냉난방 부하를 최소화하는 최적의 건물 형태 및 창호 시스템 조합 탐색. - 특정 예산 내에서 가장 높은 에너지 효율을 달성하는 외피 구성(단열재, 창호 성능) 최적화. - 태양광 패널 설치 시 예상 발전량 및 경제성을 고려한 최적 설치 각도 및 위치 결정.	- 부지 및 기후 조건에 최적화된 패시브 디자인 요소(건물 형태, 외피 디자인, - 자연 환기 시스템)를 극대화하는 다양한 건물 매스 및 파사드 대안 생성. - 특정 에너지 효율 등급 또는 탄소 배출량 기준 달성을 목표로 하는 건물 배치 및 시스템 구성 대안 탐색. - 주변 건물과의 일조 간섭을 최소화하면서 최대한의 태양광 발전 잠재력을 확보하는 건물 배치 대안 생성.

4.3.4 설계 단계: 실감나는 시각화 (VR/AR)기술

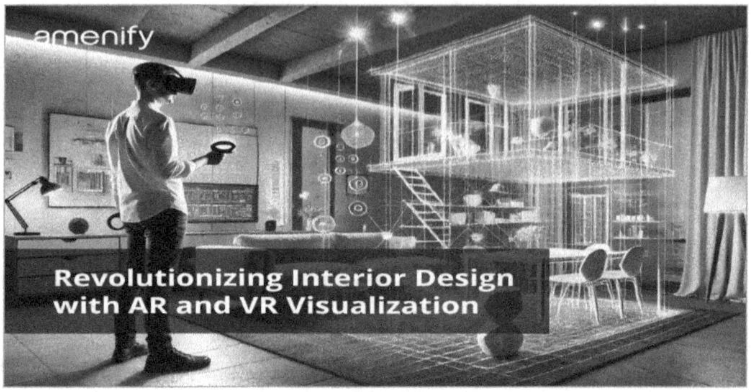

https://www.amenify.in/blog/ar-vr-interior-design-visualization

4.3.4.1 실감 나는 시각화를 목적으로 하는 AI 알고리즘 및 도구의 유형별 목표, 기술, 역할, 장단점 및 활용 예시

■ **실감 나는 시각화를 목적으로 하는 AI 알고리즘 및 도구의 유형별 목표, 기술, 역할, 장단점 및 활용 예시**

실감 시각화 AI 알고리즘/ 도구 유형	자동 3D 모델 생성 및 변환 시스템	사실적 렌더링 및 장면 구성 지원 시스템	인터랙티브 VR/AR 경험 구현 플랫폼 및 도구
목표	2D 도면이나 기본적인 3D 데이터를 VR/AR용 고품질 3D 모델로 자동 변환하고 필요한 디테일을 추가한다.	3D 모델에 사실적인 마감재, 가구, 조명 등을 적용하여 실제와 같은 가상 환경을 구현한다.	사용자가 생성된 가상 환경을 자유롭게 탐색하고 상호작용하며 설계안을 체험할 수 있도록 한다.
기술	컴퓨터 비전, 딥러닝 기반 2D-3D 변환, 자동 모델링 알고리즘, 텍스처/재질 자동 매핑	AI 기반 렌더링 최적화 (노이즈 제거 등), 자동 오브젝트 배치, 재질 적용 알고리즘, AI 조명 시뮬레이션, 3D 에셋 관리	VR/AR SDK 및 엔진 통합, 실시간 렌더링 최적화, 사용자 트래킹, 상호작용 알고리즘

역할	- 기존의 설계 데이터를 VR/AR 환경에서 탐색 가능한 3D 모델로 빠르게 전환하는 핵심 역할을 수행한다. - 수동 모델링에 드는 시간과 비용을 대폭 줄여 실감 시각화 프로세스의 효율성을 높인다. - 어반베이스의 2D->3D 변환 기능이 이에 해당한다.	변환된 3D 모델에 실제와 같은 질감과 색감의 마감재를 입히고, 가구, 소품 등을 적절히 배치하여 생동감 있는 가상 공간을 만든다. 시간대별 조명 환경을 시뮬레이션하여 현실감을 더한다. 사용자가 몰입감을 느끼고 공간을 현실적으로 인지하도록 돕는다. 어반베이스의 가구 배치 시뮬레이션 기능이 이에 포함된다.	변환 및 구성된 3D 모델을 VR 헤드셋, 모바일 기기, 웹 브라우저 등 다양한 플랫폼에서 실시간으로 구현한다. 사용자의 움직임과 시점을 추적하여 가상 공간을 탐색하게 하고, 객체와의 상호작용(문 열기, 스위치 조작 등) 기능을 제공한다. 설계 체험 및 협업의 핵심적인 인터페이스 역할을 한다.
장점	- 복잡한 3D 모델링 작업을 자동화하여 시각화 준비 시간을 단축한다. - 비전문가도 기존 설계 자료를 활용하여 3D 모델을 만들 수 있게 한다. 다양한 상세 수준(LOD)의 모델 생성을 지원하여 목적에 맞는 시각화를 가능하게 한다. - VR/AR 콘텐츠 제작의 진입 장벽을 낮춘다.	- 고품질 렌더링 시간을 단축하고 이미지 품질을 향상시킨다. - 가구 배치, 마감재 적용 등 반복적인 장면 구성 작업을 자동화한다. - 다양한 인테리어 스타일 시뮬레이션으로 선택의 폭을 넓힌다. - 사실적인 시각 정보 제공으로 잠재 구매자의 이해도 및 만족도를 높인다.	- 공간감, 규모, 높이, 조망 등을 실제처럼 체감할 수 있는 강력한 시각화 경험을 제공한다. - 설계자, 건축주, 잠재 구매자 간의 효과적인 소통 및 피드백 교환을 가능하게 한다. - 물리적인 모델하우스 방문 없이 언제 어디서든 디자인을 체험할 수 있다. - 특히 분양 단계에서 잠재 고객의 구매 결정에 긍정적인 영향을 미친다.
단점	- 입력 데이터(2D 도면 품질, 3D 모델 상세도)의 품질에 따라 변환 결과의 정확도가 달라진다. - 복잡하거나 비표준적인 디자인 요소의 자동 변환에 한계가 있을 수 있다. - 후반 작업으로 모델 수정 및 디테일 추가가 필요할 수 있다. - 모든 마감재의 사실적 표현을 위한 추가 작업이 필요할 수 있다.	- 고품질 3D 에셋 라이브러리 구축이 필요하다. - AI가 생성한 장면이 항상 건축가의 의도나 미적 기준에 부합하지 않을 수 있다. - 자동 배치 결과에 대한 세밀한 조정이 필요할 수 있다. - 실시간 렌더링 성능은 하드웨어 및 모델 복잡도에 크게 의존한다.	- 고품질 VR/AR 경험 제공을 위해 일정 수준 이상의 하드웨어 성능이 요구된다. - 복잡하거나 대규모 모델의 경우 로딩 시간 및 실시간 렌더링 성능 최적화가 어렵다. - 모든 사용자가 VR/AR 기술에 익숙하거나 편안함을 느끼는 것은 아니다. - 상호작용 기능 구현에 추가적인 개발 노력과 비용이 필요하다.

활용 예시	- 2D 평면도 및 입면도를 기반으로 아파트 단위 세대의 내부 3D 모델 자동 생성. - 단순 외형 모델에 외벽 마감재, 창호 디테일 등을 자동 추가. - BIM 모델에서 VR/AR 환경에 적합한 수준의 경량화된 모델 자동 생성. - 어반베이스 서비스처럼 2D 도면 기반 가상 인테리어 모델 자동 생성.	- 선택된 마감재(바닥재, 벽지, 타일 등) 텍스처를 3D 모델에 자동 적용. - 아파트 평형 및 컨셉에 맞는 가구 패키지를 자동으로 배치하여 가상 모델하우스 구현. - 시간대별(낮, 저녁) 조명 환경 시뮬레이션 및 조망권 시각화. - 가상 공간 내에서 마감재나 가구 선택 변경 시 해당 내용 즉시 시각화.	- VR 헤드셋을 이용한 아파트 유닛 내부 워크스루 및 발코니 조망 체험. - AR 기술을 활용하여 현재 부지에 건물이 들어섰을 때의 예상 외형 시각화. - 모바일 앱을 통한 가상 모델하우스 탐색 및 마감재/가구 옵션 변경 시뮬레이션. - 웹 기반 3D 뷰어를 통한 단지 배치 및 동호수별 조망 확인. - 가상 회의실에서 설계 모델을 보며 관계자들이 함께 검토 및 의견 공유.

4.3.4.2 설계 단계 가상 사례: 실감나는 시각화 (VR/AR)기술

https://www.adorama.com/alc/virtual-reality-architecture

I ▶▶ 가상 수치 예제: 자동 3D 모델 생성 및 변환 시스템 적용 및 풀이

다음은 AI 기반 자동 3D 모델 생성 및 변환 시스템을 활용하여 아파트 단위세대 2D 평면도를 VR 체험용 3D 모델로 변환하는 가상 예제이다.

1. 가상 수치 예제 풀이: 실감나는 시각화 (VR/AR)기술 수동 작업과의 효율성 비교

1) AI 기반 자동 3D 모델 생성 및 변환 시스템 활용 효과

동일한 전용면적 84평방제곱미터 아파트 단위세대 2D 평면도를 VR 체험용 3D 모델로 제작하는 경우, 전통적인 수동 방식과 AI 기반 자동 변환 시스템을 사용했을 때의 소요 시간 및 비용을 비교하면 다음과 같다. (수치는 이해를 돕기 위한 가정치임)

항목	수동 3D 모델링 작업 (전통 방식)	AI 기반 자동 3D 모델 생성 및 변환 시스템 활용	AI 시스템 활용 효과 (절감률)
투입 인력	숙련된 3D 모델러 1명	AI 시스템 운영 및 검토 인력 1명 (3D 모델링 숙련도 낮아도 가능)	-
순수 모델링 시간	약 16시간 (영업일 기준 2일)	AI 자동 변환: 약 0.5시간 (30분)	약 96.9% 시간 단축
검토 및 수정 시간	(모델링 과정에 포함 또는 별도)	약 2시간 (AI 생성 모델 확인 및 간단한 수정)	-
총 소요 시간	약 16시간	약 2.5시간	약 84.4% 시간 단축
모델링 인건비	16시간 × 35,000원/시간 = 560,000원	2시간 × 35,000원/시간 = 70,000원 (수정 작업)	약 87.5% 비용 절감 (인건비)
S/W 및 솔루션 비용	(3D 모델링 S/W 라이선스 비용 별도)	AI 솔루션 이용료 (건당 변환 비용 가정): 30,000원	-
총 추정 비용	560,000원 (+ S/W 비용)	100,000원 (+ S/W 비용 또는 플랫폼 구독료)	약 82.1% 비용 절감 (추정)

https://www.bokkagroup.com/home-builder-insights/articles/augmented-reality-for-home-builders

2) 해설

- AI 기반 자동 3D 모델 생성 및 변환 시스템을 활용할 경우, 순수 모델링 시간이 30분 내외로 대폭 단축된다.
- AI가 생성한 초기 모델에 대한 검토 및 약간의 수정 작업(약 2시간)을 포함하더라도 총 소요 시간은 2.5시간으로, 수동 작업(16시간) 대비 약 84.4%의 시간을 절약할 수 있다.
- 이에 따라 투입되는 인력의 작업 시간이 줄어들어 직접적인 인건비 절감 효과(약 87.5%)가 발생하며, AI 솔루션 이용료를 감안하더라도 전체적인 비용 절감 효과(약 82.1%)가 매우 큰 것으로 나타난다.
- 또한, AI 시스템은 3D 모델링 전문 지식이 상대적으로 부족한 인력도 활용 가능하게 하여 작업의 접근성을 높인다.

5 AI 기반 인허가 단계

AI로 건축 인허가 간소화 가능해질까? AI 활용한 법령해석, https://www.ancnews.kr/news

5.1 설계단계: AI기반 기본설계 및 실시설계

■ AI 기반 인허가 프로세스 단계 별 주요 활동, 활용데이터 예시, 기대효과

1. 인허가 요건 사전 검토 및 준비

주요 활동 (AI 역할 중심)	- AI는 프로젝트의 기본 정보(위치, 규모, 용도 등) 및 초기 설계 데이터를 분석하여 해당 사업에 필요한 인허가 유형(예: 사업계획승인, 건축허가, 환경영향평가 등)과 관련 법규, 제출 서류 목록을 자동으로 식별하고 맞춤형 체크리스트를 생성한다. - 최신의 법규 및 지자체 조례, 고시, 지침 등의 변경 사항을 실시간으로 반영하여 법규 해석의 오류나 누락을 방지하고, - 과거 유사 프로젝트의 인허가 사례를 분석하여 잠재적 이슈 사항을 사전에 예측하고 대비할 수 있도록 지원한다.
활용 데이터 예시	- 프로젝트 개요서, 사업 부지 정보(지목, 면적, 용도지역 등) - 국토계획법, 건축법, 주택법 등 관련 법규 전문 - 지자체별 도시계획조례, 지구단위계획 지침 - 과거 유사 프로젝트 인허가 서류 및 결과 데이터 - BIM 기반 초기 설계 데이터
기대 효과	- 인허가 초기 단계의 불확실성 및 리스크 감소 - 정확한 필요 서류 목록 확보로 준비 기간 단축 - 최신 법규 자동 반영으로 법규 위반 가능성 최소화 - 잠재적 인허가 쟁점 사전 파악 및 대응 전략 수립 지원

2. 인허가 신청 서류 자동 생성 및 검토

주요 활동 (AI 역할 중심)	- AI는 BIM 데이터, 사업계획서, 각종 기술 보고서 등에서 필요한 정보를 자동으로 추출하여 표준화된 인허가 신청 서식에 맞춰 관련 서류(신청서, 건축개요, 면적 산출표, 각종 기술 검토서 등)의 초안을 신속하게 작성한다. - 작성된 서류에 대해서는 필수 기재사항 누락 여부, 첨부 서류 목록과의 정합성, 관련 법규 및 지침과의 부합 여부 등을 자동으로 검토하고, 오류나 미비점을 발견 시 수정 방안을 제안한다. - 자연어 생성(NLG) 기술을 활용하여 기술 설명 부분의 작성을 지원하기도 한다.
활용 데이터 예시	- BIM 모델 데이터 (건축 개요, 동별 면적, 층수, 구조 형식 등) - 사업계획서, 토지이용계획확인서, 설계도서(배치도, 평면도, 입면도, 단면도) - 표준 인허가 신청 서식 DB 및 작성 가이드라인 - 법규 및 지침 기반 자동 검토 알고리즘(룰 기반 또는 머신 러닝 기반) - 환경/교통/재해영향평가 보고서 초안
기대 효과	- 인허가 신청 서류 작성 시간의 획기적 단축 - 반복적이고 단순한 문서 작업 자동화로 인력 효율 증대 - 인적 오류(오기, 누락 등) 최소화로 서류 품질 향상 - 제출 서류의 표준화 및 일관성 확보

3. 법규 자동 해석 및 설계 적합성 분석

주요 활동 (AI 역할 중심)	- AI는 자연어 처리(NLP) 기술을 통해 복잡하고 방대한 법규 조항 및 기술 기준을 컴퓨터가 이해할 수 있는 형태로 해석하고 데이터베이스화 한다. - BIM 모델과 연동하여 설계안의 건폐율, 용적률, 건축물의 높이, 대지 안의 공지, 일조 등의 확보를 위한 건축물 간 이격-거리, 주차대수, 조경면적, 소방/피난/방화 기준 등 각종 법규 및 기술 기준의 적합성 여부를 자동으로 정밀하게 분석하고 시뮬레이션 한다. - 위반 또는 부적합 사항 발견 시 해당 법규 조항 및 위반 내용, 개선 방안을 시각적으로 명확하게 제시한다.
활용 데이터 예시	- 건축법, 주택법, 소방시설법, 장애인-등-편의법 등 전문 법규 텍스트 및 해설서 - 지자체 건축 조례 및 지구단위계획 시행지침 상세 조건 - BIM 데이터 (3차원 형상 정보, 객체 속성 정보, 공간 관계 정보) - 공간 분석, 일조 시뮬레이션, 피난 시뮬레이션 등 AI 연동 해석 도구 - 국토교통부 고시 건축물의 피난 · 방화구조 등의 기준에 관한 규칙
기대 효과	- 복잡하고 다층적인 법규 해석의 정확도 및 일관성 향상 - 설계 단계에서 법규 위반 요소를 사전에 감지하고 수정하여 재설계 비용 및 시간 절감 - 인허가 심의 과정에서의 지적사항 감소 및 반려 가능성 축소 - 객관적 데이터 기반의 법규 검토로 투명성 증대

4. 심의 과정 지원 및 보완 자동화

주요 활동 (AI 역할 중심)	- AI는 과거 유사 프로젝트의 인허가 심의 과정에서 제시되었던 주요 질의, 지적사항, 보완 요구 데이터 및 관련 조치 결과 데이터를 학습하여, 현재 프로젝트의 예상 심의 쟁점 및 보완 요구 가능성이 높은 항목을 사전에 예측한다. - 심의 과정에서 발생하는 질의에 대해 관련 법규, 기술 자료, 유사 사례 등을 신속하게 검색하여 답변 근거 자료를 제시하거나 답변 초안 생성을 지원한다. - 보완 요구 발생 시, AI는 보완 내용 분석을 통해 필요한 수정 범위 및 관련 근거 자료, 유사 해결 사례를 제안하여 보완 서류 작성의 효율성과 품질을 높인다.
활용 데이터 예시	- 과거 인허가 심의위원회 회의록, 질의응답(Q&A) 데이터베이스 - 과거 프로젝트의 보완 요구서 및 보완 조치 결과 보고서 - 관련 법규, 판례, 기술 기준, 연구 논문, 전문가 지식베이스 - 현재 프로젝트의 설계도서 및 사업계획 자료 - 실시간 질의응답 지원을 위한 챗봇 인터페이스
기대 효과	- 인허가 심의 대응 전략 수립의 객관성 및 효율성 증대 - 예상치 못한 질의에 대한 신속하고 정확한 대응 능력 향상 - 보완 요구사항의 명확한 이해 및 조치 기간 단축 - 보완 서류의 논리적 완결성 및 설득력 제고

5. 인허가 진행 상황 모니터링 및 예측

주요 활동 (AI 역할 중심)	- AI는 인허가 신청 접수 이후 각 관련 기관별(지자체, 소방서, 환경청 등) 처리 단계, 법정 처리 기한, 현재 진행 상황 등을 온라인 시스템 연동 또는 담당자 입력을 통해 실시간으로 통합 모니터링하고, 대시보드를 통해 시각적으로 제공한다. - 과거 유사 프로젝트의 단계별 실제 소요 기간 데이터를 기반으로 머신 러닝 모델을 활용하여 전체 인허가 완료 시점 및 특정 단계에서의 지연 가능성을 예측하고, 지연 발생 시 원인 분석 및 알림을 통해 선제적인 대응을 지원한다.
활용 데이터 예시	- 인허가 기관별 업무 처리 절차 및 법정 처리 기한 데이터 - 실시간 인허가 관리 시스템 연동 데이터 (API 활용 등) - 과거 프로젝트별 인허가 신청일, 접수일, 보완일, 승인일 등 타임라인 데이터 - 담당자 피드백 및 수동 업데이트 정보(필요시) - 예측 모델 학습을 위한 프로젝트 특성 변수(규모, 용도, 지역 등)
기대 효과	- 인허가 전 과정의 진행 현황에 대한 투명성 및 가시성 확보 - 잠재적 병목 구간 및 지연 리스크 사전 인지 및 관리 용이 - 사업 일정 관리의 정확도 향상 및 관련 의사결정 지원 - 이해관계자 간의 원활한 정보 공유 및 소통 촉진

6. 인허가 조건 분석 및 후속 조치 지원

주요 활동 (AI 역할 중심)	- 최종 인허가 승인 시 부과된 조건(부관)들을 AI가 승인 공문 등에서 자동으로 추출하고 내용의 중요도, 이행 주체, 기한 등을 분석하여 목록화 한다. - 각 조건의 이행을 위해 필요한 후속 조치(예: 특정 시설 추가 설치, 설계 일부 변경, 추가 서류 제출, 전문가 자문 등)를 관련 법규 및 사례를 기반으로 안내하고, 해당 조건 이행 상황을 추적 관리하여 누락을 방지한다. - 조건 미 이행 시 발생할 수 있는 리스크를 사전에 경고하고, 이행 완료 보고서 작성 등을 지원한다.
활용 데이터 예시	- 최종 인허가 승인 공문 및 조건부 사항 명시 문서 - 관련 법규 및 기술 기준, 표준 시방서 - 사업 관리 시스템 및 담당 부서/담당자 정보 연동 데이터 - 과거 유사 조건 이행 사례 및 관련 문서 템플릿 - 조건 이행 증빙자료(사진, 시험성적서, 확인서 등) 관리 시스템
기대 효과	- 인허가 조건의 명확한 이해 및 체계적인 관리 가능 - 복잡한 조건의 누락 방지 및 이행률 향상 - 조건 이행을 위한 신속하고 효율적인 후속 조치 진행 - 사업 연속성 확보 및 인허가 조건 미이행에 따른 법적/행정적 리스크 감소

5.2 인허가 단계의 데이터 수집, 전처리, 정제 및 처리 과정

■ AI 기반 인허가 프로세스의 각 단계별 데이터 수집, 전처리, 정제 및 처리 과정

1. 인허가 요건 사전 검토 및 준비

데이터 수집	- 수집 대상: 관련 법규 원문(국토계획법, 건축법, 주택법, 환경영향평가법 등), 하위 시행령/시행규칙, 각 지방자치단체의 조례/지침/고시, 고시된 지구단위계획 및 도시기본계획 문서, 과거 유사 프로젝트의 인허가 신청서류 및 결과 데이터, 현재 프로젝트의 기본 정보(사업개요, 부지 위치 및 특성). - 수집 방법: 법제처 국가법령정보센터, 국토교통부, 환경부, 각 지자체 웹사이트 등 공공 데이터 포털 API 연동 또는 웹 크롤링을 통해 법규 및 행정규칙을 수집한다. 내부 축적된 과거 프로젝트 데이터베이스(DB)에 접근하고, 필요한 경우 외부 전문기관의 자료를 구매하거나 협력을 통해 확보한다. 프로젝트 기본 정보는 사업 관리 시스템에서 추출한다.
데이터 전처리, 정제 및 처리 과정 (AI 활용을 위한 준비 및 실제 사용)	- 전처리: 수집된 다양한 형식의 법규 및 문서 데이터(PDF, HWP, DOCX, HTML 등)를 일관된 텍스트 형식(예: TXT, JSON, XML)으로 변환한다. 이 과정에서 불필요한 HTML 태그, 특수문자, 서식 정보 등을 제거하고, 문서 내 표나 이미지는 구조화된 데이터로 추출하거나 광학 문자 인식(OCR) 기술을 적용하여 텍스트화 한다. - 정제: OCR 과정에서 발생한 인식 오류를 수정하고, 법규 조항별로 내용을 분절하여 구조화(예: 장, 절, 조, 항, 호, 목)하고 메타데이터(법규명, 조항 번호, 시행일, 개정 이력 등)를 부여하여 DB에 저장한다. 중복되거나 상충되는 법규 정보는 최신 유효 법규를 기준으로 정리하고 버전 관리를 수행한다. 결측된 사업 정보는 표준값으로 초기화하거나 추가 정보 입력을 통해 보완한다. - 처리 및 활용: 정제된 법규 텍스트는 자연어 처리(NLP) 기술(토큰화, 형태소 분석, 구문 분석, 개체명 인식 등)을 통해 AI가 이해할 수 있는 형태로 가공된다. AI는 이를 기반으로 현재 프로젝트 정보와 매칭하여 적용 가능한 법규 조항을 식별하고, 필요한 인허가 유형, 제출 서류 목록, 필수 검토 항목 등을 자동으로 생성한다. 과거 인허가 사례 데이터는 머신러닝 모델 학습에 활용되어, 현 프로젝트의 잠재적 인허가 리스크 요인을 예측하고 사전 검토 체크리스트를 제공한다.

2. 인허가 신청 서류 자동 생성 및 검토

데이터 수집	- 수집 대상: BIM(Building Information Modeling) 모델 데이터(건축 개요, 면적, 층수, 구조 형식, 주요 자재 등), 사업계획서, 설계도면(CAD 파일, PDF), 국토부 및 지자체 제공 표준 인허가 신청 서식 DB, 토지대장/건축물대장 등 각종 증명서, 환경/교통/재해영향평가 보고서 초안. - 수집 방법: BIM 서버 또는 클라우드 플랫폼과의 API 연동을 통해 모델 데이터를 직접 추출한다. 내부 문서 관리 시스템(EDMS)에서 사업계획서 및 설계도면을 확보하고, 공공기관 웹사이트에서 표준 서식을 다운로드한다. 증명서는 정부24 등 전자민원창구를 통해 발급받거나 스캔하여 디지털화한다.

데이터 전처리, 정제 및 처리 과정 (AI 활용을 위한 준비 및 실제 사용)	- 전처리: BIM 데이터에서 인허가 서류 작성에 필요한 객체 정보(벽, 바닥, 창호 등)와 속성 정보(면적, 체적, 재질, 내화등급 등)를 IFC(Industry Foundation Classes) 표준 형식 또는 API를 통해 추출 가능한 형태로 변환한다. CAD 도면은 주요 레이어(예: 건축선, 벽체 중심선)를 식별하고, 도면 내 텍스트 정보(실명, 치수)를 추출한다. 스캔된 증명서나 보고서는 OCR 처리를 통해 텍스트 데이터를 확보하고, 표 형식 데이터는 구조화한다. - 정제: 추출된 정보의 단위(예: 면적 단위 m^2로 통일) 및 용어(예: 건축 용어 표준화)를 일관성 있게 정리한다. BIM 객체 정보의 누락이나 속성값 오류를 검증하고 수정한다. 표준 신청 서식 DB의 필드 정의 및 데이터 유효성 규칙을 점검하고 최신화한다. - 처리 및 활용: AI는 정제된 BIM 데이터, 사업계획서 정보, 도면 정보 등을 사전에 정의된 표준 인허가 서식의 해당 항목에 자동으로 매핑하고 입력하여 신청서, 건축개요서, 면적 산출 근거 등의 초안을 생성한다(RPA 기술 접목 가능). 생성된 서류는 규칙 기반 시스템(Rule-based System) 또는 과거 오류 사례를 학습한 머신러닝 모델을 통해 필수 기재항목 누락 여부, 첨부 서류 목록과의 정합성, 기재 내용의 논리적 오류, 계산 값의 정확성 등을 자동으로 검토한다. 오류 또는 미비점 발견 시 사용자에게 알림과 함께 수정 가이드라인을 제공한다.

3. 법규 자동 해석 및 설계 적합성 분석

데이터 수집	- 수집 대상: 건축법, 주택법, 소방법, 장애인·노인·임산부 등의 편의증진 보장에 관한 법률 등 전문 법규 원문 및 하위 시행령/시행규칙, 각 지자체 건축 조례 및 지구단위계획 시행지침의 상세 조건, 국토교통부 고시 기술 기준(예: 건축물의 피난 · 방화구조 등의 기준에 관한 규칙), BIM 모델(3D 형상 및 공간 관계, 객체 속성 정보). - 수집 방법: 법제처, 국토부, 소방청, 각 지자체 웹사이트 등에서 법규 및 기술 기준 문서를 수집한다. BIM 모델은 설계팀으로부터 직접 전달받거나 BIM 통합 플랫폼을 통해 접근한다.
데이터 전처리, 정제 및 처리 과정 (AI 활용을 위한 준비 및 실제 사용)	- 전처리: 법규 원문 및 기술 기준 텍스트를 문장 또는 조항 단위로 분해하고, 각 구성요소(주어, 목적어, 술어, 조건절 등)를 식별하기 위한 언어학적 전처리를 수행한다. BIM 모델은 분석 대상 객체(예: 벽, 창, 계단, 복도, 대지 경계선)와 관련 속성(예: 재질의 내화성능, 창호의 단열성능, 복도의 유효폭)을 정확하게 식별하고 추출한다. 공간 관계 분석을 위해 모델의 위상(Topology) 정보를 정립한다. - 정제: 법규 텍스트의 모호한 표현이나 다의적 해석이 가능한 부분은 주석 정보를 추가하거나, 전문가 시스템이 활용 가능한 명확한 지식 표현(예: 온톨로지, 시맨틱 웹 기술) 형태로 변환한다. BIM 데이터의 형상 오류(객체 간 불필요한 겹침, 연결되지 않은 요소 등)를 수정하고, 법규 검토에 필요한 속성 정보의 누락(예: 특정 벽체의 내화등급 미입력)을 보완한다. - 처리 및 활용: AI는 NLP 기술을 활용하여 법규 텍스트의 의미를 해석하고, 이를 컴퓨터가 실행 가능한 논리적 규칙(예: "IF [조건] THEN [결과/요구사항]")으로 자동 변환하거나 반자동으로 구축한다. 이렇게 변환된 법규 규칙과 BIM 모델 데이터를 실시간으로 연동하여, 건폐율, 용적률, 건축물의 높이 제한, 인동간격, 일조/채광 기준, 피난계단 및 복도 유효폭, 방화구획 적정성, 장애인 편의시설 설치 기준 등의 법규 적합성을 자동으로 분석하고 시뮬레이션한다. 위반 사항이나 기준 미달 항목은 해당 법규 조항의 근거와 함께 3D 모델 상에 시각적으로 명확히 표시하여 설계 수정 작업을 지원한다.

4. 심의 과정 지원 및 보완 자동화

데이터 수집	- 수집 대상: 과거 유사 프로젝트의 인허가 심의위원회 회의록(음성 또는 텍스트), 주요 질의응답(Q&A) 데이터, 보완 요구서 및 그에 따른 조치 결과 보고서, 관련 법규 해설서, 판례, 기술 기준 해석 자료, 연구 논문, 분야별 전문가 지식베이스(예: 소방, 구조, 환경). - 수집 방법: 내부 DB 및 문서 관리 시스템, 공개된 공공기관 심의 자료 아카이브, 전문가 인터뷰 및 자문을 통한 지식 수집, 학술 DB 검색.
데이터 전처리, 정제 및 처리 과정 (AI 활용을 위한 준비 및 실제 사용)	- 전처리: 음성 형태의 회의록은 음성-텍스트 변환(STT) 기술을 사용하여 텍스트 데이터로 변환한다. 비정형 텍스트 데이터(회의록, 보고서 등)에서 주요 쟁점 사항, 심의위원의 질의 내용, 보완 지시 사항, 그에 대한 답변 및 조치 결과 등을 추출하여 구조화된 데이터(예: 질의-답변 쌍, 문제점-해결책 쌍)로 변환한다. - 정제: 추출된 데이터에서 중복 내용을 제거하고, 사용된 전문 용어 및 약어를 표준화한다. 개인정보나 민감 정보는 비식별화 처리를 수행한다. 전문가 지식은 개념 간의 관계를 정의하는 온톨로지(Ontology) 형태로 구축하여 지식의 체계성과 검색 효율성을 높인다. - 처리 및 활용: AI는 머신러닝 기법(예: 텍스트 분류, 토픽 모델링, 유사도 분석)을 통해 현재 프로젝트의 특성과 가장 유사한 과거 심의 사례를 검색하고, 이를 바탕으로 예상되는 심의 쟁점, 주요 질의사항, 보완 요구 가능성이 높은 항목을 예측하여 제시한다. 실제 심의 과정에서 발생하는 질의에 대해, AI는 구축된 지식베이스 및 과거 Q&A 데이터를 신속하게 검색하여 관련 법규 조항, 기술적 근거, 유사 해결 사례 등을 제시하거나 답변 초안 생성을 지원한다(챗봇 형태 가능). 보완 요구 발생 시, AI는 요구 내용을 분석하여 필요한 설계 변경 범위, 보완 서류 작성 가이드, 관련 근거 자료 및 유사 성공 사례를 제안하여 신속하고 정확한 보완 조치를 지원한다.

5. 인허가 진행 상황 모니터링 및 예측

데이터 수집	- 수집 대상: 각 인허가 관청(지자체, 소방서, 환경청 등)의 표준 업무 처리 절차 및 법정 처리 기한 데이터, 온라인 인허가 시스템(예: 건축행정시스템 세움 터)과의 실시간 연동 데이터(API 방식 등), 과거 프로젝트별 각 인허가 단계의 신청일, 접수일, 보완 요청일, 보완 완료일, 승인일 등의 타임라인 데이터, 담당 공무원 또는 대관 업무 담당자의 피드백 및 수동 업데이트 정보. - 수집 방법: 공공기관 웹사이트 정보, 인허가 시스템 직접 연동(기술적 가능 시), 내부 프로젝트 관리 시스템(PMS)의 데이터 축적, 담당자 정기 보고.

데이터 전처리, 정제 및 처리 과정 (AI 활용을 위한 준비 및 실제 사용)	- 전처리: 다양한 출처로부터 수집된 인허가 진행 상황 데이터를 표준화된 데이터 형식(예: 프로젝트 ID, 인허가 종류, 단계명, 시작일, 종료일, 현재 상태, 담당자 등)으로 통합한다. 텍스트 형태로 입력된 담당자 피드백이나 메모는 주요 키워드를 추출하거나 정형 데이터 항목으로 변환한다. - 정제: 데이터의 시간적 순서 및 논리적 일관성을 검증하고, 오류(예: 종료일이 시작일보다 빠름, 비정상적인 처리 기간)를 수정하거나 이상치로 처리한다. 누락된 진행 단계 정보는 관련 전후 단계 정보를 바탕으로 합리적으로 추정하거나 보완한다. - 처리 및 활용: AI는 수집 및 정제된 실시간 데이터를 기반으로 현재 각 인허가 항목의 진행 상황을 통합 대시보드에 시각 화하여 제공한다. 과거 다수의 프로젝트에서 축적된 단계별 실제 소요 기간 데이터와 프로젝트 특성 변수(예: 연면적, 용도, 지역, 신청 시기)를 학습한 시계열 예측 모델 또는 회귀 분석 모델을 사용하여, 각 단계의 잔여 예상 소요 시간 및 전체 인허가 최종 완료 시점을 예측한다. 예측된 지연 가능성이 높은 단계나 법정 처리 기한이 임박한 건에 대해서는 사전에 경고 알림을 발생시켜, 담당자가 선제적으로 상황을 점검하고 필요한 조치를 취할 수 있도록 지원한다.

6. 인허가 조건 분석 및 후속 조치 지원

데이터 수집	- 수집 대상: 최종 인허가 승인 공문 및 조건부 허가(승인) 사항이 명시된 공식 문서(PDF, HWP 등 스캔 본 포함), 관련 법규 및 기술 기준 원문, 과거 유사 인허가 조건의 이행 사례 및 관련 보고서, 현재 프로젝트의 사업 관리 시스템(PMS) 및 설계 변경 관리 시스템과의 연동 데이터, 각 조건별 담당 부서 및 담당자 정보. - 수집 방법: 인허가 관청과 부서로부터 수령한 공식 문서, 내부 문서 관리 시스템, 과거 프로젝트 DB, 담당자 연락망.
데이터 전처리, 정제 및 처리 과정 (AI 활용을 위한 준비 및 실제 사용)	- 전처리: 인허가 승인 공문(특히 스캔 된 이미지 형태의 문서)에서 OCR 기술을 사용하여 텍스트 데이터를 추출한다. 추출된 텍스트에서 조건부 사항 부분을 식별하고, 각 조건을 개별 항목으로 분리한다. 조건과 직접 관련 없는 일반 행정 안내 문구 등은 제거한다. - 정제: 각 조건의 내용을 명확하게 이해할 수 있도록 문장 구조를 분석하고, 모호하거나 복잡한 표현은 표준화된 용어나 간결한 문장으로 재구성한다. 각 조건별로 이행 주체(담당 부서/팀), 이행 기한, 중요도, 관련 법규 조항 등의 핵심 속성을 추출하여 부여하고, 이를 구조화된 데이터(예: 데이터베이스 테이블, JSON 객체)로 저장한다. - 처리 및 활용: AI는 NLP 기술을 활용하여 각 인허가 조건의 핵심 내용을 분석하고, 해당 조건의 이행을 위해 필요한 구체적인 후속 조치(예: 특정 시설의 추가 설치, 설계 도면의 일부 변경, 추가적인 시험성적서 제출, 전문가의 현장 확인 및 자문 등)를 관련 법규 조항, 기술 기준, 과거 유사 조건 이행 사례 등을 기반으로 자동 식별하거나 담당자에게 추천한다. 각 조건의 이행 상황을 시스템을 통해 추적 관리하며, 이행 기한이 임박하거나 지연될 경우 관련 담당자에게 자동으로 알림을 제공한다. 조건 이행 완료 시 필요한 증빙자료 목록을 제시하고, 최종 이행 결과 보고서 작성을 위한 표준 템플릿 및 관련 근거 자료를 제공하여 효율적인 후속 조치를 지원한다.

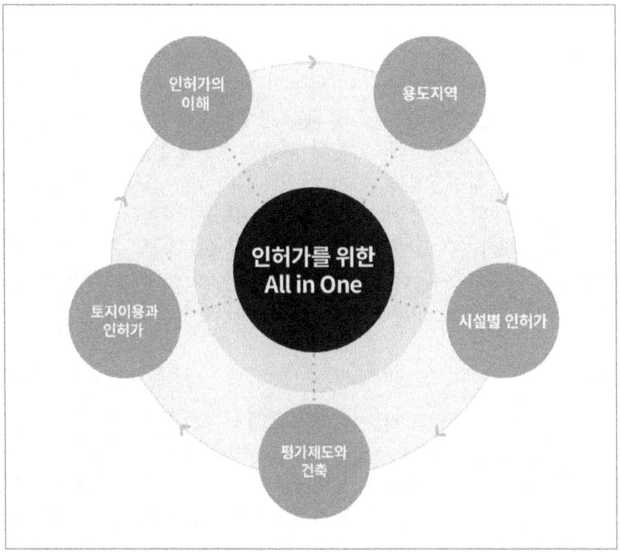

https://fastcampus.co.kr

5.3 인허가 단계에 활용되는AI기반 알고리즘

5.3.1 자동 법규 검토 단계에 활용되는 AI 알고리즘 및 도구의 유형별 목표, 기술, 역할, 장단점 및 활용 예시

■ **자동 법규 검토 단계에 활용되는 AI 알고리즘 및 도구의 유형별 목표, 기술, 역할, 장단점 및 활용 예시**

자동 법규 검토 AI 알고리즘/도구 유형	규칙 기반 법규 모델링 및 적용 시스템	설계 모델 데이터 분석 및 검증 시스템	오류 보고 및 시각화 도구
목표	복잡한 법규 조항을 디지털 규칙으로 전환하고 설계안에 자동 적용하여 법규 준수 여부를 판단한다.	설계 모델(BIM)에서 필요한 데이터를 추출하고 분석하여 법규 검토에 활용한다.	법규 위반 사항 및 설계 오류를 명확하고 시각적으로 보고하여 사용자의 이해와 수정을 돕는다.
기술	규칙 엔진, 전문가 시스템, 지식 표현 기술, 자동 코드 검토 소프트웨어 플랫폼	BIM 데이터 추출 API, 공간 분석(GIS 연계), 기하학적 측정 알고리즘, 데이터 유효성 검사	자동 보고서 생성, 3D 모델 하이라이팅/주석 기능, 데이터 시각화, 사용자 인터페이스 설계

역할	건축 법규, 도시 계획 조례, 피난/방화 규정, 장애인 편의시설 기준 등 다양한 법적 요구사항을 컴퓨터가 이해할 수 있는 규칙 형태로 구축하고, 설계 모델(예: BIM 모델)의 요소들이 이 규칙을 만족하는지 검사한다. 설계의 법적 유효성을 검증한다.	BIM 모델 내 각 건축 요소(벽, 슬래브, 창문, 문 등)의 속성(크기, 재질, 기능 등) 및 공간 관계 정보를 추출한다. 추출된 정보를 활용하여 면적, 길이, 개수 등을 계산하고, 이를 규칙 기반 시스템에서 정의된 법규 기준(예: 최소 면적, 최대 길이, 필수 개수 등)과 비교 검증한다.	자동 검토 과정에서 발견된 모든 법규 위반 사항 목록을 관련 법규 조항, 위반 내용, 발생 위치(도면 번호 또는 3D 모델 좌표) 등 상세 정보와 함께 보고서 형태로 생성한다. 3D 모델 상에서 위반된 객체나 영역을 색상으로 표시하거나 주석을 달아 디자이너가 문제점을 쉽게 파악하고 수정하도록 돕는다.
장점	수천 개의 법규 조항을 빠르고 일관성 있게 검토한다. 인적 오류로 인한 법규 위반 가능성을 최소화한다. 설계 초기 단계부터 법규 문제를 발견하여 수정 비용과 시간을 절감한다. 법규 준수 여부에 대한 객관적인 판단 근거를 제시한다.	설계 모델에 포함된 정보를 직접 활용하여 검토의 신뢰성을 높인다. 복잡한 공간적 계산(예: 이격 거리, 채광 면적 비율)을 자동 수행한다. 검토 결과에 대한 구체적인 데이터 근거를 제시할 수 있다. 설계 모델 업데이트 시 즉각적인 재검토가 가능하다.	검토 결과를 빠르고 명확하게 이해할 수 있도록 돕는다. 문제 발생 위치를 시각적으로 제공하여 오류 수정 시간을 단축한다. 검토 보고서의 표준화 및 자동 생성으로 문서 관리 효율성을 높인다. 이해관계자(설계자, 발주처, 인허가 기관) 간의 소통 및 피드백 과정을 원활하게 한다.
단점	복잡하거나 모호한 법규 조항을 컴퓨터 규칙으로 완벽하게 변환하는 데 어려움이 있을 수 있다. 법규 개정 시 규칙 세트를 지속적으로 업데이트해야 한다. 설계 모델에 표현되지 않은 정보에 대한 법규 검토는 불가능하다. 모든 종류의 법규 위반을 감지할 수 있는 것은 아니다.	BIM 모델의 데이터 입력 누락이나 오류가 검토 결과의 정확성에 직접적인 영향을 미친다. 모델에 표현되지 않은 설계 의도나 현장 상황은 검토에 반영되지 않는다. 다양한 설계 소프트웨어 및 BIM 모델 표준 간의 데이터 호환성 문제가 발생할 수 있다.	오류 보고의 상세 수준과 시각화 방식은 도구의 기능에 따라 달라진다. 보고서가 오류의 원인까지 직접 설명해주지는 않는다. 복잡한 모델에서 다수의 오류가 발생할 경우 시각화 정보가 혼잡해질 수 있다. 오류 수정 자체는 인간 디자이너의 역할이다.

활용 예시	건축물 높이 제한, 용적률/건폐율 계산 및 준수 여부 확인 규칙 적용. 주차장 설치 기준(세대당 주차 대수, 크기 등) 만족 여부 검토. 피난 통로 폭, 비상구 개수, 방화 구획 기준 충족 여부 자동 확인. 장애인 접근성 확보를 위한 경사로 기울기, 문 폭, 화장실 크기 기준 준수 검사.	BIM 모델에서 각 실의 면적을 추출하여 최저 면적 기준 만족 여부 검토. 외벽선과 대지 경계선 간의 거리를 자동 측정하여 이격 거리 규제 준수 확인. 창문 총 면적을 계산하여 채광 의무 기준 만족 여부 검증. 소방 시설(스프링클러, 감지기)의 설치 간격 및 위치가 규정에 맞는지 검토.	검토 후 법규 위반 목록(예: 용적률 초과, 일조 사선 제한 미준수 등)이 포함된 보고서 자동 생성. 3D 모델 뷰에서 법규 위반 요소(예: 허용 높이를 초과한 건물 부분, 이격 거리 미달된 외벽) 하이라이팅. 특정 오류 유형(예: 피난 동선 오류)에 대한 맞춤형 시각적 분석 결과 제공. 인허가 담당자가 가상 환경에서 직접 법규 검토 결과를 확인하고 의견을 제시하는 기능 제공.

5.3.2 인허가 서류작성 지원

5.3.2.1 거대언어모델(LLM) 기술의 발전은 인허가 관련 문서작업 자동화 가능성을 높이고 있다.

(1) AI가 방대한 법규 및 행정 데이터를 학습하여 인허가 신청에 필요한 각종 도면 목록, 신청서, 검토서 등 관련 서류의 초안 작성을 지원하거나 필요한 정보를 자동으로 추출하여 제공할 수 있다.

아파트 단지 개발 프로세스의 인허가 단계에서 AI는 서류 작성 자동화를 지원한다. AI가 방대한 법규 및 행정 데이터를 학습하여 인허가 신청에 필요한 각종 도면 목록, 신청서, 검토서 등 관련 서류의 초안 작성을 지원하거나 필요한 정보를 자동으로 추출하여 제공할 수 있다. 거대언어모델(LLM) 기술의 발전은 이러한 문서 작업 자동화 가능성을 높이고 있다.

(2) AI 기반 인허가 서류 작성 지원 도구는 LLM 기술 등을 활용하여, 복잡하고 시간이 많이 소요되는 인허가 문서 작업의 상당 부분을 자동화한다

AI 기반 인허가 서류 작성 지원 도구는 방대한 법규 및 행정 데이터를 학습하고 LLM 기술 등을 활용하여, 복잡하고 시간이 많이 소요되는 인허가 문서 작업의

상당 부분을 자동화한다. 이는 인허가 절차의 효율성을 높이고 오류를 줄임으로써 아파트 단지 개발 프로젝트의 원활한 진행에 크게 기여한다.

5.3.2.2 인허가 서류작성 지원에 활용되는 AI 알고리즘 및 도구의 유형별 목표, 기술, 역할, 장단점 및 활용 예시

■ **인허가 서류작성 지원에 활용되는 AI 알고리즘 및 도구의 유형별 목표, 기술, 역할, 장단점 및 활용 예시**

문서 작업 자동화 AI 알고리즘 및 도구	정보 추출 및 요약 시스템	문서 초안 작성 및 생성 모델	데이터 기반 문서 관리 및 유효성 검증 도구
목표	방대한 법규 및 행정 문서에서 인허가 신청에 필요한 핵심 정보를 자동으로 파악하고 추출한다.	추출된 정보와 표준 양식을 바탕으로 인허가 신청 관련 서류의 초안을 자동으로 작성한다.	생성된 인허가 서류가 최신 데이터 및 규제에 부합하는지 확인하고 문서 제출 절차를 관리한다.
기술	자연어 처리(NLP), 정보 추출(IE) 알고리즘, 텍스트 요약 모델, 거대언어모델(LLM)	거대언어모델(LLM), 자연어 생성(NLG) 모델, 템플릿 기반 문서 생성 시스템	데이터 통합 플랫폼, 데이터 유효성 검증 알고리즘, 문서 관리 시스템(DMS) 연동, 버전 관리
역할	인허가 관련 법규, 지침, 과거 사례 문서 등에서 요구사항, 필요 서류 목록, 특정 기준치, 절차 정보 등 필요한 데이터를 자동으로 추출한다. 수집된 정보는 신청서 작성 및 서류 목록 준비의 기초 자료로 활용된다.	정보 추출 시스템에서 얻은 프로젝트 관련 데이터(사업 개요, 규모, 부지 정보, 규제 준수 현황 등)와 표준화된 인허가 서류 템플릿을 결합하여, 인허가 신청서, 사업 계획 요약서, 도면 목록, 간단한 검토 보고서 등의 초안을 자동 생성한다.	생성된 서류(신청서, 도면 목록 등)의 내용이 최신 설계 모델 데이터 및 자동 법규 검토 결과와 일치하는지 교차 검증한다. 제출해야 할 모든 필수 서류가 구비되었는지 체크리스트 기반으로 확인한다. 문서 버전 관리를 통해 혼란을 방지하고, 인허가 관청 제출 절차를 지원한다.

장점	수동 정보 탐색 대비 시간과 노력을 대폭 절감한다. 사람이 놓치기 쉬운 미세한 규정이나 요구 사항을 식별하는 데 도움이 된다. 방대한 양의 문서를 신속하게 분석하고 필요한 정보만 요약하여 제공한다. 데이터 기반으로 최신 규정 정보를 파악할 수 있다.	반복적이고 정형화된 문서 작성 시간을 크게 단축한다. 빈 서류부터 시작하는 부담을 줄여준다. 기본 내용 및 형식의 일관성을 확보한다. 담당자는 AI가 작성한 초안을 검토하고 수정하는 데 집중하여 작업 효율성을 높인다. LLM 기술 발전으로 보다 자연스럽고 유연한 문서 작성이 가능해진다.	서류 내용의 정확성과 일관성을 높여 인허가 반려 위험을 줄인다. 필수 제출 서류 누락을 방지한다. 문서 관리 및 제출 과정을 체계화하여 행정 절차 효율성을 향상시킨다. 설계 변경 시 관련 서류 업데이트 필요성을 감지하고 재검증을 지원한다.
단점	문서의 형식이나 품질에 따라 정보 추출 정확도가 달라질 수 있다. 법규의 복잡성이나 모호성에 따라 해석 오류가 발생할 수 있다. 최신 개정 법규가 시스템에 즉시 반영되지 않을 수 있다.	AI가 생성한 초안은 반드시 인간 전문가의 철저한 검토와 수정이 필요하다. 사실 오류, 논리적 비약, 문맥상 부자연스러움 등이 발생할 수 있다. 고도로 전문적이거나 비정형적인 내용의 문서는 자동 생성에 한계가 있다. 최신 법규 변화나 프로젝트의 특수성을 완벽하게 반영하지 못할 수 있다.	시스템에 통합된 데이터(설계 모델, 법규 정보 등)의 신뢰성에 의존한다. 서류 내용의 진위 여부나 법률적 해석의 정확성 자체를 판단하지는 못한다. 다양한 인허가 관청별 상이한 제출 시스템과의 연동에 기술적 어려움이 있을 수 있다. 모든 종류의 오류나 누락을 완벽하게 감지할 수 있는 것은 아니다.
활용 예시	특정 부지 및 사업 유형에 적용되는 건축 법규, 도시계획 조례의 핵심 요구 사항(용적률, 건폐율, 높이, 주차 등) 자동 추출. 인허가 신청 시 제출해야 하는 필수 도면 목록 및 서류 양식 자동 파악. 환경영향평가 또는 교통영향평가 대상 여부 및 관련 제출 서류 목록 자동 추출. 복잡한 지침 문서를 요약하여 담당자에게 제공.	사업 개요, 부지 정보, 예상 규모 등이 입력된 인허가 신청서 초안 자동 작성. 자동 법규 검토 결과(준수/위반 항목)를 기반으로 하는 규제 준수 검토 보고서 일부 초안 생성. 프로젝트 특성에 맞는 도면 목록 초안 자동 생성. 표준 형식의 사업 계획 요약서 초안 작성.	인허가 신청서에 기재된 건축 면적과 BIM 모델에서 산출된 건축 면적 일치 여부 자동 검증. 제출 도면 목록에 명시된 모든 도면 파일이 실제 제출 폴더에 존재하는지 확인. 인허가 검토 보고서의 내용이 자동 법규 검토 결과와 일관적인지 체크. 서류 제출 마감일 관리 및 알림 기능. 인허가 진행 단계별 필수 제출 문서 자동 안내.

나무로 뒤덮인 117m 고층 아파트가 세계 최초로 등장한다.
이탈리아 건축가 스테파노 보에리(Stefano Boeri)가
디자인한 117미터, 36층짜리 친환경 아파트가 스위스 로잔에 세워질 예정이다.
https://www.lafent.com/inews/news

5.3.3 인허가 단계: 인허가 프로세스 예측 및 관리

- **인허가 프로세스 예측 및 관리를 지원하는 AI 알고리즘 및 도구의 유형별 목표, 기술, 역할, 장단점 및 활용 예시**

인허가 프로세스 예측 및 관리 AI 알고리즘 및 도구 유형	소요 기간 예측 알고리즘	예상 이슈 식별 및 예측 알고리즘	프로세스 단계별 안내 및 관리 시스템
목표	과거 데이터 학습을 통해 특정 프로젝트의 인허가 완료까지의 총 소요 기간 및 단계별 예상 기간을 예측한다.	과거 사례 분석을 통해 해당 프로젝트 인허가 과정에서 발생할 가능성이 높은 문제점이나 검토 사항을 예측한다.	인허가 프로세스의 전체 흐름과 각 단계별 필요 작업, 제출 서류, 담당 기관 정보 등을 제공하고 진행 상황을 관리한다.

기술	시계열 예측 모델 (ARIMA 등), 회귀 분석, 기계 학습 모델 (Random Forest, Gradient Boosting 등), 데이터 분석	기계 학습 (분류, 클러스터링), 텍스트 분석 (NLP), 연관 규칙 분석, 케이스 기반 추론(CBR)	워크플로우 관리 시스템, 비즈니스 프로세스 관리 (BPM) 도구, 데이터 통합, 알림 시스템, 예측 결과 연동
역할	과거 유사 프로젝트의 인허가 완료 데이터(신청일, 단계별 승인일 등)를 분석하여, 현재 프로젝트의 특성(규모, 지역, 복잡성 등)을 기반으로 각 인허가 단계(건축 심의, 교통/환경 영향평가, 착공 신고 등)의 예상 소요 기간 및 전체 프로세스 완료 예상 시점을 산출한다. 프로젝트 일정 계획 수립의 근거를 제공한다.	과거 프로젝트에서 발생한 설계 변경 요청, 보완 요구 사항, 민원, 심의 위원회 지적 사항 등의 데이터를 분석하여, 현재 프로젝트의 설계 내용, 부지 특성, 예상되는 영향(교통량, 환경 등) 등을 기반으로 예상되는 주요 이슈 유형(예: 일조권 문제, 교통 대책 미흡, 조경 계획 변경 요구) 및 발생 가능성이 높은 단계를 예측하여 안내한다.	인허가 과정의 각 단계(예: 건축 심의→건축 허가 신청→착공 신고)를 정의하고, 각 단계에서 필요한 제출 서류 목록, 관련 법규 조항, 예상 소요 기간(예측 결과 연동), 예상되는 주요 이슈 등을 사용자에게 안내한다. 프로젝트의 현재 진행 상황을 추적하고, 다음 단계 진행을 위한 작업 목록과 마감일을 관리한다.
장점	경험에 의존하지 않고 데이터 기반으로 예측하여 일정 계획의 객관성 및 신뢰도를 높인다. 인허가 과정의 불확실성을 줄여 보다 현실적인 사업 일정을 수립하게 한다. 예상치 못한 지연 가능성을 사전에 파악하여 대응 계획을 세우는 데 도움을 준다.	인허가 과정 중 발생할 수 있는 잠재적 문제점을 사전에 인지하고 대비할 수 있게 한다. 예상 이슈별로 필요한 서류 준비, 기술 검토, 관계자 협의 등 대응 계획을 미리 세울 수 있다. 문제 발생 시 당황하지 않고 신속하고 효율적으로 대응하게 한다. 특정 유형의 프로젝트가 반복적으로 겪는 문제점을 시스템적으로 파악한다.	복잡하고 다 단계적인 인허가 프로세스를 명확하게 구조 화하여 사용자의 이해를 돕는다. 각 단계별 필수 작업 및 제출 서류 누락을 방지한다. 예측된 소요 기간 및 이슈 정보를 바탕으로 실제 일정 관리 및 리스크 관리를 통합적으로 지원한다. 관련 팀원 간 정보 공유 및 협업을 원활하게 한다. 인허가 과정 전체에 대한 가시성을 확보한다.
단점	예측 정확성은 학습 데이터의 양, 품질, 유사성 및 최신성에 크게 좌우된다. 과거 데이터에 나타나지 않은 새로운 변수나 외부 요인(정책 변화, 담당자 교체 등)의 영향을 예측하기 어렵다. 예측 결과가 실제와 다를 경우 일정 관리에 차질이 발생할 수 있다.	발생 가능성이 매우 낮거나 완전히 새로운 유형의 이슈는 예측하기 어렵다. 과거 이슈 데이터의 상세함과 구조화 수준에 따라 예측 정확도가 제한될 수 있다. 예측된 이슈가 반드시 발생하는 것은 아니므로 불필요한 대비에 자원이 소모될 수 있다. 데이터 기반 예측일 뿐, 문제 발생의 근본 원인 분석이나 해결 방안 제시에는 한계가 있다.	인허가 프로세스 모델 자체의 정확성과 최신성이 중요하다(지자체별, 시기별 프로세스 상이). 다양한 제출 시스템과의 연동에 기술적 어려움이 있을 수 있다. 예측 결과의 불확실성이 관리 시스템 운영에 영향을 미칠 수 있다. 시스템 내에서 모든 인허가 관련 상호작용(공문, 협의 등)을 완벽하게 관리하기 어렵다.

활용 예시	프로젝트 규모, 위치, 용도 등 입력 시 예상되는 전체 인허가 소요 기간(예: 10~14개월) 예측. 각 주요 인허가 단계(예: 건축허가, 착공신고)별 예상 심의/처리 기간 산출. 과거 데이터를 통해 특정 인허가 기관에서의 평균 처리 시간 분석 및 예측. 유사 프로젝트의 계절별 또는 시기별 인허가 소요 기간 패턴 분석.	제안된 아파트 설계안 검토 후 예상되는 주요 검토 사항(예: 건폐율 초과, 조경 계획 미흡, 주차 대수 부족 등) 사전 안내. 특정 부지에 민원이 빈번했던 과거 사례 분석을 통해 예상되는 민원 유형(예: 소음, 조망권 침해) 예측. 교통 영향 평가 단계에서 과거 유사 규모 프로젝트에서 주로 지적되었던 교통대책 미흡 이슈 예측. 환경영향 평가 단계에서 예상되는 환경 보호 관련 보완 요구 사항 식별.	프로젝트 시작 시 전체 인허가 프로세스 단계별 예상 일정 및 필요 작업 목록 자동 생성. 각 단계 완료 시 시스템 업데이트 및 다음 단계 작업 자동 안내. 예상보다 지연되거나 예상 이슈 발생 시 담당자에게 알림 발송. 인허가 과정 중 필요한 법규 해석이나 제출 서류 관련 정보를 단계별로 제공. 인허가 진행 상황을 대시보드로 시각 화하여 프로젝트 팀 및 이해관계자에게 공유.

6 AI 기반 시공 단계(스마트 건설)

똑똑한 아파트가 대세"...아파트 AI 도입 열풍 - 팍스경제TV, https://www.paxetv.com/news

6.1 AI 기반 아파트 단지 개발 시공(스마트 건설)프로세스

AI 기반 아파트 단지 개발에서 시공(스마트 건설) 프로세스는 전통적인 건설 방식에 인공지능, 빅데이터, IoT, 드론, 로봇 등 첨단 기술을 접목하여 생산성, 안전성, 품질을 혁신적으로 향상시키는 것을 목표로 한다. 각 단계별 주요 내용과 적용 기술은 다음과 같다.

단계	주요 활동	AI 기반 스마트 건설 기술 및 적용	기대 효과
1. 시공 준비 및 계획 최적화	- 공정 계획 수립, - 위험 요소 예측, - 현장 정보 분석, - 자원 배분 계획	- AI 기반 공정 최적화 알고리즘 - BIM 연동 AI 시뮬레이션 (간섭, 오류 예측) - 드론/LiDAR 측량 데이터 AI 분석 (토공량 산출) - AI 기반 자재/장비/인력 수요 예측 및 자동 발주 연계	- 공기 단축, - 비용 절감, - 리스크 최소화, - 생산성 향상

2. 토공 및 기초 공사	- 지반 상태 평가, - 정밀 토공 작업, - 토공량 실시간 모니터링	- AI 기반 지반 데이터 분석 및 안정성 예측 - AI 탑재 자율주행 건설기계 (GPS 연동) - 드론 촬영 이미지 AI 분석 (토공 진행률, 물량 관리)	- 작업 효율 증대, - 시공 정밀도 향상, - 안전성 강화
3. 골조 공사	- 철골/철근 작업, - 거푸집 설치, 콘크리트 타설, - 고위험 작업 안전관리, - 모듈러 조립	- 건설 로봇 활용 (용접, 철근 결속, 미장 등) - AI 비전 기술 기반 자동 검측 (철근 배근, 거푸집 등) - AI 카메라 활용 작업자 위험 행동 감지 및 경고 - AI 기반 모듈러 유닛 조립 최적화	- 생산성 극대화, - 인력 의존도 감소, - 품질 균일화, - 안전사고 예방
4. 마감 및 설비 공사	- 내/외부 마감 품질 검사, - 설비 시스템 설치 및 모니터링, - 작업자 관리	- AI 비전 기술 기반 마감 품질 자동 검사 - IoT 센서 및 AI 분석 (설비 시스템 이상 감지) - AR/AI 연동 시공 가이드 및 오류 검출 - AI 기반 작업자 위치 추적 및 공정 관리 최적화	- 시공 품질 향상, - 하자 발생 감소, - 공정 관리 효율화, - 유지보수 용이성 증대
5. 검사, 준공 및 유지 보수 연계	- 최종 하자 검출, - 디지털 트윈 구축, - 데이터 기반 리스크 평가, - 유지보수 계획 수립	- AI 이미지 분석 기반 자동 하자 검출 시스템 - 시공 데이터 통합 AI 기반 디지털 트윈 구축 - AI 기반 최종 안전/품질 검사 데이터 분석- 빅데이터 분석을 통한 차기 프로젝트 개선 방안 도출	- 검사 정확도 및 효율성 증대, - 시설물 생애주기 관리 최적화, - 지속적인 프로세스 개선

상기 프로세스와 기술들은 현재 빠르게 발전하고 있으며, 실제 현장 적용 범위 또한 확대되고 있다. AI 기반 스마트 건설은 아파트 단지 건설의 패러다임을 바꾸어 더욱 안전하고 효율적이며 고품질의 건축물을 제공하는 데 핵심적인 역할을 수행할 것으로 기대된다.

6.2 시공 단계 데이터: 시공(스마트 건설)프로세스 단계의 데이터 수집, 전처리, 정제 및 처리 과정

AI 기반 스마트 건설은 데이터의 효율적인 수집, 가공, 분석을 통해 최적의 의사결정을 지원하고 생산성을 극대화하는 것을 핵심으로 한다. 시공 각 단계에서 발생하는 다양한 정형 및 비정형 데이터를 목적에 맞게 처리하는 과정은 스마트 건설의 성공에 필수적이다.

단계	데이터 수집 (주요 대상)	데이터 전처리 (주요 작업)	데이터 정제 (주요 작업)	데이터 처리 (AI 활용 및 목표)
1. 시공 준비 및 계획 최적화	- 과거 프로젝트 DB, - BIM, - 설계도, - 지질/측량 보고서, - 자재/장비 정보, - 법규	- 포맷 표준화/변환, - 속성 추출, - 텍스트 구조화	- 결측치 보완, - 이상치 제거, - 중복 제거, - 일관성 확보	- AI/머신러닝 기반 - 공기/비용/리스크 예측 모델 개발, - 자원/공정 최적화, 가상 시공 시뮬레이션
2. 토공 및 기초 공사	- 드론/LiDAR 3D 점군, - 항공 이미지, - 건설기계 GPS/IoT, - 지반 센서, - CCTV 영상	- 좌표계 통일, - 노이즈 필터링, - 해상도 조정, - 왜곡 보정, - 시간 동기화, - 단위 변환	- GPS/센서 오류 데이터 제거/보간, - 점군 밀도 균일화	- AI 객체 인식(작업자/장비/자재), - 3D 모델링, 토공량 자동 계산, - 지반 안정성 예측, - 건설기계 운영 분석
3. 골조 공사	- 장비 센서, - 작업자 스마트 안전 장비, - 드론/로봇/CCTV 이미지/영상, - 자재 RFID/바코드	- 이미지 전처리(명암, ROI 설정), - 센서 데이터 스케일링/정규화, - 시계열 정렬	- 영상 인식 오류 보정, - 센서 노이즈 제거, - 위치 데이터 오차 보정	- AI 비전 기반 자동 검측(철근, 거푸집), - 작업자 위험 행동 감지, 장비 예지보전, - 자재 실시간 소요량 예측
4. 마감 및 설비 공사	- 고해상도 카메라/3D - 스캐너 이미지, - 설비 IoT 센서, - 작업자 공정 입력, - AR 피드백	- 이미지 표준화, - 센서 단위 통일, - 텍스트 데이터 NLP 처리(구조화)	- 이미지 노이즈 제거, - 센서 이상 데이터 필터링, - 수기 입력 오류 수정	- AI 비전 기반 마감 하자 자동 검출, - 설비 시스템 이상 징후 조기 경보, - 작업자 생산성 평가 및 병목 관리, - AR 연동 시공 정확도 향상

5. 검사, 준공 및 유지보수 연계	- 시공 전 과정 데이터 통합(BIM, 공정, 품질, 센서, 이미지 등), - 준공 검사 보고서, - 하자 이력, - 열화상	- 데이터 통합 및 집계, - 메타데이터 생성, - 시계열 구성	- 통합 중복/불일치 데이터 해결, - 최종 기록 오류 보완	- AI 기반 디지털 트윈 구축/업데이트, - 시설물 성능 예측 및 예측 유지보수, - 건물 운영 최적화, - 차기 프로젝트 개선 방안 도출

이러한 데이터 처리 과정은 순차적이면서도 반복적으로 이루어지며, 각 단계의 결과는 다음 단계의 입력으로 활용되거나 실시간 피드백을 통해 공정 개선에 기여한다. 데이터의 품질과 활용 수준이 AI 기반 스마트 건설의 성패를 좌우하는 핵심 요소가 된다.

현대건설이 선보이는 '스마트 건설기술'의 현주소… '디지털 트윈' 시대, https://www.hdec.kr/kr/newsroom

6.3 시공(스마트 건설)단계에 활용되는 AI 기술의 역할

6.3.1 시공(스마트 건설)단계에 활용되는 AI 기술 유형, 역할, 활용 예시

AI 기반 아파트 단지 개발 프로세스에서 시공 단계는 AI 기술의 적극적인 활용을 통해 효율성, 안전성, 품질을 혁신적으로 향상시키는 방향으로 발전하고 있다. 시공 단계에서 AI 기술의 주요 역할과 구체적인 활용 예시는 다음 표와 같이 정리할 수 있다.

AI 기술의 주요 역할 구분	세부 역할	활용 예시
지능형 안전 관리	- 현장 영상 실시간 분석을 통한 위험 요소 자동 감지 및 경고 - 작업자 위치 및 생체 신호, 유해가스 농도 등 모니터링을 통한 사고 위험 사전 감지	- CCTV 영상 AI 분석: 작업자 위험 행동(안전모 미착용, 위험 구역 접근 등), 불안정 구조물, 화재 위험 요소 자동 감지 및 즉시 경고 - DL이앤씨: '안전 삐삐'에 고정밀 위치 감지 기술과 AI를 결합, 중장비 접근 시 경고를 통한 충돌 사고 예방 시스템 운영 - IoT 센서: 작업자 생체 신호 및 주변 환경(유해가스 농도 등) 모니터링으로 사고 위험 사전 감지
데이터 기반 품질 관리	- 고해상도 이미지 AI 분석을 통한 미세 결함 자동 탐지 및 관리 - 자재(레미콘 등) 운송 정보 실시간 모니터링 및 품질 관리	- 드론 촬영 고해상도 외벽 이미지 AI 분석: 육안 확인 어려운 미세 균열(0.3mm 수준) 자동 탐지, 위치 및 크기 기록 관리 - 현대건설: 스마트폰 촬영 이미지 기반 콘크리트 미세 균열 식별 및 관리대장 자동 생성 기술 개발 - 현대건설, 포스코이앤씨: AI 기반 레미콘 운송 차량 위치, 시간, 품질 정보 실시간 모니터링 시스템 운영
효율적인 공정 관리	- 3D 스캔 데이터 및 IoT 센서 데이터 분석을 통한 공사 진행률 자동 측정 및 계획 대비 분석 - 공정 지연 원인 파악 및 최적 공정 계획 재수립 지원	- AI 기반 드론 3D 스캔 데이터 및 현장 IoT 센서 데이터 분석: 실제 공사 진행률 자동 측정, 계획과 비교하여 지연 여부 판단 - 공정 지연 발생 시 원인 신속 파악 및 최적 공정 계획 재수립 지원 - 드론 활용 토공량 자동 산출 기술 (작업 시간 단축)
건설 자동화 및 로봇 활용	- 위험하거나 단순 반복적인 작업의 로봇 대체 수행 - 건설 중장비의 자율주행 및 머신 컨트롤 기술 적용 - 건축 부재 3D 프린팅 제작	- 건설 로봇: 앵커 설치, 천장 타공, 드릴링, 용접, 철골 볼트 체결 등 작업 수행 (생산성 향상 및 안전사고 감소) - 삼성물산: 액세스 플로어 시공 로봇, 앵커 시공 로봇, 드릴링 로봇 등 현장 적용 - AI와 센서 결합 건설 중장비(굴삭기, 불도저 등) 머신 컨트롤 및 자율주행 기술 도입 (작업 정밀도 향상) - 3D 프린터를 활용한 건축 부재 제작

디지털 트윈 기반 통합 관리	- BIM 모델 기반 실시간 현장 상황 반영 디지털 트윈 구축 - 가상 공간에서의 원격 모니터링, 문제 시뮬레이션, 공종 간 협업 지원	- BIM 모델 기반, 실제 건설 현장 상황을 실시간으로 반영하는 디지털 트윈 구축 - 관리자의 가상 공간 내 현장 상황 원격 모니터링 - 발생 가능 문제 시뮬레이션 및 다양한 공종 간 효율적 협업 지원

6.3.2 시공(스마트 건설) 단계 활용 AI 기술: 알고리즘별 목표, 기술, 역할, 장단점, 활용 예시

[AI 기술/알고리즘 대분류] 컴퓨터 비전(Computer Vision)

세부 기술/ 알고리즘 예시	객체 탐지 (Object Detection), 행동 인식 (Action Recognition)	결함 탐지 (Defect Detection), 이미지 분석 (Image Analysis)	3D 모델링 및 분석 (3D Modeling & Analysis)
목표	작업자 안전 확보, 위험 요소 자동 식별, 불안전 상태 감지	건설 품질 자동 검사, 육안 식별 어려운 미세 결함 탐지 및 정량화	현장 상황의 정밀한 3차원 재구성, 공사 진행률 자동 측정, 토공량 등 물량 산출 자동화
핵심 기술/원리	딥러닝(CNN, YOLO, R-CNN 등) 기반 영상 내 특정 객체(사람, 안전모, 장비 등)의 위치 및 종류 식별, 행동 패턴 분석	딥러닝(CNN, Autoencoder 등) 기반 이미지 특징 학습 및 정상/비정상 패턴 분류, 결함 영역 분할(Segmentation) 및 측정	SfM(Structure from Motion), SLAM(Simultaneous Localization and Mapping) 등을 활용한 다중 이미지/LiDAR 점군 데이터 기반 3D 모델 생성 및 분석
스마트 건설에서의 역할 (제공된 내용 기반)	지능형 안전 관리: CCTV 영상 실시간 분석을 통한 작업자 위험 행동(안전모 미착용, 위험 구역 접근), 불안정한 구조물, 화재 위험 요소 자동 감지 및 경고	데이터 기반 품질 관리: 드론 촬영 고해상도 외벽 이미지 분석을 통한 미세 균열(0.3mm 수준) 자동 탐지 및 기록, 콘크리트 미세 균열 식별 및 관리대장 자동 생성	효율적인 공정 관리: 드론 촬영 3D 스캔 데이터 분석을 통한 실제 공사 진행률 자동 측정 및 계획 비교, 토공량 자동 산출

장점	24시간 실시간 모니터링 가능, 인적 오류 감소, 사고 예방 기여, 반복 작업 자동화	육안 검사의 한계 극복(정밀도, 속도), 검사 시간 및 비용 절감, 객관적이고 일관된 데이터 기반 품질 평가, 이력 관리 용이	신속하고 정밀한 현황 측량 및 모델링, 시공 오차 최소화 기여, 시각적이고 직관적인 공정 관리 지원, 작업 시간 단축
단점	복잡하거나 가려진 환경, 다양한 조명 조건에서의 인식률 저하 가능성, 고품질의 방대한 학습 데이터 필요, 프라이버시 침해 우려	다양한 유형 및 크기의 결함 학습 필요, 표면 상태, 조명, 촬영 각도에 따른 탐지 정확도 변동 가능성, 초기 시스템 구축 비용 발생	대용량 데이터 처리 및 저장 부담, 스캔 음영 지역 발생 가능성, 초기 장비 및 소프트웨어 도입 비용
활용 예시 (제공된 내용 기반)	현장 CCTV 영상 분석 기반 안전모 미착용 감지, 위험 구역 접근 자동 경고 시스템, DL이앤씨 '안전 삐삐'와 연동된 중장비 접근 시 경고 발송, 불안정한 구조물 및 화재 위험 요소 자동 감지	드론 촬영 외벽 이미지 AI 분석 기반 미세 균열(0.3mm 수준) 자동 탐지, 위치 및 크기 기록 관리, 현대건설 스마트폰 촬영 이미지 기반 콘크리트 미세 균열 식별 및 관리대장 자동 생성	드론 촬영 3D 스캔 데이터 분석 기반 공사 진행률 자동 측정 및 계획과 비교 판단, 드론 활용 토공량 자동 산출 기술을 통한 작업 시간 단축

[AI 기술/알고리즘 대분류] 머신러닝(Machine Learning)

세부 기술/ 알고리즘 예시	예측 모델링 (Predictive Modeling: 회귀, 시계열 분석 등)	이상 탐지 (Anomaly Detection)
목표	공정 지연, 비용 초과, 자재 수요, 장비 고장 등 미래 상태 및 리스크 예측	작업자 생체 신호 이상 감지, 유해가스 농도 등 환경 위험 감지, 설비 고장 사전 감지
핵심 기술/원리	과거 데이터의 패턴을 학습하여 미래 값을 예측하는 통계적 모델(선형 회귀, ARIMA 등) 및 신경망(RNN, LSTM 등) 활용	정상 상태의 데이터 분포를 학습하여 이와 벗어나는 이례적인 패턴이나 데이터를 식별하는 통계적 기법(PCA 등), 클러스터링, 신경망(Autoencoder 등) 활용
스마트 건설 에서의 역할 (제공된 내용 기반)	효율적인 공정 관리: 공정 지연 발생 시 원인 신속 파악 및 최적 공정 계획 재수립 지원 데이터 기반 품질 관리: 레미콘 운송 정보 분석을 통한 품질 예측 가능성	지능형 안전 관리: IoT 센서를 활용한 작업자 생체 신호 또는 주변 환경(유해가스 농도 등) 모니터링 및 사고 위험 사전 감지
장점	데이터 기반의 선제적 의사결정 지원, 잠재적 리스크 관리 강화, 자원 운영 효율성 증대, 공정 최적화	잠재적 위험 및 돌발 상황 조기 대응 가능, 중대 재해 예방, 설비 가동 중단 최소화, 유지보수 효율성 증대

단점	예측 정확도를 위한 충분한 양과 질의 과거 데이터 확보 필수, 예측 모델의 지속적인 검증 및 업데이트 필요, 복잡한 변수 간 상호작용 반영의 어려움	정상/비정상 데이터 불균형 문제 발생 가능, 새로운 유형의 이상 패턴 탐지 어려움, 오탐(False Alarm) 발생 가능성
활용 예시 (제공된 내용 기반)	(텍스트 내 직접적 알고리즘 명시는 없으나) 레미콘 운송 차량 위치, 시간, 품질 정보 실시간 모니터링 데이터 분석을 통한 품질 예측 및 관리, IoT 센서 데이터 분석 기반 공정 지연 가능성 예측, 공정 계획 재수립 지원	IoT 센서 기반 작업자 생체 신호(심박수, 체온 등) 모니터링 및 이상 감지, 현장 유해가스 농도 실시간 모니터링 및 기준치 초과 시 경고

[AI 기술/알고리즘 대분류] 로보틱스 AI(Robotics AI)

세부 기술/알고리즘 예시	강화학습 (Reinforcement Learning), 모션 플래닝 (Motion Planning)	머신 컨트롤 (Machine Control), 자율주행 (Autonomous Driving)
목표	건설 로봇의 자율 작업 수행 능력 확보, 위험하거나 단순 반복적인 작업 자동화	건설 중장비의 작업 정밀도 향상, 운전 자동화 및 반자동화
핵심 기술/원리	시행착오를 통해 보상 함수를 최적화하여 로봇이 스스로 행동 정책을 학습(강화학습), 장애물을 회피하며 목표 지점까지 최적 경로 생성(모션 플래닝)	GPS, LiDAR, 카메라 등 다양한 센서 데이터를 융합하여 장비의 위치와 자세를 정밀하게 인식하고, 설계 도면에 따라 자동으로 작업을 제어하거나 경로를 주행
스마트 건설에서의 역할 (제공된 내용 기반)	건설 자동화 및 로봇 활용: 앵커 설치, 천장 타공, 드릴링, 용접, 철골 볼트 체결 등 위험하거나 단순 반복적인 작업을 건설 로봇이 수행	건설 자동화 및 로봇 활용: 굴삭기, 불도저 등 건설 중장비에 AI와 센서를 결합한 머신 컨트롤 및 자율주행 기술 도입을 통한 작업 정밀도 향상
장점	생산성 향상, 인력 의존도 감소, 작업자의 안전사고 위험 감소, 균일한 작업 품질 확보, 24시간 작업 가능성	작업 효율 및 정밀도 극대화, 숙련도에 따른 편차 감소, 연료 효율 개선, 안전성 증대, 야간 및 악천후 작업 가능성 확대
단점	로봇 도입 및 유지보수 비용 부담, 비정형적이고 변화가 잦은 건설 현장 환경에 대한 완벽한 적응의 어려움, 고도의 센서 기술 및 정밀 제어 요구	고가의 장비 및 시스템 구성, 복잡하고 예측 불가능한 현장 조건에서의 안정성 및 안전 확보 문제, 관련 법규 및 제도 미비
활용 예시 (제공된 내용 기반)	삼성물산의 액세스 플로어 시공 로봇, 앵커 시공 로봇, 드릴링 로봇 등의 현장 적용, 용접 로봇, 철골 볼트 체결 로봇 등	AI와 센서 기술이 결합된 굴삭기, 불도저 등의 머신 컨트롤 시스템 적용, 특정 구간 자율주행 기술 도입

[AI 기술/알고리즘 대분류] 디지털 트윈(Digital Twin) AI

세부 기술/ 알고리즘 예시	데이터 통합, 시뮬레이션, 예측 분석 (Predictive Analytics)
목표	현실 건설 현장의 가상 복제 모델 구축, 실시간 통합 관제, 사전 시뮬레이션을 통한 의사결정 지원
핵심 기술/원리	BIM 모델을 기반으로 IoT 센서 데이터, 드론 스캔 정보, 공정 데이터 등 현장의 실시간 데이터를 통합하고, AI 분석을 통해 가상 모델에 연동 및 시뮬레이션
스마트 건설 에서의 역할 (제공된 내용 기반)	디지털 트윈 기반 통합 관리: BIM 모델 기반 실제 건설 현장 상황을 실시간 반영하는 디지털 트윈 구축, 원격 모니터링, 문제 시뮬레이션, 공종 간 협업 효율화
장점	실시간 현장 가시성 및 원격 관리 용이, 사전 시뮬레이션을 통한 리스크 예측 및 예방, 공종 간 정보 공유 및 협업 효율 증대, 데이터 기반 의사결정 지원
단점	디지털 트윈 구축 및 유지보수를 위한 높은 초기 비용 및 전문 인력 필요, 다양한 데이터 소스 간의 표준화 및 통합의 어려움, 데이터 보안 문제
활용 예시 (제공된 내용 기반)	BIM 모델을 기반으로 현장 상황(공정, 안전, 품질 등)을 실시간으로 반영하는 디지털 트윈 플랫폼 구축 및 운영, 가상 공간에서의 현장 모니터링, 발생 가능 문제 시뮬레이션 및 최적 대응 방안 모색

시민공원 코앞 'AI(인공지능) 아파트'…서면권 도심 생활 인프라도 풍부,
https://www.kookje.co.kr/news

7 AI 기반 분양, 마케팅, 관리 단계

7.1 AI 기반 아파트 개발사업의 분양단계 별 내용

7.1.1 AI 기반 아파트 분양 프로세스 단계 별 목표, 기술, 역할, 기대효과

■ **AI 기반 아파트 분양 프로세스 단계 별 목표, 기술, 역할, 기대효과**

1. 계획 수립

세부 단계 명	사전 준비 및 분양 계획 최적화
주요 목표	- 최적 분양 전략(분양가, 물량, 시기 등) 수립, - 성공 가능성 극대화
AI 기술 및 역할 (예시)	수요 예측 모델(ML): 시장 수요 예측, 적정 분양가 산정 지원 가격 최적화 지원(ML, RL): 프로모션 효과 시뮬레이션 리스크 분석(ML): 미분양/계약해지 가능성 분석
기대 효과	- 데이터 기반 분양가 책정, - 미분양 리스크 감소, - 분양 수익 극대화

2. 타켓팅

세부 단계 명	잠재고객 심층 분석 및 타겟팅 고도화
주요 목표	- '진성 고객' 선별, - 개인별 맞춤형 분양 전략 수립
AI 기술 및 역할 (예시)	리드 스코어링(ML): 계약 가능성 높은 리드 선별 고객 세분화(ML): 정교한 고객 그룹 분류 및 특성 분석 개인화 추천 엔진(ML): 맞춤형 유닛/옵션/금융 상품 추천
기대 효과	- 영업 효율성 증대, - 타겟 고객 이해도 향상, - 계약 전환율 제고

3. 정보 제공 및 상담

세부 단계 명	AI 활용 분양 정보 제공 및 지능형 상담
주요 목표	- 24시간 정확하고 개인화된 정보 제공, - 몰입형 상품 체험, - 상담 역량 강화
AI 기술 및 역할 (예시)	AI 챗봇/가상 어시스턴트(NLP): 24/7 FAQ 자동 응대 VR/AR 모델하우스(CV, 3D): 가상 상품 체험 AI 유닛 추천/비교(ML): 고객 맞춤형 유닛 제안 상담 지원 AI(음성인식, 텍스트분석): 실시간 정보 제공
기대 효과	- 고객 편의성/정보 접근성 향상, - 시공간 제약 없는 상품 체험, - 상담 품질 향상

4. 청약 및 당첨자 관리

세부 단계 명	청약 접수 및 당첨자 관리 자동화
주요 목표	- 청약 효율성/공정성 제고, - 당첨자 관리 자동화
AI 기술 및 역할 (예시)	청약 자격 자동 검증(RPA, ML): 1차 자격 검토 부정 청약 의심 분석(ML): 이상 패턴 필터링 당첨자 자동 통보(RPA): 결과 자동 안내 계약 포기율 예측(ML): 예비 당첨자 관리 최적화
기대 효과	- 청약 업무 속도/정확도 향상, - 인적 오류 최소화, - 부정 청약 방지, - 고객 신뢰도 제고

5. 계약 및 금융 지원

세부 단계 명	AI 지원 계약 체결 및 금융 컨설팅
주요 목표	- 계약 편의성/안전성 증진, - 계약 리스크 최소화, - 맞춤형 금융 정보 제공
AI 기술 및 역할 (예시)	전자 계약 연동 AI: 데이터 자동 입력/검증 계약서 검토 지원(NLP): 잠재 리스크 조항 식별 지원 AI 금융 상품 추천(ML): 맞춤형 대출 상품 비교/추천
기대 효과	- 계약 투명성/효율성 증대, - 분쟁 소지 감소, - 계약 성사율 향상

6. 분양 후 초기 관리

세부 단계 명	분양 후 초기 고객 관리 및 피드백 분석
주요 목표	- 계약 고객 만족도 제고, - 입주 전 정보 제공, 피드백 기반 서비스 개선
AI 기술 및 역할 (예시)	맞춤형 정보 자동 발송(RPA, 개인화엔진): 공사현황, 입주안내 등 자동 제공 AI 챗봇 문의 응대: 입주 전 문의 24시간 처리 고객 피드백 자동 분석(NLP): 만족/불만 요인, 이슈 자동 추출/시각화
기대 효과	- 고객 관계 유지 및 만족도 향상, - 정보 전달 정확성/적시성 확보, - 데이터 기반 서비스 개선 및 차기 사업 기획 역량 강화

7.1.2 분양 단계: AI기반 아파트 개발사업의 분양프로세스 단계별 데이터 수집, 전처리, 정제, 처리 과정

AI 기반 아파트 단지 개발의 분양 프로세스는 데이터의 체계적인 수집, 가공, 분석 및 활용을 통해 각 단계의 효율성과 효과성을 극대화하는 것을 목표로 한다. 데이터는 잠재고객에 대한 깊이 있는 이해부터 최적의 분양 전략 수립, 맞춤형 고객 경험 제공, 계약 및 사후 관리에 이르기까지 전 과정에 걸쳐 핵심적인 역할을 수행한다.

■ **AI 기반 아파트 분양 프로세스 단계별 데이터 수집, 전처리, 정제, 처리 과정 요약표**

1. 계획 수립

세부 단계 명	사전 준비 및 분양 계획 최적화
데이터 수집 (주요 대상)	부동산 시장/경쟁사/거시경제/지역/자사/소셜 데이터
데이터 전처리 (주요 작업)	- 데이터 형식 표준화, - 텍스트 정규화, - 시계열 처리, - 범주형 인코딩
데이터 정제 (주요 작업)	- 결측치/이상치 처리, - 데이터 스케일링, - 중복 제거

데이터 처리 (AI 활용 및 목표)	- AI/ML(수요예측, 적정 분양가 산정 지원, 리스크 분석), - 시뮬레이션 및 최적화. (분양 전략 최적화)

2. 타켓팅

세부 단계 명	잠재고객 심층 분석 및 타겟팅 고도화
데이터 수집 (주요 대상)	- 마케팅 유입 데이터, - CRM 데이터, - 소셜 프로필/활동, - 설문/인터뷰
데이터 전처리 (주요 작업)	- 로그 파싱/세션화, - 데이터 통합(단일 고객 뷰), - 개인정보 비식별화
데이터 정제 (주요 작업)	- 부정확/오 입력(잘못된 입력) 리드 수정/제거, - 비활성/중복 계정 정리, - 데이터 일관성 검증
데이터 처리 (AI 활용 및 목표)	- AI/ML(리드 스코어링, 고객 세분화, - 구매의향 예측. - 고 가치 고객 선별 및 맞춤 전략 수립)

3. 정보 제공 및 상담

세부 단계 명	AI 활용 분양 정보 제공 및 지능형 상담
데이터 수집 (주요 대상)	- 고객 문의(챗봇/콜 센터), - 상품정보 DB, - VR/AR 체험 로그, - 실시간 고객 피드백
데이터 전처리 (주요 작업)	- 음성 데이터 STT, - 챗봇 대화 로그 정규화, - VR/AR 로그 구조화, - 이미지/영상 특징 추출
데이터 정제 (주요 작업)	- 불완전 대화 로그 제거, - 비정상 체험 로그 필터링, - 피드백 노이즈 제거
데이터 처리 (AI 활용 및 목표)	- NLP(NLU/NLG, 감성분석), - CV(VR/AR 상호작용 분석), - 추천엔진(정확하고 개인화된 정보 제공, 몰입형 체험, 상담 효율화)

4. 청약 및 당첨자 관리

세부 단계 명	청약 접수 및 당첨자 관리 자동화
데이터 수집 (주요 대상)	- 청약 신청자 정보, - 공공기관 연동 자격 정보, - 경쟁률/가점 데이터
데이터 전처리 (주요 작업)	- 신청자 정보 표준화/디지털화, - 공공 데이터 파싱, - 데이터 암호화
데이터 정제 (주요 작업)	- 중복 신청 필터링, - 입력 오류 검증/수정, - 자격 미달 의심 건 플래깅
데이터 처리 (AI 활용 및 목표)	- RPA(청약 자동화, 자격 검증 자동화), - ML(부정 청약 감지, 계약 포기율 예측). - 청약 업무 효율성/공정성 제고

5. 계약 및 금융 지원

세부 단계 명	AI 지원 계약 체결 및 금융 컨설팅
데이터 수집 (주요 대상)	- 계약자 정보, - 계약 조건, - 금융 정보, - 금융기관 상품 정보, - 법규/규제, - 전자계약 로그
데이터 전처리 (주요 작업)	- 계약서 디지털 추출(OCR, NLP), - 금융정보 표준화, - 법규 구조화
데이터 정제 (주요 작업)	- 계약 정보 누락/오류 검증, - 금융 정보 최신성/정확성 유지, - 민감 정보 보안
데이터 처리 (AI 활용 및 목표)	- NLP(계약서 분석/리스크 검토 지원), - ML(신용평가 연동, 맞춤형 금융상품 추천, 대출 부도율 예측). - 계약 편의성/안전성 증진, - 맞춤 금융 지원

6. 분양 후 초기 관리

세부 단계 명	분양 후 초기 고객 관리 및 피드백 분석
데이터 수집 (주요 대상)	- 계약자 정보(CRM), - 공사 진행 현황, - 입주 안내, - 고객 문의/요청, - AS 내역, - 만족도 설문
데이터 전처리 (주요 작업)	- 고객 문의 태깅, - 공사 이미지/영상 메타데이터 생성, - 설문 텍스트 정규화
데이터 정제 (주요 작업)	- 중복 문의 통합, - 스팸 피드백 필터링, - 개인정보 보호
데이터 처리 (AI 활용 및 목표)	- RPA(맞춤 정보 자동 발송), - NLP(챗봇 응대, 피드백 감성분석/토픽모델링), - ML기반고객 불만 예측, 서비스 개선점 도출. - ML기반 고객 만족도 제고, 서비스 개선, 차기 사업 인사이트

7.1.3 분양 단계 별 AI알고리즘: AI기반 아파트 개발사업의 분양 프로세스 단계 별 활용되는 AI알고리즘

(1) AI는 아파트 단지 개발의 분양 프로세스 전반에 걸쳐 데이터 기반의 정교한 분석과 예측, 개인화된 고객 경험 제공, 업무 자동화 등을 가능하게 한다.

AI는 아파트 단지 개발의 분양 프로세스 전반에 걸쳐 데이터 기반의 정교한 분석과 예측, 개인화된 고객 경험 제공, 업무 자동화 등을 가능하게 함으로써 분양 성과를 극대화하고 운영 효율성을 혁신하는 핵심 기술로 자리매김하고 있다.

(2) 각 분양 단계의 특성에 맞춰 다양한 AI 알고리즘이 적용되며, 이를 통해 보다 과학적이고 체계적인 분양 업무 수행이 가능해진다.

7.1.3.1 분양단계: 사전 준비 및 분양 계획 최적화 단계 알고리즘

활용 AI 알고리즘	머신러닝 - 예측 모델링 (Predictive Modeling) (예: 회귀 분석, 시계열 분석 - ARIMA, LSTM 등)	최적화 알고리즘 (Optimization Algorithms) (예: 선형 계획법, 유전 알고리즘)
목표	과거 데이터 및 현재 시장 지표를 학습하여 미래의 시장 수요, 적정 분양가 범위, 분양률 등을 과학적으로 예측함으로써 분양 계획의 정확성과 성공 가능성을 높인다.	제한된 자원(예산, 시간, 물량) 하에서 분양 수익을 극대화하거나 특정 목표(예: 최단 기간 완판)를 달성하기 위한 최적의 분양 조건 조합(가격, 프로모션, 물량 배분 등)을 탐색한다.
핵심 기술/원리	과거 분양 실적, 거시 경제 지표, 지역별 인구 통계, 주택 정책 변화, 경쟁 환경 데이터 등 시계열 또는 정형 데이터를 학습하여 특정 변수(예: 수요량, 가격)의 미래 값을 예측하는 지도학습 기법이다.	수학적 모델링을 통해 목표 함수와 제약 조건을 정의하고, 해당 조건 내에서 목표 함수 값을 최대화 또는 최소화하는 해를 찾는 알고리즘이다.
역할	시장 수요 및 트렌드 분석, 목표 분양가 설정 지원, 초기 분양률 예측, 미분양 리스크 평가 등 분양 전략 수립에 필요한 핵심 데이터 기반 인사이트를 제공한다.	다양한 분양 시나리오별 예상 결과를 시뮬레이션하고, 그중 가장 효과적인 분양 전략(예: 타입별 물량 배분, 분양 시기 조절, 프로모션 조합)을 도출하여 의사결정을 지원한다.
장점	데이터 기반의 객관적이고 합리적인 의사결정 지원, 잠재적 리스크 사전 인지 및 대응 전략 수립 용이, 분양 성과 극대화 기여.	복잡한 변수와 제약 조건 하에서도 최적의 해법 모색 가능, 자원 배분의 효율성 극대화, 정량적 근거에 기반한 전략 수립.
단점	예측 정확도는 학습 데이터의 양과 질에 크게 좌우되며, 예측 불가능한 급격한 시장 변화나 외부 충격(예: 팬데믹, 금융위기)에 대한 예측력은 한계가 있을 수 있다. 모델 구축 및 유지보수에 전문 인력이 필요하다.	현실 세계의 모든 변수를 정확하게 모델링하기 어려움, 모델 단순화 과정에서 중요한 요인이 누락될 수 있음, 계산 복잡도가 높아 최적해 탐색에 많은 시간이 소요될 수 있다.
활용 예시	과거 10년간의 서울 지역 아파트 분양 데이터, 금리 변동, 정부 정책 변화, 신규 공급 물량 등을 AI 예측 모델에 입력하여 특정 시점 신규 분양 단지의 3개월 내 초기 계약률 및 최적 분양가 범위를 예측하고, 이를 기반으로 단계별 분양 물량 및 마케팅 예산 배분 계획 수립.	여러 타입의 아파트 유닛, 다양한 프로모션 옵션, 시기별 시장 반응 예측치를 AI 최적화 알고리즘에 입력하여, 총분양 수익을 최대로 하는 각 타입별 초기 분양 물량과 프로모션 적용 방안을 도출한다.

포스코건설, 업계최초 '실감형 사이버모델하우스' 선봬, https://news.nate.com

7.1.3.2 분양 단계: 잠재고객 심층 분석 및 타겟팅 고도화 단계 알고리즘

이 단계의 주요 목표는 마케팅 활동을 통해 확보된 잠재고객(리드) 데이터를 심층 분석하여 실제 계약 가능성이 높은 '진성 고객'을 선별하고, 개인별 맞춤형 분양 전략을 수립하는 것이다.

활용 AI 알고리즘	머신러닝 - 리드 스코어링 모델 (Lead Scoring Model) (예: 로지스틱 회귀, SVM, 랜덤 포레스트 등 분류 알고리즘)	머신러닝 - 고객 세분화 (Customer Segmentation) (예: K-Means, DBSCAN 등 클러스터링 알고리즘)
목표	수집된 잠재고객의 다양한 특성(인구통계학적 정보, 온라인 행동 이력, 관심사 등)을 분석하여 실제 계약으로 이어질 가능성을 점수화하고, 고가치 리드를 식별하여 영업 자원을 효율적으로 집중한다.	유사한 특성이나 행동 패턴을 보이는 잠재고객들을 동질적인 그룹으로 자동 분류하여, 각 세그먼트의 니즈와 선호도에 최적화된 맞춤형 마케팅 및 분양 전략을 수립한다.
핵심 기술/원리	과거 계약 성공 및 실패 리드의 데이터를 학습하여, 새로운 리드가 주어졌을 때 해당 리드의 계약 전환 확률을 예측하는 지도학습 기반의 분류 모델이다. 각 특성 변수의 중요도(가중치)를 계산하여 최종 점수를 산출한다.	데이터 포인트 간의 유사성을 기반으로 그룹을 형성하는 비지도 학습 알고리즘이다. 별도의 정답(레이블) 없이 데이터 자체의 구조를 파악하여 숨겨진 패턴이나 그룹을 발견한다.

역할	영업팀이 한정된 시간과 자원을 가장 유망한 잠재고객에게 우선적으로 투입하도록 지원한다. 마케팅 캠페인 효과 측정 및 개선, 잠재고객 육성(Nurturing) 전략 수립에도 활용된다.	각 고객 그룹의 특징(예: 연령대, 소득 수준, 가족 구성, 선호 평형, 관심사 등)을 명확히 이해하고, 이에 따른 차별화된 커뮤니케이션 메시지, 상품 구성, 프로모션 등을 기획하여 마케팅 효과를 극대화한다.
장점	영업 생산성 향상, 마케팅 ROI 증대, 데이터 기반의 객관적이고 일관된 리드 평가, 타겟 마케팅 정교화.	잠재고객에 대한 깊이 있는 이해 가능, 타겟 마케팅의 정교성 및 효율성 증대, 신규 시장 기회 발굴, 고객 만족도 향상.
단점	모델의 예측 성능은 학습 데이터의 품질과 양에 크게 의존하며, 시장 변화나 고객 행동 패턴 변화에 따라 주기적인 모델 업데이트가 필요하다. 초기 데이터 수집 및 라벨링에 시간과 노력이 소요될 수 있다.	최적의 군집(세그먼트) 수를 결정하기 어려울 수 있으며, 각 군집의 특성을 명확히 해석하기 위해 추가적인 분석과 도메인 지식이 필요하다. 데이터의 특성에 따라 적합한 클러스터링 알고리즘 선택이 중요하다.
활용 예시	아파트 분양 웹사이트에서 모델하우스 방문을 예약하거나 분양 자료를 다운로드한 잠재고객들의 행동 데이터(페이지뷰, 클릭률, 정보 입력 충실도 등)와 인구통계학적 정보를 AI 리드 스코어링 모델로 분석하여, 각 고객별 계약 가능성 점수를 산출하고, 상위 20% 고객에게 우선적으로 전문 상담원의 해피콜 진행.	수집된 잠재고객 데이터를 AI 클러스터링 알고리즘으로 분석하여 '2030 미혼 직장인 그룹', '자녀 교육에 관심 많은 40대 학부모 그룹', '은퇴 후 여유자금 투자 목적의 5060 그룹' 등으로 자동 분류하고, 각 그룹의 주거 니즈(예: 소형 평형 선호, 학군 중시, 투자 가치 중시)에 맞춰 차별화된 분양 정보를 제공한다.

7.1.3.3 분양 단계: AI 활용 분양 정보 제공 및 지능형 상담 단계 알고리즘

이 단계의 주요 목표는 잠재고객에게 24시간 정확하고 개인화된 분양 정보를 제공하며, VR/AR 등 실감형 기술을 통해 몰입도 높은 상품 체험 기회를 제공하고, 영업사원의 상담 역량을 강화하는 것이다.

활용 AI 알고리즘	자연어 처리(NLP) - AI 챗봇/가상 어시스턴트 (Conversational AI) (예: Transformer 기반 모델 - BERT, GPT 등)	컴퓨터 비전(CV) - VR/AR 연동 AI (Immersive Experience AI) (예: 3D 모델링, 객체 인식, 시선 추적 기술 등)
목표	잠재고객의 다양한 질문(분양가, 청약 조건, 입지, 시설 등)에 대해 24시간 365일 실시간으로 자동 응답하고, 맞춤형 정보를 제공하며, 상담 예약 등의 편의 기능을 지원하여 고객 만족도를 높이고 상담 효율을 증진시킨다.	시공간의 제약 없이 잠재고객에게 실제 모델하우스를 방문한 것과 같은 몰입감 높은 가상 체험 환경을 제공하고, 고객의 가상 공간 내 행동 데이터를 분석하여 관심사를 파악하고 맞춤형 정보를 추천한다.

핵심 기술/원리	자연어 이해(NLU) 기술로 사용자의 질문 의도를 정확히 파악하고, 대화 관리(Dialog Management) 시스템을 통해 대화 흐름을 제어하며, 자연어 생성(NLG) 기술로 인간과 유사한 자연스러운 답변을 생성한다. 방대한 FAQ, 상품 정보, 관련 법규 등을 사전 학습한다.	3D 모델링된 가상 아파트 공간을 VR(가상현실) 또는 AR(증강현실) 기술로 구현한다. 컴퓨터 비전 기술은 가상 환경 내에서 사용자의 상호작용(시선, 움직임, 특정 객체 선택 등)을 인식하고 분석하여, 이를 기반으로 AI가 개인화된 정보를 제공하거나 사용자의 경험을 최적화한다.
역할	웹사이트, 모바일 앱, SNS 등 다양한 채널에서 고객의 초기 문의 응대, 분양 정보 안내, 자주 묻는 질문 자동 답변, 관심 고객 정보 수집, 모델하우스 방문 예약 등의 역할을 수행한다. 영업사원은 복잡하고 심층적인 상담에 집중할 수 있도록 지원한다.	가상 모델하우스 투어: 실제 방문 없이도 아파트 내부 구조, 마감재, 가구 배치, 조망 등을 상세히 체험. 인테리어 시뮬레이션: 고객이 원하는 스타일로 벽지, 바닥재, 가구 등을 가상으로 변경해보는 기능 제공. 행동 분석 기반 정보 제공: 고객이 VR 공간에서 특정 공간(예: 주방, 안방 드레스룸)에 오래 머물거나 특정 옵션에 관심을 보이면 AI가 해당 부분에 대한 추가 상세 정보나 관련 프로모션 팝업.
장점	24시간 즉각적인 고객 응대 가능, 상담 인력의 단순 반복 업무 경감, 고객 편의성 및 정보 접근성 향상, 다국어 지원 용이, 고객 데이터 자동 축적 및 분석 활용 가능.	지리적 제약 없는 상품 체험 기회 제공, 모델하우스 운영 비용 절감, 고객의 능동적인 정보 탐색 유도, 흥미롭고 차별화된 고객 경험 제공, 고객 관심사 데이터 수집 및 분석 용이.
단점	복잡하거나 감정적인 문의, 예상치 못한 질문, 학습되지 않은 최신 정보에 대한 대응 능력이 부족할 수 있다. 인간 상담원 수준의 공감 능력이나 유연한 상황 대처는 어렵다. 초기 구축 및 학습 데이터 준비에 시간과 비용이 소요된다.	고품질 VR/AR 콘텐츠 제작 및 AI 연동 시스템 구축에 높은 초기 비용과 전문 기술 필요, 모든 고객이 VR/AR 기기나 기술에 익숙하지 않을 수 있음(접근성 문제), 실제 공간과 가상 공간 간의 미세한 차이(색감, 질감 등) 발생 가능성.
활용 예시	아파트 분양 홈페이지 방문객이 "30평형대 분양가가 어떻게 되나요?" 또는 "주변에 초등학교가 있나요?"라고 AI 챗봇에게 질문하면, 챗봇이 즉시 관련 정보를 찾아 답변하고, 추가적으로 모델하우스 VR 투어 링크나 청약 일정 안내 등 연관 정보를 함께 제공하며, 필요한 경우 상담원 연결 예약을 진행한다.	잠재고객이 웹사이트에서 VR 모델하우스를 체험하면서 특정 타입의 주방 공간을 오랫동안 살펴보거나 관련 정보를 클릭하면, AI가 이를 감지하고 해당 주방의 특장점(예: 고급 마감재, 최신 빌트인 기기, 효율적인 수납공간)에 대한 상세 설명이나 유사 스타일의 다른 주방 디자인 옵션을 추가적으로 보여주는 방식. AR 앱을 통해 현재 자신의 집에 가상으로 아파트 가구를 배치해보는 경험 제공.

7.1.3.4 분양 단계: 청약 접수 및 당첨자 관리 자동화 단계 알고리즘

이 단계의 주요 목표는 온라인/오프라인 청약 접수 과정의 효율성을 높이고, 청약 자격 검토의 정확성을 제고하며, 당첨자 선정 및 관리 업무를 자동화하여 공정성과 신뢰성을 확보하는 것이다.

활용 AI 알고리즘	RPA (Robotic Process Automation) 연계 AI (OCR, 데이터 검증 규칙 엔진 등 활용)	머신러닝 - 이상 탐지 (Anomaly Detection) 및 예측 모델링 (예: 군집 분석, SVM, 로지스틱 회귀)
목표	반복적이고 정형화된 청약 접수, 서류 검토, 자격 확인, 당첨자 통보 등의 업무를 자동화하여 처리 속도와 정확성을 높이고 인적 오류를 최소화하며, 관련 인력의 업무 부담을 경감시킨다.	과거 부정 청약 시도 패턴이나 비정상적인 청약 접수 데이터를 학습하여 의심스러운 청약 건을 사전에 식별하거나, 정당첨자의 계약 포기 가능성을 예측하여 효율적인 예비 당첨자 관리 전략을 수립한다.
핵심 기술/원리	RPA는 규칙 기반의 반복적인 업무를 소프트웨어 로봇을 통해 자동화하는 기술이다. 여기에 OCR(광학 문자 인식) 기술로 서류 내용을 디지털화하고, AI 기반 규칙 엔진이나 간단한 머신 러닝 모델로 데이터 유효성 검증 및 자격 조건 부합 여부 등을 1차적으로 판단한다.	이상 탐지: 정상적인 데이터 분포에서 벗어나는 이례적인 패턴이나 데이터 포인트를 식별하는 비지도 학습 또는 지도 학습 기법. 예측 모델링: 과거 계약 포기자들의 특성 및 상황 데이터를 학습하여 현재 정당첨자의 계약 포기 확률을 예측하는 지도 학습 기법.
역할	청약 신청 서류 자동 처리: 제출된 서류(등본, 소득 증빙 등) 스캔 후 OCR로 텍스트 추출 및 DB 입력 자동화. 청약 자격 자동 검증 지원: 입력된 정보와 공공기관 데이터(주택소유이력, 청약통장정보 등) 연동하여 자격 조건 자동 대조 및 부적격 의심 건 알림. 당첨자 정보 자동 관리 및 통보: 당첨자 명단 관리, 계약 안내문 자동 발송 등.	부정 청약 의심 건 필터링: 여러 개의 청약 계정을 사용하거나 허위 정보를 입력하는 등의 부정 청약 시도 패턴을 감지하여 집중 조사 대상 계약 포기율 예측 및 예비 당첨자 관리 최적화: 예상되는 계약 포기자 수를 고려하여 예비 당첨자에게 보다 신속하고 정확하게 기회를 안내하고, 미계약 물량 발생을 최소화.
장점	청약 업무 처리 시간 대폭 단축, 인건비 절감 및 업무 효율성 극대화, 데이터 입력 및 검토 과정에서의 인적 오류 최소화, 24시간 업무 처리 가능.	청약 시장의 공정성 및 투명성 제고, 잠재적 리스크 관리 강화, 미계약 물량 최소화를 통한 분양 성공률 증대, 예비 당첨자 운영 효율화.
단점	복잡한 예외 상황이나 비 정형적인 서류 처리에 한계, 초기 시스템 구축 및 기존 시스템과의 연동에 기술적 어려움과 비용 발생 가능, 공공 데이터 연동 시 법적/제도적 제약 및 정보 보안 문제 고려 필요.	이상 탐지 모델의 경우 오탐(정상을 비정상으로 판단) 또는 미탐(비정상을 정상으로 판단) 가능성 존재, 예측 모델의 정확도는 과거 데이터의 대표성과 품질에 좌우됨, 새로운 유형의 부정 청약 수법에 대한 즉각적인 대응 어려움.

활용 예시	온라인 청약 시스템에 접수된 신청자의 정보를 RPA 봇이 자동으로 관련 공공 데이터베이스(예: 주택소유확인시스템)와 대조하여 무주택 기간, 청약통장 가입 기간 등의 자격 요건을 1차적으로 검증하고, 기준 미달 또는 추가 확인이 필요한 경우 담당자에게 알림을 보내 수동 검토를 진행하도록 지원. 당첨자 발표 후 계약 안내 SMS/이메일 자동 발송.	특정 IP 주소에서 단기간 내 다수의 청약 신청이 집중되거나, 과거 부정 청약 사례와 유사한 정보 패턴을 보이는 신청 건을 AI 이상 탐지 시스템이 자동으로 식별하여 관리자에게 경고. 과거 정당첨자 중 계약 포기자들의 특성(연령, 소득, 청약 가점 등)을 분석한 AI 예측 모델이 현재 당첨자들의 계약 포기 가능성을 개인별로 예측하여, 계약 포기 가능성이 높은 그룹에게는 추가적인 상담이나 혜택 안내를 통해 계약 유도.

7.1.3.5 분양 단계: AI 지원 계약 체결 및 금융 컨설팅 단계 알고리즘

이 단계의 주요 목표는 계약 절차의 편의성과 안전성을 높이고, 계약서 검토의 정확성을 지원하며, 고객에게 맞춤형 금융 정보를 제공하여 원활한 자금 조달을 돕는 것이다.

활용 AI 알고리즘	자연어 처리(NLP) - 계약서 분석 및 검토 지원 (Legal AI) (예: 정보 추출, 텍스트 분류, 의미 유사도 분석)	머신러닝 - 맞춤형 금융 상품 추천 및 컨설팅 (Financial AI) (예: 추천 시스템, 신용 평가 모델 연계)
목표	분양 계약서, 약관 등 법률 문서의 내용을 AI가 분석하여 잠재적 리스크 요인, 누락된 필수 조항, 표준 계약서와의 차이점, 고객에게 불리할 수 있는 독소 조항 등을 사전에 식별하고 검토하여 계약 과정의 안정성을 높이고 법적 분쟁 가능성을 최소화한다.	계약자의 재정 상태, 신용도, 자금 계획, 투자 성향 등을 종합적으로 분석하여 가장 적합한 주택담보대출, 중도금 대출 등 금융 상품을 비교 추천하고, 대출 가능성 및 조건을 시뮬레이션 하여 고객의 원활한 자금 조달 및 계약 이행을 지원한다.
핵심 기술/ 원리	정보 추출(Information Extraction) 기술로 계약서 내 주요 항목(계약 당사자, 목적물, 금액, 일정 등)을 자동으로 식별 및 추출하고, 텍스트 분류 기술로 각 조항의 성격(권리, 의무, 면책 등)을 파악하며, 의미 유사도 분석을 통해 표준 계약서나 관련 법규와의 일치성 및 차이점을 비교 분석한다.	고객이 제공한 재무 정보(소득, 자산, 부채 등)와 외부 신용평가기관의 신용등급 데이터를 입력 받아, 다양한 금융기관의 대출 상품 정보(금리, 한도, 상환 조건, 우대 조건 등)와 매칭한다. 추천 알고리즘 및 예측 모델을 활용하여 개인에게 최적화된 상품 포트폴리오를 제시하고, 대출 승인 가능성을 예측한다.

역할	계약서 자동 검토 지원: 계약 담당자가 계약서를 시스템에 업로드하면 AI가 1차적으로 검토하여 주의가 필요한 부분을 하이라이트 하거나 요약 정보 제공. 리스크 사전 알림: 과거 분쟁 사례나 법적 이슈가 되었던 유사 조항 발견 시 경고. 계약 관련 질의응답 지원: 특정 조항의 의미나 법적 효력에 대한 기본적인 질문에 답변. (단, 법률 전문가의 최종 검토 및 자문을 대체할 수는 없다.)	최적 금융 상품 추천: 계약자별 상황에 맞는 다양한 대출 상품 비교 분석 및 추천. 대출 조건 시뮬레이션: 예상 대출 한도, 금리, 월 상환액 등 시뮬레이션 정보 제공. 자금 계획 수립 지원: 계약금, 중도금, 잔금 납부 일정에 맞춘 자금 흐름 계획 컨설팅 지원.
장점	계약 검토 시간 단축 및 업무 효율성 증대, 인적 오류(누락, 오독 등) 감소, 잠재적 법적 리스크 사전 인지 및 관리 강화, 계약서 표준화 및 품질 향상 기여.	고객의 금융 상품 선택 과정 편의성 증대, 정보 비대칭 해소, 맞춤형 금융 설계를 통한 자금 조달 부담 완화, 계약 이행률 제고, 금융기관과의 연계를 통한 원스톱 서비스 가능성.
단점	AI의 법률 해석 및 판단 능력은 아직 완벽하지 않으며, 새로운 법규나 판례, 복잡한 계약 조건에 대한 이해에는 한계가 있을 수 있다. 반드시 변호사 등 법률 전문가의 최종 검토와 자문이 병행되어야 하며, AI는 보조적인 역할에 국한된다.	추천의 정확성은 제공되는 고객 정보 및 금융 상품 정보의 정확성과 최신성에 크게 의존한다. 개인의 복잡한 재정 상황이나 특수한 요구를 완벽히 반영하기 어려울 수 있으며, 최종 금융 상품 선택은 고객 본인의 판단과 금융기관의 심사를 거쳐야 한다. 개인 민감 정보 보안에 대한 철저한 관리가 필수적이다.
활용 예시	고객과 체결할 아파트 분양 계약서 초안을 AI 시스템에 입력하면, 시스템이 자동으로 계약서 전체를 스캔하여 필수 포함 조항(예: 목적물의 표시, 공급금액 및 납부일정, 해제 조건 등)의 누락 여부를 확인하고, 과거 유사 계약에서 분쟁이 잦았던 특약 사항이나 고객에게 현저히 불리하게 작용할 수 있는 조항이 발견될 경우 해당 부분을 표시하여 계약 담당자에게 주의를 환기시킨다.	아파트 계약자가 중도금 대출을 신청할 때, AI 금융 컨설팅 시스템에 본인의 소득, 기존 부채, 희망 대출 기간 등을 입력하면, 시스템이 협약 된 여러 은행의 주택담보대출 상품 중 가장 유리한 조건(최저 금리, 최대 한도, 중도상환수수료 면제 등)의 상품들을 비교하여 상위 3개를 추천하고, 각 상품별 예상 월 상환액과 총 이자 부담액을 함께 제시한다.

7.1.3.6 분양 단계: 분양 후 초기 고객관리 및 피드백 분석 단계 알고리즘

이 단계의 주요 목표는 계약 완료 고객의 만족도를 지속적으로 관리하고, 입주 전까지 필요한 정보를 시기적절 하게 제공하며, 고객 피드백을 체계적으로 수집 및 분석하여 향후 서비스 개선 및 차기 사업에 반영하는 것이다.

활용 AI 알고리즘	RPA (Robotic Process Automation) 및 개인화 엔진 연계 (규칙 기반 자동화, 콘텐츠 개인화)	자연어 처리(NLP) - 고객 피드백 자동 분석 및 챗봇 응대 (예: 감성 분석, 토픽 모델링, 텍스트 요약)
목표	계약 고객을 대상으로 공사 진행 현황, 옵션 선택 마감일, 중도금 납부 일정, 사전 점검 안내, 입주 예정일 등 주요 정보를 개인별 상황과 시점에 맞춰 SMS, 이메일, 앱 푸시 알림 등 다양한 채널로 자동 발송하여 고객과의 지속적인 소통을 유지하고 정보 전달의 정확성과 적시성을 확보한다.	계약자 및 입주 예정자 대상 설문조사 결과(주관식 답변 포함), 온라인 커뮤니티 게시글, 고객센터 문의 내용 등 비정형 텍스트 데이터를 AI가 자동으로 분석하여 주요 만족/불만족 요인, 개선 요구사항, 잠재적 이슈 등을 신속하게 추출하고 시각화 하며, AI 챗봇을 통해 입주 전 간단한 문의에 24시간 응대한다.
핵심 기술/원리	RPA는 정해진 규칙에 따라 반복적인 알림 발송 업무를 자동화한다. 개인화 엔진은 CRM에 저장된 계약자별 데이터(계약 타입, 옵션 선택 현황, 납부 상황 등)를 기반으로 각 고객에게 필요한 맞춤형 콘텐츠를 동적으로 구성하고 RPA를 통해 발송한다.	감성 분석: 텍스트에 나타난 고객의 감정(긍정, 부정, 중립)을 자동 판별. 토픽 모델링: 다량의 텍스트 데이터에서 주요 주제나 키워드를 자동으로 추출. 텍스트 요약: 긴 문의 내용이나 피드백을 핵심 내용 위주로 요약. 챗봇: 학습된 지식 기반으로 입주 전 문의에 답변.
역할	맞춤형 정보 자동 발송: 계약자의 진행 단계에 맞춰 필요한 정보를 누락 없이 자동 전달. 주요 일정 알림: 중도금 납부일, 옵션 선택 마감일 등 중요 일정을 사전에 자동 공지하여 고객의 불편 최소화. 고객 문의 감소: 선제적인 정보 제공을 통해 고객의 단순 문의 감소 유도.	고객 의견 심층 분석: 방대한 고객 피드백에서 유의미한 인사이트 도출 및 서비스 개선점 발굴. 이슈 조기 감지: 부정적 여론이나 잠재적 불만사항을 빠르게 파악하고 선제적으로 대응. 입주 전 문의 자동 응대: AI 챗봇이 입주 절차, 잔금 납부, AS 신청 방법 등 간단한 질문에 24시간 답변.
장점	고객과의 꾸준한 커뮤니케이션 유지, 정보 전달의 효율성 및 정확성 증대, 고객 만족도 및 신뢰도 향상, 관리 인력의 업무 부담 경감.	데이터 기반의 객관적인 고객 만족도 측정, 서비스 품질 개선 및 고객 경험 향상, 기업 평판 관리, 차기 사업 기획 시 중요한 기초 자료 활용, 입주 전 고객 문의 응대 효율화.
단점	발송 정보의 내용 및 시점에 대한 정교한 규칙 설정 필요, 시스템 오류 시 대량의 잘못된 정보 발송 위험, 과도한 알림으로 인한 고객 피로도 유발 가능성.	분석 결과의 정확도는 텍스트 데이터의 품질과 양에 의존, 신조어나 비표준어, 반어법 등 복잡한 언어 표현에 대한 분석 한계, 챗봇의 경우 복잡하거나 감정적인 문의 처리 어려움.

활용 예시	아파트 계약자의 중도금 납부일 1주일 전, 3일 전, 당일에 RPA 시스템이 자동으로 해당 계약자에게 SMS와 이메일로 납부 안내 및 가상계좌 정보를 발송한다. 공사 현장 사진이 업데이트되면 해당 내용을 포함한 공사 진행 현황 알림을 계약자 앱으로 자동 푸시 한다.	입주 예정자 온라인 커뮤니티에 올라온 게시글 들을 AI가 매일 자동으로 수집하여 감성 분석 및 토픽 모델링을 수행한 결과, '단지 내 조경 공간 부족'에 대한 부정적 언급이 특정 기간 증가했음을 발견하고, 관련 부서에 개선 방안 검토를 요청. 입주 전 계약자가 AI 챗봇에게 "입주 시 필요한 서류가 무엇인가요?"라고 질문하면, 챗봇이 준비 서류 목록을 즉시 안내한다.

7.2. 마케팅 단계: AI 기반 아파트 개발사업의 마케팅 프로세스 단계별 설명

(1) AI는 아파트 개발사업의 마케팅 분야에서 시장 분석의 정확도를 높이고, 잠재 고객에게 초 개인화된 경험을 제공하며, 광고 집행의 효율성을 극대화한다.

AI는 아파트 개발사업의 마케팅 분야에서 시장 분석의 정확도를 높이고, 잠재 고객에게 초 개인화된 경험을 제공하며, 광고 집행의 효율성을 극대화하는 등 전방위적인 혁신을 주도한다. AI 기반 마케팅 프로세스는 데이터에 근거한 정교한 전략 수립과 실행을 통해 분양 성공률을 제고하고 고객 만족도를 향상시키는 것을 목표로 한다.

(2) AI를 활용한 아파트 마케팅 프로세스는 건설사에게는 분양 성공률 제고와 비용 절감을, 고객에게는 더욱 만족스럽고 개인화된 경험을 제공하는 데 기여한다.

AI를 활용한 아파트 마케팅 프로세스는 각 단계에서 데이터 기반의 정교하고 효율적인 접근을 가능하게 함으로써, 건설사에게는 분양 성공률 제고와 비용 절감을, 고객에게는 더욱 만족스럽고 개인화된 경험을 제공하는 데 기여한다. 기술의 발전과 함께 AI의 역할은 더욱 확대될 것이며, 마케팅 패러다임의 지속적인 혁신을 이끌 것으로 예상된다.

5 AI Marketing Strategy Best Practices, https://integrail.ai/blog

7.2.1 마케팅 단계: AI 기반 아파트 개발사업의 마케팅 프로세스 단계별 기술, 역할, 장점, 단점, 활용 예시

■ **AI 기반 아파트 분양 프로세스 단계별 데이터 수집, 전처리, 정제, 처리 과정 요약표**

1. 시장 분석 및 잠재고객 발굴

목표	-정확한 시장 수요 예측, -타겟 고객 군 정의 및 세분화, -신규 잠재고객 기회 포착
주요 AI 기술	-빅데이터 분석, -머신러닝(클러스터링, 예측 모델링), -NLP
역할	-시장 트렌드 분석, -경쟁 환경 분석, -잠재 구매자 특성 파악 및 그룹화, -수요 예측, -고객 니즈/불만사항 분석
장점	-데이터 기반 객관적 인사이트 확보, -숨겨진 잠재고객 발굴, -마케팅 자원 효율적 배분
단점	-데이터 품질 의존성, -초기 시스템 구축 비용/시간, -개인정보보호 규제

활용 예시	-부동산 빅데이터 AI 분석 기반 최적 분양가 전략 수립, -소셜 리스닝 AI 활용 잠재고객 관심사 파악, -과거 분양 데이터 학습 기반 초기 계약률 AI 예측

2. 타겟 마케팅 전략 수립 및 개인화

목표	- 세분화된 고객 그룹별 최적 마케팅 메시지/콘텐츠/채널 전략 수립, - 초개인화 마케팅 실행
주요 AI 기술	- 머신러닝(추천 알고리즘, CLTV 예측), - CDP 연동 AI 엔진
역할	- 고객 세그먼트별 차별화된 메시지 개발, - AI 추천 시스템 기반 맞춤형 상품 제안, - 최적 광고 채널/시간 자동 선정, - 고 가치 고객 식별 및 특별 프로모션
장점	- 메시지 전달 효과 극대화, - 고객 경험 향상, - 구매 전환율 증대, - 마케팅 ROI 개선
단점	- 프라이버시 침해 우려, - 고품질 콘텐츠 지속 생산 부담, - 개인정보 활용 윤리적 고려
활용 예시	- 고객 행동 패턴 분석 기반 맞춤형 분양 정보 푸시 알림, - 관심사 기반 광고 채널 AI 자동 선택, - 모델하우스 방문 예약 고객 대상 AI 맞춤 상담 자료 사전 제공

3. AI 기반 콘텐츠 생성 및 최적화

목표	- 매력적 마케팅 콘텐츠(카피, 이미지, 영상) 효율적 생성 - 마케팅 성과 최적화
주요 AI 기술	- 생성형 AI(텍스트, 이미지, 비디오), - NLP, AI 기반 A/B 테스팅 및 콘텐츠 분석
역할	- 광고 카피/SNS 콘텐츠 초안 자동 생성, 가상 모델하우스 시각 자료 제작, FAQ 자동 작성, 광고 소재 자동 A/B 테스팅 및 성과 분석 기반 최적화
장점	- 콘텐츠 제작 시간/비용 절감, - 다양한 아이디어 신속 시각화/테스트, - 데이터 기반 객관적 콘텐츠 개선
단점	- 생성 콘텐츠 창의성/독창성 한계, - 사실 오류/편향 가능성, - 저작권/윤리적 문제

활용 예시	- AI 카피라이터 활용 광고 문구 자동 생성, - AI 기반 가상 인테리어 이미지/영상 즉석 생성, - AI 광고 성과 예측 기반 최적 광고 소재 추천

4. 지능형 광고 집행 및 리드 관리

목표	- 광고 예산 최적화, 고품질 잠재고객 확보, 확보 리드의 체계적 관리 및 육성
주요 AI 기술	- 프로그래매틱 광고 AI, - 머신러닝(리드 스코어링), - AI 챗봇, - RPA
역할	- 실시간 광고 입찰 및 예산 배분 최적화, - 구매 가능성 높은 리드 선별 및 우선순위 부여, - 초기 고객 문의 자동 응대, - 리드 정보 자동 CRM 입력 및 관리
장점	- 실시간 광고 입찰 및 예산 배분 최적화, - 구매 가능성 높은 리드 선별 및 우선순위 부여, - 초기 고객 문의 자동 응대, - 리드 정보 자동 CRM 입력 및 관리
단점	- 자동화 알고리즘 투명성 부족, - 초기 세팅 복잡성, - AI 챗봇의 제한적 상황 대처
활용 예시	- AI 광고 플랫폼 활용 타겟 광고 자동 집행, - 고객 DB 분석 통한 고가치 리드 AI 자동 추출, - 24/7 분양 문의 응대 AI 챗봇 운영, - RPA 활용 리드 정보 자동 입력 및 초기 안내 자료 발송

5. 고객 경험 고도화 및 계약 전환 유도

목표	- AI 광고 플랫폼 활용 타겟 광고 자동 집행, - 고객 DB 분석 통한 고가치 리드 AI 자동 추출, - 24/7 분양 문의 응대 AI 챗봇 운영, - RPA 활용 리드 정보 자동 입력 및 초기 안내 자료 발송
주요 AI 기술	- AI 가상 어시스턴트, - VR/AR 결합 AI, - 개인화 추천 엔진, - 감성 분석 AI

역할	- 맞춤형 정보 제공 및 질의응답, - 가상 모델하우스 투어 제공 및 고객 관심 영역 파악, - 최적 유닛/옵션/금융 상품 AI 추천, - 고객 감성 분석 및 대응
장점	- 시공간 제약 없는 몰입형 경험 제공, - 고객 만족도 증진, - 구매 불확실성 해소, - 영업 상담 품질 향상
단점	- 높은 초기 시스템 구축 비용, - 신기술 고객 수용도 차이, - 기술적 오류 가능성
활용 예시	- AI 아바타 상담원 진행 개인 맞춤형 온라인 분양 설명회, - AR 앱 활용 개인화 인테리어 시뮬레이션 제공, - 온라인 문의 글 AI 감성 분석 후 담당자 알림

6. 분양 후 고객 관계 관리 및 데이터 분석/활용

목표	- 계약 고객 만족도 제고 및 충성도 강화, 고객 피드백 기반 서비스 개선, 차기 사업 인사이트 도출
주요 AI 기술	- CRM 연동 AI 분석, - NLP(텍스트 분석), - 머신러닝(고객 이탈 예측, 교차 판매 추천)
역할	- 고객 문의/불만사항 자동 분류 및 처리 지원, - 만족도 조사/피드백 자동 분석 및 이슈 도출, - 고객 이탈 가능성 예측 및 선제 대응, - 차기 사업 전략 수립 지원
장점	- 체계적 고객 관리 및 서비스 품질 향상, - 고객 충성도 증대, - 데이터 기반 지속적 사업 개선 및 경쟁력 강화
단점	- 지속적 데이터 관리 인프라/인력 필요, - 분석 결과 해석/적용 어려움, - 개인정보 장기 관리 부담
활용 예시	- AI 기반 입주민 민원 자동 분류 및 담당자 배정, - 계약자 설문조사 결과 AI 감성 분석 및 키워드 추출, - 분양 성과 데이터 AI 분석 기반 차기 사업지 수요 예측 및 상품 구성 최적화

카카오, 자이·더샵을 AI 아파트로 만든다: 동아사이언스, https://m.dongascience.com

7.2.2 마케팅 단계: AI기반 아파트 개발사업의 마케팅 단계의 데이터 수집, 전처리, 정제, 처리 과정

AI 기반 아파트 마케팅의 성공은 고품질 데이터의 확보와 체계적인 데이터 처리 프로세스에 달려있다. 각 마케팅 단계별로 목표에 부합하는 데이터를 수집하고, 이를 AI가 분석 및 활용 가능한 형태로 가공하며, 최종적으로 유의미한 인사이트를 도출하거나 마케팅 활동을 자동화하는 일련의 과정이 유기적으로 수행되어야 한다.

■ **AI 기반 아파트 분양 프로세스 단계별 데이터 수집, 전처리, 정제, 처리 과정 요약표**

1. 시장 분석 및 잠재고객 발굴

데이터 수집 (주요 대상)	부동산 시장 데이터, 인구 통계, 소셜 미디어/뉴스/커뮤니티(텍스트), 웹 행동 로그, 설문, 경쟁사 정보
데이터 전처리 (주요 작업)	- 데이터 형식 표준화, - 텍스트 정규화(토큰화, 불용어 제거), - 수치 데이터 스케일링, - 데이터 통합
데이터 정제 (주요 작업)	- 결측치/이상치 처리, - 노이즈(스팸, 중복) 제거, - 일관성 검증

데이터 처리 (AI 활용 및 목표)	- AI/ML(클러스터링, NLP-토픽/감성분석, 예측모델링) - 기반 고객 세분화, - 시장 트렌드/니즈 파악, - 수요 예측, - 시각화.

2. 타겟 마케팅 전략 수립 및 개인화

데이터 수집 (주요 대상)	세분화된 고객 프로필, 웹/앱 행동 로그, 광고 반응, 고객 선호도(설문, 위시리스트)
데이터 전처리 (주요 작업)	- 행동 로그 파싱/세션화, - 사용자-아이템 행렬 생성, - 범주형 데이터 인코딩
데이터 정제 (주요 작업)	- 비활성 사용자 필터링, - 로그/정보 오류 수정, - 개인 식별 정보 비식별화
데이터 처리 (AI 활용 및 목표)	- AI/ML(추천 알고리즘, CLTV 예측) 기반 개인 맞춤형 상품/서비스 추천, - 최적 채널/메시지 추천, 고가치 고객 타겟팅. - 페르소나 기반 시나리오 생성.

3. AI 기반 콘텐츠 생성 및 최적화

데이터 수집 (주요 대상)	기존 마케팅 콘텐츠(텍스트, 이미지, 영상), 콘텐츠 성과, 제품 정보, 타겟 고객 페르소나, 실시간 사용자 피드백
데이터 전처리 (주요 작업)	- 텍스트 임베딩, 이미지/영상 특징 추출, - 성과 데이터 집계/정규화
데이터 정제 (주요 작업)	- 저품질/중복 콘텐츠 제거, - 성과 데이터 노이즈 필터링, - 데이터 라벨링 오류 수정
데이터 처리 (AI 활용 및 목표)	- 생성형 AI(GPT, DALL-E 등) 기반 광고 카피/이미지/영상 초안 자동 생성 및 변형. - AI A/B 테스팅 자동화. 콘텐츠 성과 예측 모델.

4. 지능형 광고 집행 및 리드 관리

데이터 수집 (주요 대상)	광고 플랫폼 데이터(입찰가, 노출,클릭, 비용, 전환), 웹/앱 유입경로, 리드 정보(문의양식, 챗봇), CRM 데이터
데이터 전처리 (주요 작업)	- 채널별 광고 데이터 통합/표준화, - UTM 파싱, 리드 정보 필드 정규화

데이터 정제 (주요 작업)	- 부정 클릭 데이터 제거, - 스팸/허위 리드 필터링, 중복 리드 병합
데이터 처리 (AI 활용 및 목표)	- AI 광고 최적화(RTB, 예산 자동배분, 타겟팅 최적화). - 리드 스코어링 모델. - AI 챗봇(NLU) 문의 응대 및 리드 수집. - RPA 반복업무 자동화.

5. 고객 경험 고도화 및 계약 전환 유도

데이터 수집 (주요 대상)	AI챗봇/가상 어시스턴트 대화 로그, VR/AR 체험 로그(시선추적 등), 고객 설문/피드백, 실시간 웹 행동
데이터 전처리 (주요 작업)	- 음성 로그 텍스트 변환(STT)/정규화, - VR/AR 로그 시퀀스화, - 비정형 피드백 구조화
데이터 정제 (주요 작업)	- 챗봇 대화 노이즈 제거, - 비정상 VR/AR 로그 필터링, - 불성실/악의적 피드백 제거
데이터 처리 (AI 활용 및 목표)	- AI 개인화 추천(최적 유닛/금융/서비스). - NLP(의도파악, 맞춤답변). 감성분석. -V R/AR 데이터 분석 기반 상담 전략 수립.

6. 분양 후 고객 관계 관리 및 데이터 분석/활용

데이터 수집 (주요 대상)	계약 고객 정보(CRM), 입주 후 데이터(커뮤니티, AS, 관리비, 시설이용), 고객 만족도/피드백
데이터 전처리 (주요 작업)	- 고객 데이터 통합(CRM, ERP 등), - 민원/문의 텍스트 정규화 및 익명화, - 시계열 데이터 형식 변환
데이터 정제 (주요 작업)	- 중복/유효성 낮은 정보 정리, - 데이터 입력 오류 수정, - 분석 목적 부합 않는 노이즈 제거
데이터 처리 (AI 활용 및 목표)	- AI/ML(고객 이탈 예측, - NLP-민원분류/감성분석, 교차/상향판매 추천). - 차기 사업 기획 인사이트 도출(수요예측, 상품구성). - 데이터 기반 보고서 자동 생성.

7.2.3 마케팅 단계: 마케팅 단계에 활용되는 AI알고리즘

AI는 아파트 단지 개발 사업의 마케팅 단계에서 방대한 데이터를 분석하여 시장과 고객에 대한 깊이 있는 통찰력을 제공하고, 이를 바탕으로 초 개인화된 마케팅 전략을 수립하며, 광고 집행 및 고객 상호작용의 효율성을 극대화하는 핵심 동력으로 기능한다.

■ **AI 기반 아파트 마케팅 단계 활용 AI 알고리즘 별 목표, 기술, 역할, 장점, 단점, 활용 예시**

1. 머신 러닝 - 클러스터링 알고리즘 (Clustering Algorithms)
(예: K-Means, DBSCAN, 계층적 클러스터링)

목표	잠재 고객 시장을 유사한 특성(인구통계학적 정보, 행동 패턴, 관심사 등)을 가진 동질적인 그룹으로 세분화하여 타겟 마케팅의 효율성을 제고한다.
핵심 기술/원리	데이터 포인트 간의 유사성(거리, 밀도 등)을 측정하여, 그룹 내 유사성은 최대화하고 그룹 간 유사성은 최소화하도록 데이터를 자동으로 분할한다. 대표적인 비지도 학습 방법이다.
마케팅에서의 주요 역할	시장 분석 및 잠재고객 발굴: 고객 데이터를 분석하여 다양한 잠재 고객 페르소나를 정의하고, 각 그룹의 규모와 특징을 파악한다. 타겟 마케팅 전략 수립: 세분화된 각 고객 그룹의 니즈에 맞는 맞춤형 마케팅 메시지, 상품 구성, 광고 채널 선택 전략 수립의 기초를 제공한다.
장점	데이터 내 숨겨진 고객 그룹 및 패턴 발견 용이, 마케팅 자원의 효율적 배분 가능, 비교적 적은 사전 지식으로도 적용 가능.
단점	최적의 군집 수 결정의 어려움(K-Means), 이상치(Outlier)에 민감하거나 다양한 형태/밀도의 군집 인식 한계, 결과 해석에 도메인 지식 및 전문성 요구.
활용 예시	부동산 빅데이터(거주지, 소득, 연령, 가족 구성, 관심사 키워드 등)를 AI 클러스터링 분석하여 '영유아 자녀를 둔 30대 맞벌이 부부 그룹', '은퇴 후 여유로운 생활을 추구하는 60대 그룹' 등 구체적인 잠재 고객 세그먼트를 자동으로 도출하고, 각 그룹에 맞는 특화된 분양 정보 제공.

2. 머신러닝 - 예측 모델링 (Predictive Modeling)
(예: 로지스틱 회귀, 의사결정 트리, 랜덤 포레스트, 그래디언트 부스팅, 신경망)

목표	과거 데이터의 패턴을 학습하여 미래의 특정 결과(예: 고객의 구매 가능성, 광고 클릭률, 캠페인 반응률, 시장 수요 등)를 예측하고, 이를 마케팅 의사결정에 활용한다.
핵심 기술/원리	지도학습 기반으로, 입력 변수(X)와 결과 변수(Y) 간의 관계를 모델링한다. 분류(Classification) 문제는 특정 범주를 예측하고, 회귀(Regression) 문제는 연속적인 값을 예측한다.

마케팅에서의 주요 역할	시장 분석 및 잠재고객 발굴: 특정 지역 또는 상품 유형에 대한 미래 수요 및 분양가 변동 추이 예측. 지능형 광고 집행 및 리드 관리: 잠재 고객의 구매 전환 가능성을 예측(리드 스코어링)하여 우선순위가 높은 리드에 집중. 분양 후 고객 관계 관리: 고객의 이탈 가능성 예측 및 방지.
장점	데이터 기반의 객관적인 미래 예측으로 의사결정 질 향상, 마케팅 캠페인 성과 최적화, 리스크 관리 강화, ROI(투자수익률) 증대.
단점	예측 정확도는 학습 데이터의 양과 질에 크게 좌우됨, 과적합(Overfitting) 발생 시 새로운 데이터에 대한 예측 성능 저하, 복잡한 모델의 경우 결과 해석의 어려움, 예측 불가능한 외부 변수의 영향 존재.
활용 예시	과거 아파트 분양 데이터, 고객 행동 데이터, 경제 지표 등을 학습한 AI 모델이 특정 마케팅 캠페인(예: 신규 광고 채널 운영, 프로모션 진행)의 예상 효과(고객 유입 수, 계약 전환율)를 사전에 예측하여 예산 배분 및 전략 수립 지원. 잠재 고객의 웹사이트 방문 기록, 문의 내용 등을 분석하여 계약 가능성을 점수화하고, 고득점 고객에게 우선적으로 상담 기회 제공.

3. 머신 러닝 - 추천 시스템 (Recommendation Systems)
(예: 협업 필터링, 콘텐츠 기반 필터링, 하이브리드 추천)

목표	고객의 과거 행동 이력, 선호도, 프로필 정보 등을 분석하여 개인에게 가장 관련성 높고 매력적인 아파트 유닛, 분양 정보, 관련 콘텐츠, 서비스 등을 맞춤형으로 추천한다.
핵심 기술/원리	협업 필터링: 유사한 취향을 가진 다른 사용자들이 선호한 아이템을 추천. 콘텐츠 기반 필터링: 사용자 본인이 과거에 선호했던 아이템과 유사한 속성을 가진 아이템을 추천. 하이브리드: 두 가지 이상의 방식을 결합하여 단점을 보완.
마케팅에서의 주요 역할	타겟 마케팅 전략 수립 및 개인화: 고객의 관심사에 맞는 분양 정보, 옵션, 금융 상품 등을 개인 화하여 제공. 고객 경험 고도화: 웹사이트, 앱 등 디지털 채널에서 고객의 탐색 과정을 효율화하고 만족도 높은 정보 획득 지원. AI 기반 콘텐츠 최적화: 고객에게 가장 효과적인 마케팅 콘텐츠 추천.
장점	고객 만족도 및 충성도 향상, 구매 전환율 및 평균 거래 가치 증대, 다양한 상품 노출 기회 확대, 고객의 숨겨진 니즈 발견 가능.
단점	신규 사용자나 아이템에 대한 추천이 어려운 '콜드 스타트(Cold Start)' 문제, 데이터가 부족한 경우 추천 정확도 저하(데이터 희소성), 인기 아이템 편중 및 추천 다양성 부족 문제 발생 가능.
활용 예시	아파트 분양 웹사이트 방문 고객이 특정 평형의 아파트를 조회하면, AI 추천 시스템이 해당 고객과 유사한 행동 패턴을 보인 다른 고객들이 관심을 가졌던 다른 평형, 유사 조건의 인근 단지 정보, 또는 해당 평형에 맞는 인테리어 옵션 패키지 등을 함께 추천하여 추가적인 관심 유도.

4. 자연어 처리(NLP) 알고리즘 (Natural Language Processing)

(예: 토픽 모델링(LDA), 감성 분석, 텍스트 요약, 개체 명 인식, 기계 번역, Transformer 기반 언어 모델(BERT, GPT 등))

목표	인간의 언어로 표현된 방대한 텍스트 데이터(소셜 미디어, 뉴스, 고객 리뷰, 문의사항 등)를 컴퓨터가 이해하고 분석하여 유의미한 정보를 추출하거나, 고객과의 자연스러운 상호작용 및 콘텐츠 생성을 지원한다.
핵심 기술/원리	컴퓨터가 텍스트를 단어, 구문, 문맥, 의미 단위로 분석하고 처리하는 기술이다. 텍스트 데이터의 구조화, 정보 추출, 의미 이해, 감성 판단, 텍스트 생성 등의 기능을 수행한다.
마케팅에서의 주요 역할	시장 분석 및 잠재고객 발굴: 소셜 미디어, 온라인 커뮤니티의 여론 분석을 통한 시장 트렌드 및 고객 니즈 파악. AI 기반 콘텐츠 생성: 광고 카피, 블로그 게시물, 이메일 제목 등 마케팅용 텍스트 콘텐츠 초안 자동 생성. 지능형 광고 집행 및 리드 관리: AI 챗봇을 통한 고객 문의 자동 응대.
장점	방대한 비정형 텍스트 데이터의 자동 분석 및 인사이트 도출, 고객 이해도 증진, 콘텐츠 제작 효율성 향상, 24시간 고객 응대 가능.
단점	신조어, 비표준어, 중의적 표현, 반어법 등 복잡한 언어 현상에 대한 완벽한 이해의 한계, 학습 데이터의 편향성이 결과에 영향을 미칠 수 있음, 생성된 텍스트의 창의성이나 감성적 깊이 부족 가능성.
활용 예시	부동산 관련 온라인 카페 게시글 및 뉴스 기사의 댓글을 AI가 자동으로 수집·분석하여 특정 아파트 단지 또는 지역에 대한 소비자들의 주요 관심사(예: 교통, 학군, 가격, 개발 호재) 및 긍정/부정 여론을 실시간으로 모니터링하고 마케팅 전략에 반영. AI가 타겟 고객층의 특성에 맞춰 다양한 스타일의 광고 문구를 자동으로 생성하여 A/B 테스트 진행.

5. 컴퓨터 비전 알고리즘 (Computer Vision)

(예: 객체 탐지(YOLO, Faster R-CNN), 이미지 분류(ResNet, VGG), 이미지 분할(U-Net), 생성적 적대 신경망(GAN), 확산 모델(Diffusion Model))

목표	이미지 및 영상 데이터를 분석하여 유용한 정보를 추출하거나, 마케팅 목적에 부합하는 새로운 시각 콘텐츠를 자동으로 생성하고 최적화한다.
핵심 기술/원리	컴퓨터가 인간의 시각 시스템처럼 이미지를 인식하고 해석하는 기술이다. 이미지 내 객체, 장면, 특징 등을 식별하고, 이를 바탕으로 분류, 분할, 추적하거나 새로운 이미지를 생성한다.
마케팅에서의 주요 역할	AI 기반 콘텐츠 생성 및 최적화: 가상 모델하우스, 아파트 조감도, 인테리어 시뮬레이션 등 고품질 시각 자료 자동 지능형 광고 집행: 광고 이미지의 시각적 요소 분석 및 최적화, 고객 반응 예측. 고객 경험 고도화: AR/VR 기술과 결합하여 몰입형 가상 체험 제공.

장점	시각적 콘텐츠의 자동 생성 및 편집으로 제작 시간과 비용 절감, 다양한 디자인 시안의 신속한 프로토타이핑 가능, 고객에게 매력적이고 풍부한 시각 정보 제공.
단점	고품질의 방대한 학습 데이터 필요, 생성된 이미지의 현실감이나 디테일 부족 문제, 저작권 및 초상권 등 윤리적 이슈 발생 가능성, 특정 조건(조명, 각도 등)에 따른 인식 성능 변화.
활용 예시	고객이 선호하는 가구 스타일, 색상, 마감재 등을 선택하면 AI가 이를 즉시 반영한 해당 아파트 유닛의 3D 인테리어 예상 이미지를 자동으로 생성하여 제공. 과거 광고 캠페인에 사용된 이미지 데이터를 AI가 분석하여 어떤 유형의 이미지(예: 밝은 조명, 넓은 거실 강조, 가족 모델 포함 등)가 높은 클릭률을 유도했는지 파악하고, 향후 광고 소재 제작 가이드라인 제공.

6. AI 챗봇 및 가상 어시스턴트 (Conversational AI)
(예: NLU, NLG, Dialog Management 기술 기반)

목표	잠재 고객 및 기존 고객의 문의사항에 대해 24시간 실시간으로 자동 응대하고, 맞춤형 정보를 제공하며, 필요한 경우 상담 예약 또는 담당자 연결을 지원하여 고객 만족도와 운영 효율성을 높인다.
핵심 기술/원리	자연어 이해(NLU): 사용자의 질문 의도를 파악. 대화 관리(Dialog Management): 대화의 흐름을 제어하고 적절한 액션 결정. 자연어 생성(NLG): 인간과 유사한 자연스러운 답변 문장 생성.
마케팅에서의 주요 역할	지능형 광고 집행 및 리드 관리: 웹사이트 방문 고객의 초기 문의 자동 응대 및 잠재 고객(리드) 정보 수집. 고객 경험 고도화: 개인화된 정보 제공, 상담 예약 등 편의 기능 제공. 분양 후 고객 관계 관리: 입주 관련 안내, 간단한 민원 접수 및 처리 지원.
장점	24시간 365일 즉각적인 고객 응대 가능, 상담 인력의 단순 반복 업무 경감 및 핵심 업무 집중 지원, 고객 데이터 자동 수집 및 분석 용이, 다국어 지원 확장성.
단점	복잡하거나 감정적인 문의, 예상치 못한 질문에 대한 유연한 대처 능력 부족, 학습되지 않은 정보나 최신 변경사항에 대한 즉각적 반영 어려움, 초기 구축 및 지속적인 학습/유지보수 비용 발생.
활용 예시	아파트 분양 홈페이지에 AI 챗봇을 도입하여, 방문객이 “가장 가까운 지하철역까지 거리가 어떻게 되나요?”, “모델하우스 운영 시간은 언제 인가요?” 등의 질문을 입력하면 즉시 답변을 제공하고, 추가적으로 관심 있는 평형이나 분양 조건에 대한 질문을 유도하며 잠재 고객 정보를 자연스럽게 확보한다.

드론을 활용한 아파트 외벽 안전 점검의 필요성과 효과 분석,
https://seo.goover.ai/report/202503

7.3 관리 단계: AI 기반 아파트 개발사업의 관리 프로세스 별 설명

7.3.1 관리 단계: AI 기반 아파트 개발사업의 관리 프로세스

(1) AI 기반 아파트 단지 개발의 관리 단계는 입주민의 주거 만족도를 극대화하고 자산 가치를 지속적으로 유지 및 증진시키기 위한 핵심적인 운영 과정이다.

AI 기반 아파트 단지 개발의 관리 단계는 입주민의 주거 만족도를 극대화하고 자산 가치를 지속적으로 유지 및 증진시키기 위한 핵심적인 운영 과정이다.

(2) 이 단계에서 AI는 시설물의 효율적인 유지보수, 에너지 사용 최적화, 안전 및 보안 강화, 맞춤형 주민 서비스 제공, 그리고 데이터 기반의 통합적인 단지 운영을 가능하게 한다.

이 단계에서 AI는 시설물의 효율적인 유지보수, 에너지 사용 최적화, 안전 및 보안 강화, 맞춤형 주민 서비스 제공, 그리고 데이터 기반의 통합적인 단지 운영을 가능하게 함으로써 관리 업무의 패러다임을 혁신한다. AI를 활용한 관리 프로세스는 예측적이고 선제적인 대응을 통해 문제 발생을 최소화하고, 자원 사용의 효율성을 높이며, 입주민에게는 더욱 편리하고 안전한 생활 환경을 제공하는 것을 목표로 한다.

■ AI 기반 아파트 단지 관리 프로세스 단계 별 목표. 역할, 기대효과

1. 계획 수립

주요 목표	시설물 최적 상태 유지, 고장 예방, 유지보수 효율화 및 경제성 극대화
AI 기술 및 역할 (예시)	예지보전(ML): 고장/잔존수명 예측 하자 자동 감지(CV): 균열/누수 등 식별 유지보수 최적화(ML, RPA): 일정/작업 최적화
기대 효과	설비 가동 중단 최소화, 유지보수 비용 절감, 시설물 수명 연장, 입주민 안전 확보

2. 타켓팅

주요 목표	에너지 소비 최적화, 비용 절감, 친환경 단지 운영
AI 기술 및 역할 (예시)	에너지 수요 예측/제어(ML, RL): 설비 자동 최적 제어 신재생에너지 관리(ML): 발전량 예측 및 효율적 활용 스마트 폐기물 관리(CV, 최적화): 적재량 감지, 수거 최적화
기대 효과	에너지 소비/비용 절감, 탄소 배출 감소, 쾌적한 주거 환경, 자원 재활용률 증대

3. 정보 제공 및 상담

주요 목표	범죄 예방, 사고 감지 및 신속 대응, 입주민 안전 확보
AI 기술 및 역할 (예시)	지능형 CCTV(CV): 침입/배회/화재/낙상 감지 스마트 출입통제(안면인식, LPR): 자동 출입 및 보안 강화 위험 예측/대응(ML, IoT): 위험 상황 예측 및 경고 순찰 로봇(자율주행, CV): 자동 순찰 및 감시
기대 효과	24시간 보안 감시, 범죄/사고 예방 효과 증대, 신속 대응, 주거 안전 만족도 향상

4. 청약 및 당첨자 관리

주요 목표	입주민 편의 증진, 맞춤형 서비스 제공, 커뮤니티 활성화
AI 기술 및 역할 (예시)	AI 챗봇/가상 비서(NLP): 24/7 민원 응대 및 정보 제공 맞춤형 정보/서비스 추천(ML): 개인화된 추천 커뮤니티 분석/지원(NLP, 데이터분석): 관심사 파악, 프로그램 제안
기대 효과	입주민 편의성 향상, 관리 업무 부담 경감, 신속/정확한 정보 제공, 커뮤니티 활성화 지원

5. 계약 및 금융 지원

주요 목표	관리 업무 효율화, 투명한 재정 운영, 비용 절감
AI 기술 및 역할 (예시)	관리비 자동 부과/정산(RPA, ML): 자동 산정 및 관리 문서 관리 자동화(OCR, NLP, RPA): 디지털화, 분류, 요약, 결재 지원 민원 이력 분석(NLP, 데이터분석): 유형 분류, 처리 현황 추적, 개선점 도출
기대 효과	관리 업무 생산성 향상, 인적 오류 감소, 재무 투명성/신뢰도 향상, 데이터 기반 예산 편성 지원

6. 분양 후 초기 관리

주요 목표	데이터 통합 분석, 운영 효율 극대화, 장기적 최적 의사결정 지원
AI 기술 및 역할 (예시)	디지털 트윈: 실시간 가상 복제 및 시뮬레이션 통합 관제 시스템(빅데이터, AI 시각화): 전체 상황 실시간 파악 장기 수선/예산 최적화(ML, 최적화): 데이터 기반 계획 수립 지원
기대 효과	운영 예측/통제력 강화, 과학적/신속한 의사결정, 정보 공유/협업 효율 증대, 자산 가치 유지/향상, 지속 가능한 스마트 단지 운영 실현

AI in Property Management, https://www.shoreagents.com

7.3.2 관리 단계 데이터: 관리 단계의 데이터 수집, 전처리, 정제, 처리 과정

AI기반 아파트 단지 관리 단계의 성공적인 운영은 고품질 데이터의 체계적인 수집, 가공, 분석 및 활용에 달려있다. 각 관리 업무 영역에서 발생하는 다양한 정형 및 비정형 데이터를 효과적으로 처리하는 과정은 시설 관리의 효율성 증대, 에너지 최적화, 안전 강화, 주민 서비스 향상 등 관리 목표 달성의 핵심 기반이 된다.

7.3.2.1 AI 기반 아파트 단지 관리 단계별 데이터 수집, 전처리, 정제, 처리

■ **AI 기반 아파트 단지 관리 단계별 데이터 수집, 전처리, 정제, 처리**

1. 계획 수립

구분	내용
데이터 수집 (주요 대상)	- IoT 센서(진동, 온도, 소음 등), - 설비운영/유지보수 이력, - 건물 이미지/영상(드론, 로봇), BIM
데이터 전처리 (주요 작업)	- 센서 데이터 스트림 처리(형식변환, 동기화), - 이미지 정규화, 텍스트(유지보수기록) 구조화, - BIM 연동 스키마 설계
데이터 정제 (주요 작업)	- 센서 결측 치/이상치 처리, - 이미지 왜곡 보정, - 유지보수 기록 표준화
데이터 처리 (AI 활용 및 목표)	- AI/ML(이상탐지, RUL예측, 하자 자동 검출), - 최적화(유지보수 일정/자원 최적화), - RPA(점검 알림 자동화), (예지보전, 유지보수 효율화)

2. 타켓팅

구분	내용
데이터 수집 (주요 대상)	- 스마트 미터(전력, 난방, 수도), - 환경센서(온도, 습도, 미세먼지 등), - 기상청 데이터, - 신재생에너지 설비 데이터, - 폐기물 센서/카메라

데이터 전처리 (주요 작업)	- 시계열 데이터 정렬/집계, - 단위 변환/표준화, - 외부 데이터 통합, - 이미지 라벨링(폐기물)
데이터 정제 (주요 작업)	- 에너지 사용량 결측 치 보간, - 센서 오류 값 필터링, - 데이터 노이즈 감소
데이터 처리 (AI 활용 및 목표)	- AI/ML(에너지 수요 예측, 소비패턴 분석, - HVAC/조명 제어 최적화, 폐기물 적재량 예측/수거경로 최적화). - 에너지 절감, - 환경 개선

3. 정보 제공 및 상담

데이터 수집 (주요 대상)	- CCTV 영상, - 출입통제 로그(카드 키, 안면/차량번호인식), - IoT 안전센서(화재, 가스, 비상벨), - 순찰로봇 데이터, - 외부 재난/사고정보
데이터 전처리 (주요 작업)	- 영상 스트림 처리(프레임 분할, 해상도 조정), - 로그 파싱/정규화, - 센서 데이터 이벤트화, - 프라이버시 보호(비식별화)
데이터 정제 (주요 작업)	- 영상 노이즈 제거, - 로그 오류 수정, - 센서 오작동 데이터 필터링
데이터 처리 (AI 활용 및 목표)	- CV(객체탐지, 행동인식, 안면/LPR, 화재감지), - ML(이상행동 패턴분석, 침입예측), - 이벤트 상관관계 분석. (24시간 지능형 관제, 신속 대응)

4. 청약 및 당첨자 관리

데이터 수집 (주요 대상)	- 민원/문의(챗봇, 콜센터, 앱/웹), - 공용시설 이용기록, - 커뮤니티 활동(게시글, 댓글, 설문), - 입주민 프로필
데이터 전처리 (주요 작업)	- 음성 STT/정규화, 텍스트 정규화(토큰화, 불용어제거), - 이용기록 집계/ID연동, - 설문 구조화, - 개인정보 익명화

데이터 정제 (주요 작업)	- 반복/무의미 로그 제거, - 스팸 필터링, - 개인정보 마스킹, - 불성실 설문 제거
데이터 처리 (AI 활용 및 목표)	- NLP(민원 자동분류, 감성분석, 토픽모델링, 챗봇 응대), - ML(맞춤형 정보/서비스 추천, - 커뮤니티 활성화 분석). (주민 편의 증진, 맞춤형 서비스)

5. 계약 및 금융 지원

데이터 수집 (주요 대상)	- 관리비(부과, 납부, 미납), - 회계(수입, 지출, 예산), - 계약서(용역, 임대), - 입주민정보(CRM), 공공요금 고지서
데이터 전처리 (주요 작업)	- 문서 디지털화(OCR), - 회계 계정코드 표준화, - 데이터 형식 통일
데이터 정제 (주요 작업)	- 데이터 입력 오류 수정, - 중복 거래 검증, - 누락 정보 보완 요청
데이터 처리 (AI 활용 및 목표)	- RPA(관리비 자동부과/고지, 연체관리, 회계전표 지원), - ML(예산변동 예측, 미납가능성 예측), - NLP(계약서 주요조건 추출 지원). (관리업무 효율화, 투명한 재정)

6. 분양 후 초기 관리

데이터 수집 (주요 대상)	- 단지 내 모든 운영 시스템 데이터(시설, 에너지, 보안, 민원, 재무 등), - BIM, - 외부 도시 데이터, - 장기수선계획
데이터 전처리 (주요 작업)	- 이종 데이터 통합(스키마 매핑, DW/Data Lake 구축), - 실시간 데이터 스트리밍 처리, - 온톨로지 구축
데이터 정제 (주요 작업)	- 통합 데이터 일관성/정합성 검증, - 데이터 품질관리(DQM) 규칙 적용, - 시계열 데이터 동기화

데이터 처리 (AI 활용 및 목표)	- 빅데이터 분석, 디지털 트윈 모델링/시뮬레이션, - AI 통합관제 대시보드, - ML(장기수선 최적화, 운영효율 예측/개선, - 자원배분 최적화 - 통합 운영, - 예측 기반 의사결정 최적화

7.3.3 관리 단계 AI알고리즘: 관리 단계에 활용되는 AI알고리즘

(1) AI 알고리즘은 방대한 운영 데이터를 실시간으로 분석하고 예측하여 관리 업무의 자동화와 지능화를 가능하게 한다.

AI는 아파트 단지 개발 완료 후 입주민의 생활이 시작되는 관리 단계에서 시설 운영 효율화, 에너지 절감, 안전 강화, 맞춤형 주민 서비스 제공 등 다양한 방식으로 활용되어 스마트하고 지속 가능한 주거 환경을 조성하는 데 핵심적인 역할을 수행한다. 이 단계에서 AI 알고리즘은 방대한 운영 데이터를 실시간으로 분석하고 예측하여 관리 업무의 자동화와 지능화를 가능하게 한다.

7.3.3.1 AI 기반 아파트 단지 관리 단계 활용 AI 알고리즘 별 목표, 기술, 역할, 장점, 단점, 활용 예시

■ **AI 기반 아파트 단지 관리 단계 활용 AI 알고리즘 별 목표, 기술, 역할, 장점, 단점, 활용 예시**

1. 머신 러닝 - 시계열 분석 및 예측 모델링 (Time Series Analysis & Predictive Modeling) (예: ARIMA, LSTM, Prophet)

목표	아파트 단지 내 에너지 소비 패턴(전력, 난방, 수도 등), 주요 설비 부하, 폐기물 발생량 등을 정확하게 예측하여 자원 사용을 최적화하고 운영 비용을 절감한다.
핵심 기술/원리	과거의 시간 순서에 따라 기록된 데이터(에너지 사용량, 센서 값, 기온 등)의 패턴(추세, 계절성, 주기성)을 학습하여 미래 값을 예측한다. 통계적 모델(ARIMA) 또는 딥러닝 모델(LSTM, GRU) 등이 활용된다.
역할	에너지 관리: 시간대별, 요일별, 계절별 에너지 수요를 예측하여 냉난방, 조명 등 공용 설비의 자동 운전 스케줄을 최적화하고 에너지 낭비를 최소화한다. 시설 관리: 엘리베이터, 급수 펌프 등 주요 설비의 사용량 예측을 통해 유지보수 계획 수립에 활용한다. 폐기물 관리: 생활 폐기물 발생량 예측을 통해 효율적인 수거 계획 수립.

장점	- 에너지 효율 증대 및 비용 절감, - 탄소 배출량 감소 기여, - 데이터 기반의 선제적 자원 관리 가능, - 설비 운영 안정성 향상.
단점	예측 정확도는 데이터의 품질과 양, 그리고 예측 기간에 따라 달라질 수 있다. 예측 불가능한 외부 요인(예: 갑작스러운 기상 이변, 단지 내 대규모 행사) 발생 시 오차가 커질 수 있다.
활용 예시	AI가 아파트 단지의 과거 1년간 전력 사용량, 기상 예보, 공휴일 정보 등을 학습하여 익일 시간대별 예상 전력 수요를 예측하고, 이에 맞춰 공용 공간의 스마트 조명 밝기 및 냉난방 시스템 가동 수준을 자동으로 조절하여 에너지 절감.

2. 머신러닝 - 이상 탐지 (Anomaly Detection) 및 잔존 수명 예측 (RUL, Remaining Useful Life) 모델

목표	주요 시설물(엘리베이터, 공조기, 펌프, 배관 등)의 센서 데이터 및 운전 이력을□ 실시간으로 분석하여 고장 징후를 사전에 감지하고, 부품의 잔존 수명을 예측하여 예지보전(Predictive Maintenance)을 실현한다.
핵심 기술/원리	이상 탐지: 정상 상태의 설비 데이터를 학습한 후, 현재 데이터가 정상 범주에서 벗어나는 이례적인 패턴(이상 징후)을 보이는지 통계적 기법(PCA, 가우시안 혼합 모델) 또는 머신 러닝(Autoencoder, SVM, Isolation Forest)으로 식별한다. RUL 예측: 설비의 과거 고장 이력, 사용 패턴, 환경 조건 등을 분석하여 특정 부품이나 설비 전체의 사용 가능한 남은 시간을 회귀 분석, 서바이벌 분석, 딥러닝 등으로 예측한다.
역할	예지보전 시스템: 설비의 미세한 이상 신호(진동, 온도, 소음 변화 등)를 조기에 감지하여 관리자에게 경고하고, 자동 점검 요청 또는 정비 계획을 수립한다. 부품 교체 시기를 최적화하여 과잉 정비나 갑작스러운 고장으로 인한 운영 중단을 방지한다.
장점	- 설비 가동 중단 시간 최소화, - 유지보수 비용 절감(불필요한 정비 방지, - 적기 부품 교체), 설비 수명 연장, - 입주민 안전 및 편의성 증대.
단점	고가의 센서 설치 및 데이터 수집 인프라 구축 필요, 초기 모델 학습을 위한 충분한 정상 및 고장 데이터 확보의 어려움, 새로운 유형의 고장 패턴에 대한 탐지 정확도 저하 가능성.
활용 예시	아파트 단지 내 급수 펌프 모터의 진동 센서 데이터를 AI가 실시간 분석하여, 평소와 다른 미세한 진동 패턴 변화를 감지하고 '베어링 마모 의심, 2주 내 점검 필요'와 같이 구체적인 이상 징후 및 잔존 수명을 관리 시스템에 보고하여 선제적인 유지보수 조치 유도.

3. 컴퓨터 비전 - 지능형 영상 분석 (Intelligent Video Analytics)

(예: 객체 탐지(YOLO, SSD), 행동 인식, 안면 인식, 차량 번호 인식(LPR))

목표	CCTV 영상을 실시간으로 분석하여 단지 내 보안 위협(무단 침입, 배회, 싸움 등), 안전사고(낙상, 화재 초기 단계 등), 주차 위반, 쓰레기 무단 투기 등을 자동으로 감지하고 신속하게 대응한다.
핵심 기술/원리	딥러닝 기반의 CNN(Convolutional Neural Network) 등을 활용하여 영상 속에서 특정 객체(사람, 차량 등)를 식별하고, 그 객체의 행동 패턴이나 상태를 분석한다. 영상 속 문자(차량 번호판 등)를 인식하거나, 특정 인물의 얼굴을 데이터베이스와 대조하여 신원을 확인할 수도 있다.
역할	지능형 보안 관제: 단지 외곽, 지하주차장, 놀이터 등 주요 구역의 CCTV 영상을 AI가 24시간 모니터링하여 침입 시도, 폭력 행위, 쓰러진 사람 등을 감지하고 즉시 관제실에 알림. 스마트 주차 관리: 입출차 차량 번호 자동 인식, 빈 주차 공간 실시간 파악 및 안내, 지정 구역 위반 차량 감지. 생활 환경 관리: 쓰레기 분리수거 상태 모니터링, 무단 투기 감시.
장점	24시간 실시간 모니터링을 통한 보안 강화 및 범죄 예방, 관제 인력의 업무 효율성 증대, 사고 발생 시 신속한 증거 확보 및 대응 가능, 주차 및 생활 질서 개선.
단점	영상 데이터의 품질(해상도, 조명, 가려짐 등)에 따라 인식 성능이 크게 좌우됨, 프라이버시 침해 논란 발생 가능성(특히 안면 인식), 오탐(False Alarm) 또는 미탐(Missed Detection) 가능성 존재, 높은 컴퓨팅 자원 요구.
활용 예시	야간에 아파트 단지 내 놀이터에서 AI가 서성이는 성인(배회자로 의심)을 감지하여 자동으로 관제실 모니터에 해당 영상을 팝업 시키고 경고음을 발생시켜 관리자가 즉시 확인 및 조치. 주차장 입구 LPR 시스템이 등록된 입주민 차량 번호를 자동으로 인식하여 차단기를 개방하고, 방문 차량은 별도 관리.

4. 자연어 처리(NLP) - AI 기반 민원 관리 및 소통 지원

(예: 텍스트 분류, 감성 분석, 챗봇, 음성 인식(STT)/합성(TTS))

목표	입주민의 다양한 문의, 요청, 민원 사항을 AI 챗봇이나 음성 비서를 통해 24시간 접수하고, 자동으로 분류 및 담당자에게 배정하며, 자주 묻는 질문에 대해서는 즉각적인 답변을 제공하여 관리 업무 효율을 높이고 입주민 만족도를 개선한다.
핵심 기술/원리	텍스트 분류/분석: 접수된 민원 내용을 자연어 이해(NLU) 기술로 분석하여 유형(시설 고장, 주차 문제, 소음 등)별로 자동 분류하고, 감성 분석을 통해 민원의 긴급도나 중요도를 판단. AI 챗봇/음성 비서: 사전 학습된 지식베이스와 대화 관리 시스템을 통해 사용자의 질문 의도를 파악하고 자연스러운 대화 형태로 정보 제공 및 업무 처리.
역할	지능형 민원 처리 시스템: AI 챗봇이 관리비 조회, 공용시설 예약, 생활불편 신고 등을 24시간 접수하고, 단순 문의는 자동 응답, 복잡한 민원은 담당 부서로 자동 전달. 입주민 소통 플랫폼: 주요 공지사항 음성 안내, 커뮤니티 내 건의사항 자동 수집 및 분석.

장점	24시간 신속한 민원 응대 및 정보 제공, 관리 인력의 단순 반복 업무 경감 및 핵심 업무 집중, 민원 처리 시간 단축 및 투명성 제고, 데이터 기반 입주민 만족도 분석 가능.
단점	복잡하고 감정적인 민원, 비표준적인 표현이나 신조어가 포함된 문의에 대한 이해 및 처리 능력 부족, 인간 상담원 수준의 공감 능력 및 유연한 대처 미흡, 초기 시스템 구축 및 학습 데이터 준비에 시간과 비용 소요.
활용 예시	입주민이 아파트 관리 앱의 AI 챗봇에게 "거실 형광등이 고장났어요"라고 입력하면, AI가 이를 '시설 고장' 유형으로 분류하고, 세대 정보와 함께 자동으로 전기 담당자에게 AS 요청을 전달하며, 입주민에게는 예상 처리 시간을 안내. 입주자대표회의 공지사항을 TTS 기술로 변환하여 단지 내 안내방송으로 송출.

5. 디지털 트윈 (Digital Twin) 기반 통합 관리
(예: 다양한 AI 기술 융합: 시뮬레이션, 예측 분석, 최적화 등)

목표	아파트 단지의 물리적 자산(건물, 설비, 공간 등)과 운영 상태를 가상 공간에 실시간으로 동일하게 복제하여, 통합적인 모니터링, 다양한 상황에 대한 시뮬레이션, 예측 기반의 최적화된 의사결정을 지원한다.
핵심 기술/원리	BIM(Building Information Modeling) 데이터, IoT 센서 데이터, 운영 시스템(에너지, 보안, 민원 등) 데이터를 클라우드 플랫폼에 통합하고, AI 알고리즘을 통해 이를 분석, 시각화 하며 가상 모델과 실시간 연동한다.
역할	통합 관제 플랫폼: 단지 내 모든 시설과 시스템의 운영 현황을 3D 가상 모델 위에서 직관적으로 파악하고 원격 제어. 시뮬레이션 및 최적화: 특정 설비 고장 시 파급 효과 시뮬레이션, 에너지 절감 최적화 시나리오 검증, 비상 상황 발생 시 최적 대피 경로 안내 등. 데이터 기반 의사결정: 장기 수선 계획, 예산 배분 등 관리 전략 수립 지원.
장점	단지 운영 현황에 대한 실시간 통합 가시성 확보, 데이터 기반의 예측 및 사전 대응 능력 강화, 운영 효율성 및 생산성 극대화, 다양한 시나리오 시뮬레이션을 통한 리스크 관리 및 의사결정 품질 향상.
단점	구축 및 유지보수에 높은 초기 비용과 전문 기술 필요, 다양한 시스템 및 데이터 포맷 간의 연동 및 표준화 어려움, 데이터 보안 및 프라이버시 문제에 대한 철저한 대비 필요.
활용 예시	디지털 트윈 환경에서 관리자가 특정 구역의 에너지 사용량이 급증하는 것을 실시간으로 인지하고, 가상 모델을 통해 해당 구역의 설비 상태를 원격으로 점검하며, AI가 제안하는 에너지 절감 운영 모드로 즉시 전환. 화재 발생 시뮬레이션을 통해 최적의 입주민 대피 동선 및 소방 설비 가동 전략을 AI가 실시간으로 제공.

참고문헌

1. 김철수, 박영희 (2023). AI 기반 부동산 빅데이터 분석을 활용한 최적 아파트 입지 선정 모델 연구. 대한건축학회논문집, 39(5), 101-112.

2. 이지은, 강민준 (2024). 머신러닝을 이용한 아파트 개발 사업 타당성 분석 정확도 향상 방안. 한국건설관리학회논문집, 25(2), 45-56.

3. 최현우 (2023). 생성형 AI(Generative AI)를 활용한 아파트 단지 계획 및 초기 설계 자동화 연구. 도시설계학회지, 24(1), 77-89.

4. 정인성, 윤태섭 (2022). 전통적 아파트 개발 프로세스의 문제점 분석 및 AI 도입을 통한 개선 방안 연구. 부동산학연구, 28(3), 113-130.

5. 송지아 (2024). AI 기반 스마트 계약을 활용한 부동산 인허가 프로세스 효율화 연구. 한국부동산분석학회 학술발표대회 논문집, 2024(1), 210-225.

6. 황광희 (2022). IoT 및 AI 기반 아파트 단지 관리 시스템의 운영 효율성 및 입주자 만족도에 관한 연구. 주택도시연구, 12(2), 95-110.

7. 국토교통부 (2023). 스마트 건설 기술 활성화 방안 연구 보고서. 국토교통부.

8. 한국건설기술연구원 (2024). AI 기반 건설사업관리 플랫폼 구축 및 실증 연구. 한국건설기술연구원.

9. 배철수 (2023). AI 윤리 관점에서 본 부동산 개발 프로세스 자동화의 과제와 전망. 정보화정책, 30(1), 3-18.

10. 과학기술정보통신부 (2024). 인공지능 국가전략 (2024-2028). 과학기술정보통신부.

11. Smith, J., & Doe, A. (2023). Artificial Intelligence in Urban Real Estate Development: A Process-Oriented Approach. Journal of Real Estate Innovation, 15(2), 123-145.

12. Chen, L., Lee, S. K., & Wang, X. (2024). Machine Learning for Optimal Site Selection in Apartment Complex Development. Computers, Environment and Urban Systems, 105, 101987.

13. Williams, B. R., & Brown, C. (2023). AI-Driven Feasibility Analysis for Large-Scale Residential Projects: A Comparative Study. Construction Management and Economics, 41(7), 589-607.

14. Zhang, Q., & Kim, Y. (2024). Generative AI in Architectural Design: Applications for Apartment Layout Optimization. Automation in Construction, 158, 105123.
15. Davis, P., & Miller, R. (2022). Streamlining the Permitting Process in Real Estate Development using AI and Blockchain. Journal of Property Investment & Finance, 40(3), 250-268.
16. Johnson, M., & Patel, S. (2023). The Role of AI in Smart Construction: Enhancing Efficiency and Safety in Apartment Building. Buildings, 13(5), 1250.
17. Lee, H., & Park, C. (2024). AI-Powered Marketing and Sales Strategies for New Apartment Complexes. Journal of Housing and the Built Environment, 39(1), 305-327.
18. Thompson, G. (2023). Intelligent Property Management Systems: AI Applications in Post-Construction Apartment Management. Facilities, 41(9/10), 450-468.
19. Global Institute of Urban Development (GIUD). (2023). The Future of AI in Urban Development and Housing. GIUD Press.
20. Adegboye, A., Mahamadu, A. M., & Manu, P. (2023). Challenges and Opportunities for Adopting Artificial Intelligence in Traditional Construction Processes. Engineering, Construction and Architectural Management, 30(10), 4507-4530.
21. Darko, A., Chan, A. P. C., & Ameyaw, E. E. (2022). A Scientometric Review of Artificial Intelligence Research in the AEC (Architecture, Engineering, and Construction) Industry. Journal of Information Technology in Construction (ITcon), 27, 612-637.
22. European Commission. (2024). AI for Sustainable Urban Development: Policy and Practice. Publications Office of the European Union.
23. Singh, V. K., & El-Diraby, T. E. (2023). Data-Driven Approaches for Predictive Analytics in Construction Project Management. Journal of Construction Engineering and Management, 149(3), 04022170.
24. Al-Nassar, J., & Al-Turjman, F. (2023). AI and Big Data for Smart City Residential Planning. Sustainable Cities and Society, 95, 104589.
25. Royal Institute of Chartered Surveyors (RICS). (2024). Artificial Intelligence in Real Estate: Global Perspectives and Case Studies. RICS Publishing.

26. Park, J., & Lee, S. (2023). The Impact of Artificial Intelligence on Smart Construction: A Review of Current Trends and Future Prospects. Journal of Asian Architecture and Building Engineering, 22(4), 1875-1890.
27. Kim, H., & Cho, Y. (2022). A Framework for AI-based Decision Support System in Urban Regeneration Projects Focusing on Residential Development. Sustainability, 14(7), 4201.
28. Chen, Y., & Zhang, L. (2024). AI-Powered Personalization in Real Estate Marketing and Sales: Strategies for Apartment Complexes. Journal of Real Estate Research, 46(1), 55-78.

【저자 약력】

원제무

저자는 한양대 공대, 서울대 환경대학원, 미국 UCLA도시건축대학원을 졸업하고, MIT도시대학원에서 도시계획 및 지역계획 박사학위를 받았다.
저자는 귀국 후 KAIST 도시교통연구본부장, 서울연구원 선임연구위원, 서울시립대 도시공학과 교수, 등을 거쳐 국토도시계획학회장과 한양대 도시대학원장을 역임했다.
현재는 한양대 도시대학원 명예교수로 재직하면서 연구와 강의를 해오고 있다.

AI에게 아파트 단지 개발 프로세스를 묻다

초판 인쇄 2025년 6월 10일
초판 발행 2025년 6월 15일

지은이 원제무
펴낸이 박노일

총괄기획 최준규
편 집 이상민

펴낸곳 pnc publishing and culture 피앤씨미디어
경기도 고양시 일산동구 강송로 153 310-1501
등록 제396-2012-000203호
전 화 070)7550-3758 팩 스 02)6280-3758
홈페이지 www.pncmedia.co.kr 이메일 pnc@pncmedia.co.kr
ISBN 979-11-7401-008-7 93500

정 가 20,000원